一國兩制
在香港的實踐

劉兆佳 著

商務印書館

"一國兩制"在香港的實踐

作　　者：劉兆佳

責任編輯：毛永波

封面設計：楊愛文

出　　版：商務印書館(香港)有限公司

　　　　　香港筲箕灣耀興道 3 號東滙廣場 8 樓

　　　　　http://www.commercialpress.com.hk

發　　行：香港聯合書刊物流有限公司

　　　　　香港新界大埔汀麗路 36 號中華商務印刷大廈 3 字樓

印　　刷：陽光印刷製本廠有限公司

　　　　　香港柴灣安業街 3 號新藝工業大廈 6 字樓 G 及 H 座

版　　次：2015 年 10 月第 1 版第 1 次印刷

　　　　　© 2015 商務印書館(香港)有限公司

　　　　　ISBN 978 962 07 6569 8

　　　　　Printed in Hong Kong

謹以此書
獻給我敬愛的父親劉鏡波先生

目　錄

序

今年是香港特別行政區基本法頒佈二十五周年，也是香港回歸祖國後十八年，距離"五十年不變"的最後一年的 2047 年尚餘三十二年。1997 年香港回歸後國家在香港實踐"一個國家，兩種制度"的方針政策（以後簡稱"一國兩制"），而基本法則是貫徹"一國兩制"的法律手段。回歸十八年以來，儘管圍繞着"一國兩制"和基本法的爭拗不斷，部分香港人尤其是反對派仍然對香港回歸有抵觸情緒，基本法第 23 條有關國家安全的本地立法尚未落實，而香港特區的管治仍是困難重重，但香港在回歸後依然享有不錯的繁榮、穩定和發展卻是不爭的事實。雖然一些西方人士對香港回歸後的情況偶有批評，但國際社會大體上對香港在回歸後取得的進展仍是讚譽有加。總的來説，"一國兩制"作為解決"香港前途"問題的政策是明智的、合適的和大體上成功的。

然而，我們也必須清醒的認識到，作為在一個特定的歷史時刻中提出、一項處理一個歷史遺留下來的問題的方針政策，"一國兩制"無可避免要同時兼顧各方面的利益、訴求和立場，也反映了各方勢力較量的過程和結果，因此難免蘊含着一些相互矛盾、難以相容和"不合理"的內容。毋庸諱言，隨着時間的推移，國際格局、國內局勢和香港社會的不斷變遷，那個旨在保障香港原有的制度和生活方式五十年不變的“一國兩制”和基本法在實踐過程中難免會碰到這樣那樣的問題、困難、新情況和新挑戰，其中有些是回歸前預料得到的，有些則是預見不到的，然而它們都必須在已經定下來的“一國兩制”和基本法的框架內予以應對和解決，頂多在非不得已的時候對那個框架的內容作出輕微的調校。所以，如何在不斷變動的格局下恰當地運用“一國兩制”和基本法來處理問題和應對挑戰，對中央、香港特區政府和廣大香港人都是一個嶄新的、永恆的課題，並不斷地、嚴格地考驗着各方面的智慧、胸襟和勇氣。

我認為，對基本法頒佈二十五年和香港特區成立十八年以來所取得的經驗和教訓進行分析，可以讓我們有機會對“一國兩制”的執行情況做一個初期的梳理和總結，並提出一些必須思考的課題，為如何在“五十年不變”剩餘的歲月中更好地落實“一國兩制”，實踐基本法，促進香港的繁榮、穩定、發展、有效管治和中央與特區的良好關係找尋線索和出路。我也希望本書對於如何處理“五十年不變”後“一國兩制”的去留和調適的問題，也能夠提供一些有用的參考素材。

2014 年 6 月，中華人民共和國國務院新聞辦公室發表了《“一國兩制”在香港特別行政區的實踐》的《白皮書》，[1] 在 2012 年中共十八大報告的基礎上，全面描述和總結香港回歸以來“一國兩

1　中華人民共和國國務院新聞辦公室：《“一國兩制”在香港特別行政區的實踐》（北京：人民出版社，2014）。又參考本書編寫組編著《十八大報告：輔導讀本》（北京：人民出版社，2013），特別是當中張曉明的“豐富‘一國兩制’實踐”一文，頁 339-347。

制"在香港實踐所取得的經驗和教訓,並莊嚴地和明確地重申和闡明中央的對港政策,尤其突出中央在"一國兩制"下的權力和責任。這份重要文件可以算是中央對香港回歸後"一國兩制"的實踐情況的最權威性論述,旨在重複和進一步說明中央一貫的"一國兩制"的基本原則、戰略目標和核心內容。《白皮書》反復強調"一國兩制"的實踐經驗印證了國家和中央的地位、權力和職責的重要性,批判那些只講"兩制"而忽視"一國"的觀點。《白皮書》無疑是基本法的最佳輔助或補充材料,兩者分別從法律和政策的角度全面闡述國家的"一國兩制"。

我寫這本書的目的,是要探討和分析"一國兩制"在實際實踐時所展示的現象、碰到的困難和衍生的問題。無論是作為一個戰略和一項政策,"一國兩制"所代表的原則、理念和理想一定會與現實情況發生摩擦,尤其是當現實情況本身又處於變動不經的"常態",而"一國兩制"又需要竭力協調各方面的、往往難以彌縫的分歧。即便在制定"一國兩制"時中央領導人已經充分考慮和衡量了各種可能出現的現實情況,但要完全掌握日後的變化委實不易。因此,"一國兩制"在實踐中所碰到的困難和問題,應該以理性、包容和平常心的態度,實事求是地逐一處理和化解,而不是動輒批評前人缺乏高瞻遠矚或判斷有誤,更不能隨便斷定"一國兩制"不當。本書是以肯定"一國兩制"的擘劃者的睿智和功績為出發點,點出"一國兩制"的一些內在矛盾和它在落實時碰到的一些問題。那些矛盾和問題既源於"一國兩制"的保守性、靜態思維和妥協性,也與基本法頒佈後國際、國內和香港的形勢急速變化有關。本書進而指出那些矛盾和問題的出現在

一定程度上妨礙了"一國兩制"的戰略目標的達到,也為香港的
繁榮穩定、中央與特區關係和香港的有效管治帶來困難和障礙。

　　當那些矛盾和問題越來越明顯而無法迴避的時候,中央和香
港各界都試圖提出建議和採取一些辦法來予以應對。不同方面的
言論和行動卻又往往相互抵觸,並觸發了頻密的政治衝突和嚴重
的社會撕裂,尤其具體反映在圍繞着政制改革的曠日持久的鬥爭
之上,而政治鬥爭的衝擊波又難免對社會和經濟發展造成損害。
對以上的情況本書也會予以描述。

　　回歸十八年來,香港仍然有不少人特別是反對派對"一國兩
制"的理解與中央的理解不一致。其中一個原因是他們在心理上
傾向從"香港本位"的角度來認識"一國兩制",更重要的原因是
香港的反對勢力一直以來刻意從"香港為獨立政治實體"的視角
對"一國兩制"作"另類詮釋",肆意曲解中央對"一國兩制"的
說法,並聲稱他們的"版本"才是最"權威"的論述。在回歸後
的頗長時間內,本着"不干預"的宗旨,中央對反對派的曲解卻
沒有作出批判或糾正,致使反對派的"另類詮釋"在香港大有市
場,嚴重干擾了"一國兩制"的實踐,更損害了中央與香港人的
關係。當中央後來採取"撥亂反正"的行動時,反而被不少香港
人指責為對"一國兩制"的破壞。我在本書中之所以大量引用鄧
小平和其他領導人和官員在回歸前的講話,目的在於恢復"一國
兩制"的"原貌",希望達到"正本清源"、"止疑息爭"和"還原
真相"的效果,糾正部分香港人對"一國兩制"的不正確認識。
肯定地說,只有在中央和香港人對"一國兩制"有着統一的理解
後,"一國兩制"才能順利實踐,而其戰略目標才有機會達致。

　　需要提醒讀者的，是在本書中，當提到"中國政府"時，一般我稱之為中央。但為了反映香港在回歸前仍是英國的"殖民地"的事實，在描述回歸前的情況時，我仍以"中國政府"或"中方"相稱。

　　本書可以説是對基本法頒佈二十五年和"一國兩制"實踐十八年之後的一個初步回顧和展望，試圖總結經驗和汲取教訓，並提出值得深入探討的問題。我敢肯定，對相關課題持不同意見和達成不同結論的人一定不在少數，本書因此只代表我個人的研習心得和管窺之見，目的在於拋磚引玉，以就教於方家而已。

劉兆佳
2015 年於香港

緒言

　　"一個國家，兩種制度"方針政策（以下簡稱"一國兩制"）是中國共產黨領導的中國政府以和平方式從英國手中收回香港，繼續保持香港的穩定和繁榮，促進中央與香港特區的關係及保存和發揮香港對國家的經濟價值的一項重大國家政策和戰略部署。儘管"一國兩制"起初是為了推動海峽兩岸的和平統一而提出，不過即使沒有這個背景，中國政府在解決香港這個歷史遺留問題時很有可能也會提出類似的方針。從本質和目標來說，"一國兩制"是中華人民共和國建立後的"長期打算，充分利用"的對港方略的延續，兩者都是為了支持和配合中國共產黨領導的中國政府所制定的國家發展和國際關係戰略，實質上也可以說是該戰略的一個重要組成部分。"一國兩制"使得中央在不得不於一九九七年收回香港時仍然讓香港可以繼續發揮對國家的貢獻。然而，這個方針的具體內容卻無疑受到香港"前途問題"出現時的國際環境、中英關係、國家的情況、中國共產黨所面對的政治挑戰和香港的狀況的巨大影響。換句話說，"一國兩制"作為處理香港回歸問題的手段是一個特殊歷史時刻的特殊產品，其目標是要在現實環境下和平地和順利地從英國手中收回香港並長期保持香港的穩定和繁榮，而其核心思想在於在相當長的時間內維持香港在 1980 年代末的狀況，釋除香港人的政治疑慮，強化他們對香港未來的信心。“一國兩制”中的“港人治港、高度自治、保持原來的制度和生活方式五十年不變”等中心內容恰恰就是要表達中國政府對於照顧國內外各方面的利益和擔憂的莊嚴承諾。

無可置疑，“一國兩制”體現了中國共產黨領導的中國政府在治國理政方面的理性和務實思維，以及靈活應變和創新的能力。同時，在本質上“一國兩制”又蘊藏着相當的保守性和靜態思維，原因是它希望保存香港的“現狀”五十年“不變”。誠然，對一個“變幻才是永恆”的香港而言，“五十年不變”幾乎是不可能的。然而，當香港人因為香港前途不明朗而憂心忡忡，而害怕改變又是香港人普遍的心理狀態時，中國政府的“五十年不變”的承諾對穩定人心發揮非常重大的作用。

香港“前途問題”出現的時間，剛好是中國從文化大革命的陰霾中走出來，揚棄以政治鬥爭為綱的路線，將中國共產黨的治國方略放置在以“改革開放”為核心的經濟發展，並力求以經濟增長和民生改善重建中國共產黨的政治威信的歷史階段。那個時候，香港在貫徹國家的發展戰略中的角色和作用顯著，從而使得中國政府決意給予香港極為優越的“一國兩制”，充分紓緩了香港人的疑慮，也積極回應了香港人的訴求。可以说，從歷史的角度看，香港“前途問題”出現的時刻，正是香港人與中國政府“討價還價”時對香港人最有利的時候。從另外一個角度看，這個歷史時刻也是中國共產黨的利益和香港人的利益交匯的時刻，而“一國兩制”正是體現雙方共同利益的巧妙安排。

　　"一國兩制"在 1980 年代初提出，中國和西方特別是美國的關係處於較好的時期。中國的改革開放戰略需要獲得西方的認同和支持，美國和英國則處於政治、經濟和外交的困局，而中國和美國都有聯手抗衡蘇聯威脅的意向。美英兩國都不希望香港重歸中國，但卻沒有強烈意圖阻撓中國收回香港，甚至希望香港在回歸後能夠發揮推動中國走上"和平演變"的道路。中國也不願意因為香港問題與西方國家交惡，削弱彼此的戰略合作關係。中國當然知道要保持回歸後香港的繁榮穩定，西方對香港的支持不可或缺。這個相對良好的中西方政治氛圍和關係無疑為"一國兩制"能夠得到各方面的接受提供一個不錯的政治環境。

　　"一國兩制"的提出，既然同時照顧了中國、英國、西方陣營、內地同胞、不同階層和背景的香港人的利益、立場、憂慮和期盼，則它的內容無可避免地存在明顯的妥協性和一些自相矛盾的地方。換言之，"一國兩制"中的一些安排、承諾或政策，與另外一些安排、承諾或政策相拮抗，或者難以同時達致。"一國兩制"內的矛盾不時以各方的政治衝突體現出來，導致"一國兩制"在落實時碰到困難，甚至導致各方面對"一國兩制"的觀感和信心受挫，減低了"一國兩制"實踐的成效。

　　更麻煩的是英國人、香港的反對勢力和部分香港人由始至終對中國共產黨和"一國兩制"懷有抵觸情緒，更對"一國兩制"有着與中央截然不同的理解。甚至可以說，他們刻意曲解中央的"一國兩制"，對"一國兩制"作"另類詮釋"，並不斷向香港人宣傳和灌輸一套與中央相拮抗的"一國兩制"。這個另類"一國兩制"的要害在於把香港當作一個"獨立政治實體"，基本上不承認也不接受中央政府對香港的管治權和在實踐"一國兩制"時中央所需要擔負的責任和擁有的權力。英國人對"光榮撤退"的追求和基於在撤退前維持有效管治的需要也促使他們在香港推行一系列的政治改革,企圖通過政治改革讓那些對"一國兩制"有另類理解的反對派勢力在回歸前和回歸後取得最大的政治權力。事實上,英國人在"漫長"的過渡期內有充裕的時間依據他們所理解的"一國兩制"在香港進行各種政治部署,大幅度改變了香港的現狀,成功迫使中國政府在某程度上接受那些改變,使得香港在回歸伊始便要面對和受制於一些與中國的"一國兩制"有抵觸的東西。這些東西的存在無疑與"一國兩制"的一些內容發生碰撞,從而加劇了"一國兩制"在回歸後的內部矛盾,特別是部分香港人與中央的矛盾和香港內部不同勢力之間的矛盾。

同樣重要的是,即便沒有英國人刻意部署的變革,1980年代中之後,國際形勢、國家的發展和香港的情況都發生了巨大的變化,導致"一國兩制"的一些內部矛盾進一步強化,從而令"一國兩制"和"五十年不變"的安排與現實環境顯得愈來愈格格不入。回歸後,國家的迅速崛起和香港發展的相對滯後觸發了一系列的"兩制"之間的矛盾和摩擦,主要反映在部分香港人與中央的關係上,也反映在香港特區政府的管治不順和香港人與內地同胞的不和上。因為兩地矛盾的上升,原來在香港早已發酵的的民主訴求也變得更為殷切,而反對派的"奪權"意慾也更為強烈,但這些訴求和意慾卻又因中央對香港民主發展有無法消除的疑慮而難以滿足,香港人與中央的矛盾因而進一步激化。在"殖民地"時期,殖民政府在相當程度上發揮"分隔"香港與中國政府和內地的屏障角色，頗為有效地發揮減少或紓緩兩地矛盾的作用。在"一國兩制"下，原來殖民政府擔當的角色缺乏代替者，特區政府固然無力承擔那個角色，而中央對擔當那個角色卻又舉棋不定、猶豫再三，所以"兩制"之間的矛盾難以借助"第三者"來協調或化解。

中國國力和國際影響力的膨脹又為國家帶來了一個充滿機遇但又滿佈挑戰的國際格局，對香港的國際地位和角色造成重大影響。"一國兩制"提出時中國所面對的國際格局在"香港前途問題"解決之後快速發生變化，主要反映在飽受內憂外患困擾的西方國家對崛起中的中國感到威脅，並銳意採取措施予以反制。在中西方之間明顯和潛在的矛盾和衝突不斷增加，而在彼此對對方的意圖和手段不瞭解的情況下，中國與西方國家尤其是美國之間進行的大國博弈便全方位和全球性地激烈展開。香港在美國和個別西方國家的對華戰略中的價值和作用無可避免的出現變化。香港會否蛻變為西方用以制衡中國的籌碼已經開始引起中央和一些香港人的關注，而香港保持繁榮穩定是否符合西方的戰略利益也存在變數。在新的形勢下，香港作為國家與世界聯繫的"橋樑"所"應該"擔負的功能自然也會跟以前有所不同。如何擔當好這個"橋樑"角色但又同時不會引發國家安全的隱患則成為中央和香港都必須重視的、牽涉到"一國兩制"往後存廢和發展的關鍵問題。

鑒於各方面的變化，性質保守的"一國兩制"無可避免要面對不斷湧現的新情況、新矛盾和新挑戰。這些新情況、新矛盾和新挑戰來自兩方面。其一是"一國兩制"和保守性和靜態性與"變幻才是永恆"的香港之間的不協調。"一國兩制"的具體內容非常複雜,而且不少是以法律條文規定和"凍結"下來的,因此它難以有效地應付香港各方面變遷所衍生出來的新課題和新挑戰。其二是國際形勢和國內情況的不斷變化使得一些人對"一國兩制"的正確性、價值、實際效用和可持續性產生懷疑,從而影響到他們對"一國兩制"的觀感和信心,並對"一國兩制"日後的發展投下問號。

起初,在尊重"港人治港"和高度自治的前提下,中央儘量不介入或干預香港的事務。然而,隨着各種矛盾和衝突的增加和激化,特別是當國家安全和利益受到威脅,中央和特區政府的權威屢受挑戰,香港的管治困難突出,而香港社會的分化內耗又嚴重動搖香港的安定和拖慢香港的發展時,中央逐步加強了在香港事務上的參與,並積極運用它在"一國兩制"下的權力來處理香港的問題和催促"一國兩制"按原來的"藍圖"繼續前進。

客觀而言,要處理好"一國兩制"內潛在的矛盾和源於香港、國家和國際局勢急速變遷所產生的矛盾,中央與香港人肝膽相照、同心協力、務實理性地在"一國兩制"和基本法的大框架內一起去共同應對各種各樣問題,為"一國兩制"全面和準確的實踐提供源源不絕的動力,無論是對國家還是對香港來說都極為有利。不過,香港的反對派和其支持者一貫把"一國兩制"的安排視為香港的"家事"或"內部事務",不容中央染指。為了維護國家安全和利益,保衛中央的權力和權威,履行中央在落實"一國兩制"下的責任,確保"一國兩制"在香港全面準確實踐,和保障香港的繁榮、穩定和發展,中央也肯定會加強在香港事務上的介入和參與。如此一來，在一段時間內，中央和"愛國愛港"力量一方，與反對派和外部勢力一方便難免發生猛烈碰撞，並進一步激化各種各樣的矛盾和衝突。這段政治顛簸時期恐怕是避免不了的，不會因為人們的主觀意願而改變的，但卻又長遠而言有利於"一國兩制"的成功實踐的。如果中央的對港政策到位和睿智，而香港人又秉承其一貫的務實理性風格的話，則顛簸期過後大概是這樣的一個局面：中央和香港人在明確分工、相互尊重和緊密合作下，靈活地和創意地理解和運用"一國兩制"和基本法存在的空間來謀求香港的繁榮、穩定、發展，迫使反對勢力走向"邊緣化"或改弦易轍，大幅減少香港與內地和中央的矛盾，以至防止香港成為被外部勢力用以威脅國家的"棋子"。這樣一來，"一國兩制"在香港的實踐便可以在一個新的、合適的基礎上發展並達到它原來的讓國家和香港同蒙其利的戰略目標。

　　毋庸諱言，"一國兩制"是在香港人仍然緬懷殖民管治、對中央欠缺信心、對香港的前景有憂慮，而中央對香港也不能夠完全放心的不利環境下誕生。儘管這個方針在當時的歷史背景下是解決"香港前途問題"的最佳辦法，但要徹底處理好各方面的信心、信任、猜疑和擔憂等問題，絕對不可能一蹴而就。加上"一國兩制"乃史無前例的創舉，當中難免存在不少不清晰、自相矛盾和無法預見的地方，所以要長時期順利成功落實"一國兩制"委實不是容易的事。惟其如此，要確保"一國兩制"這個重大國家戰略的成功實踐，中央、內地同胞和香港人都必須擁有良好的意願、顧全大局的思維、高瞻遠矚的視野、尊重對方的胸襟、務實解決問題的態度和互諒互讓的情操，以動態、發展和"解決問題"

（problem-solving）的態度來處理"一國兩制"帶來的問題和挑戰。

第一章
"一國兩制"提出時國內外及
香港形勢

　　"香港前途問題"出現在國內外形勢都對制定一個能夠得到各"持份者"尤其是香港人都能夠接受的安排的良好歷史時刻。在這個時刻中，中國、英國和美國都處於需要加強戰略合作以應對蘇聯的軍事和外交威脅的局面。中國亟需積極參與和利用西方主導的經濟全球化和市場化過程以進行"改革開放"和實現經濟現代化，而美國和英國則處於國際形勢不利、國內政治不穩、經濟困難、人心浮動、亟需重振市場力量以啟動經濟的時期。中西方都十分珍惜彼此的良好關係，都希望找尋一個不但不會損害彼此合作關係、而且能夠照顧好各自利益的解決"香港前途問題"的良好方式。所謂良好方式，是指那個有利於香港在回歸前和回歸後都能保持和促進香港的繁榮穩定、鞏固香港人對香港前途的信心、保障西方在香港的利益、以及能夠讓香港繼續擔當中國與世界的經貿橋樑的角色的安排。

國際形勢

　　"香港前途問題"在上世紀七十年代末和八十年代初這段時

間出現。在此之前的十多年中，世界政局可以說是處於"新冷戰"
(New Cold War) 時期，蘇聯陣營和西方陣營之間在世界各地展
開激烈較量。當時蘇聯的國力特別是軍事力量處於膨脹期，其經
濟發展模式的潛在矛盾尚未浮現，各方面對其經濟前景仍抱審慎
樂觀評估。相反，美國和英國的資本主義體系則受困於增長不足
和滯漲 (stagflation) 難解之局。當蘇聯在外交和軍事上躊躇滿志
之際，美國和英國則陷入自我懷疑的頹勢。整體來說，1970 年
代和 1980 年代初是國際格局劇烈變動的時期，然而這個時期卻
恰恰為 "香港前途問題" 的順利、和平解決營造了有利的國際環
境。[1]

　　從歷史的角度看，二次大戰結束後不久，蘇聯和美國及它
們的盟友便在波蘭、東歐、土耳其和伊朗等地區發生激烈衝突，
導致由美國、英國和蘇聯共同制定、旨在重建戰後世界秩序的雅
爾達協定 (Yalta Agreement) 和緊接其後的波茨坦協議 (Potsdam
Agreement) 的解體和東西方冷戰的爆發。[2] 嗣後，隨着中國共產
黨在中國建立新政權和朝鮮戰爭的爆發，冷戰更趨熾烈。不過，
經過一段時間，東西方之間為了減少衝突而趨向願意承認彼此的
勢力範圍和基本利益。在美蘇 "緩和" (détente) 的大前提下，東

---

[1] Thomas Borstelmann, *The 1970s: A New Global History From Civil Rights to Economic Inequality* (Princeton: Princeton University Press, 2012)；及 Daniel J. Sargent, *A Superpower Transformed: The Remaking of American Foreign Relations in the 1970s* (New York: Oxford University Press, 2015)。

[2] Fraser J. Harbutt, *Yalta 1945: Europe and America at the Crossroads* (Cambridge: Cambridge University Press, 2010); John Lewis Gaddis, *The Cold War: A New History* (New York: Penguin, 2005)；及 Michael Neiberg, *Potsdam: The End of World War II and the Remaking of Europe* (New York: Basic Books, 2015)。

西方因冷戰而形成的國際"秩序"進入"穩定"期,並持續達半個世紀之久。形式上,美蘇的"緩和"時期的巔峰應該是 1975 年蘇聯和西方國家達成的赫爾辛基協定(Helsinki Accords),該協定正式確認蘇聯在歐洲的勢力範圍,以換取蘇聯對改善它和東歐國家的人權狀況的承諾。可惜的是,由於蘇聯在世界各地的擴張行動,很快這個協議便名存實亡,而伴隨着它的瓦解是"第二次冷戰"(Second Cold War)的爆發和東西方新一輪軍備競賽的開動。

在"第二次冷戰"正酣之際,美國在越南戰爭的慘敗不但導致國家聲譽的損失、經濟的困頓和財政的困難,更挫傷了美國人介入國際事務的信心和意慾,美國因此進入了外交和軍事上的"收縮期"(retrenchment)。美國前高層外交事務官員薩斯坦諾維奇(Sestanovich)指出,"美國歷來的外交政策沒有堅定的連貫性,反而是不斷地、重複地和成功地改變路線的努力。"[3] 這個特點體現在"'擴張'(maximalism)和'收縮'(retrenchment)這兩個國際戰略循環性地交替進行。"[4] 到了尼克松(Nixon)時期,美國進入了新一輪外交"收縮"期。"在 1970 年代,人們關心的不是美國是否越來越強大,反而是它是否變得過分軟弱。那些認為美國國力走低的人並非無的放矢。在尼克松、福特(Ford)和卡特(Carter)三位總統主政時期,美國經濟在四分一時間內受到通縮所困。美國的經濟被'能源危機'和持續的通貨膨脹蹂躪。…… 隨着美元匯價下調,美國在歐洲的駐軍面對財政困

3　Stephen Sestanovich, *Maximalist: America in the World from Truman to Obama* (New York: Alfred A. Knopf, 2014), p. 7。

4　Ibid, p. 9。

難。…… [就對外關係而言，] 1970 年代乃美國外交史上最失敗的時期。"[5] 就國際大局而言，"制約蘇聯在中東的影響並非是美國外交的唯一挑戰。中東戰爭導致阿拉伯國家對美國和歐洲進行石油禁運。…… 美國突然人發現自己有一個新的軟肋，這個威脅他們的經濟信心和福祉的東西比蘇聯的軍事威脅更嚴重。"[6]

　　一直以來伊朗是美國在中東的最重要和最可靠的盟友，負起保衛美國在中東的戰略和石油利益的重任。1979 年伊朗發生伊斯蘭革命，推翻了極度親美的伊朗國王，並建立起一個二次大戰後首次出現的、植根於伊斯蘭原教旨主義和政教合一的新政權。這個新政權不但全盤否定西方現代文明，而且極端反美，革命發生後不久在德黑蘭發生的美國人質事件更令美國蒙受極大的恥辱。伊朗的伊斯蘭革命代表西方在東西方較量中的挫敗，它之後更在中東和其他回教地區擴散，從而徹底改變了中東以至全世界的政治格局和勢力平衡，也成為美國在外交和軍事上的嚴重挫敗，狠狠打擊了美國的全球影響力。[7] 美國的軍事力量部署雖然仍然以歐洲和東北亞為重點，但東南亞在美國新的戰略部署中的位置卻因為中東局勢緊張而被中東取代，使得美國在東南亞的影響力下降，為日後中國在該地區擴大影響力創造條件。美國在外交和軍事上的"收縮"和蘇聯的擴張，讓不少第三世界國家得以利用美蘇之間的矛盾擅自採取"侵略性"的行動來謀取自身的利益，並

5　Stephen Sestanovich, *Maximalist: America in the World from Truman to Obama* (New York: Alfred A. Knopf, 2014), p. 193。

6　Ibid, p. 195。

7　Christian Caryl, *Strange Rebels: 1979 and the Birth of the 21st Century* (New York: Basic Books, 2013)。

往往使美蘇兩國在不情願下捲進其他國家之間的衝突或內戰之中，也令美國在國際事務不時陷入被動和尷尬的境況。

在經濟上，美國和其有"特殊關係"（special relationship）的盟友英國在經濟上面對着嚴峻的財政、金融和經濟困難。美元的強勢因為越戰牽涉浩繁的財政支出而無以為繼，美元在 1971 年被迫與黃金脫鈎，從而最終導致美國戰後建立起來的、以美元與黃金掛鈎並以美國利益為軸心的世界金融體系（布雷頓森林體系）（Bretton Woods System）的解體，沉重地削弱了美國在經濟和金融領域的領導地位。

與此同時，美國和英國在經濟上又面對聯邦德國、日本和其他歐洲國家的強大挑戰。西方國家圍繞着各國採取的貨幣、財政和經濟政策爭議不斷，各國都希望在保存開放的國際貿易體系之同時為自己謀取最大的利益。美國在 1970 年代初期開始受困於一系列經濟難題，尤其是因為中東戰爭帶來的石油價格飆升的衝擊。那些難題包括經濟停滯、通脹肆虐和失業率居高不下。英國的經濟狀況同樣糟糕。戰後以來一直奉行的英式社會主義導致工會力量龐大、福利開支失控、經濟增長遲緩和企業精神萎縮，英國因此而落得"歐洲病夫"的惡名。眾多難題的出現，引發英國人民對政府的不滿，而解決英國的經濟"沉屙"則需要對經濟體系進行徹底的結構性調整。

為了擺脫經濟困境，並重燃國民對國家的希望，美國和英國率先揚棄了過去政府過度干預經濟的舊路，擺脫了凱恩斯經濟理論的羈絆，改為倚重私營經濟和市場機制來刺激經濟的發展，在這方面英國邁出的步伐比美國還要大。政府除了減少其經濟活動外，也大刀闊斧為企業和個人拆牆鬆綁。各種監管經濟活動的法律和規則大幅削減，私有資本和企業家得到了廣闊的活動空間。市場主義很快便從英美兩國擴散到歐洲國家和一些其他國家。隨着各國經濟的陸續開放、資金在全世界的流動範圍和速度增強，加上資訊科技日趨發達和運輸成本的下調，國與國之間的經貿往來越來越密切。同時，跨國企業不斷湧現，成為全球經濟發展的新動力。1970 年代乃經濟和金融全球化的發軔期，之後更以雷霆萬鈞、勢不可擋的氣勢往前擴展，全球的經濟格局也為之改寫。

蘇聯的處境則剛好相反。起初，由於蘇聯在古巴導彈危機中失利，加上中蘇交惡，其領導人又斷定社會主義革命在第三世界發生的機會黯淡，因此在整個 1960 年代蘇聯在第三世界的外交和軍事活動有所收斂。然而，到了 1970 年代，美國在越南黯然撤退，1979 年伊朗爆發的伊斯蘭革命更令美國失去了它在中東的重要盟友。美國在第三世界的外交政策遂轉趨低調，並進入退卻期。相反，蘇聯卻進入外交和軍事擴張期。隨着葡萄牙帝國在非洲的瓦解，蘇聯乘虛而入，甚至直接出兵安哥拉，使得親蘇勢力在安哥拉內戰中得勝並奪得政權。蘇聯在也門和莫桑比克也積極扶植親蘇力量，對伊拉克和敘利亞也增強了影響力。埃塞俄比亞發生革命後，其新政府倒向蘇聯，更讓蘇聯的勢力伸展到紅海和印度洋等戰略要塞，對西方的石油供應線構成嚴重威脅。在羅德西亞（後來易名為津巴布韋）、西南非（即後來的納米比亞）和南非等非洲地區，蘇聯的影子亦隨處可見。

1979 年，為了保護阿富汗的"共產"政權，蘇聯更不惜冒國際社會的譴責，揮軍入侵並長時期佔領該國，直接威脅到西方在中東的利益。[8] 與此同時，蘇聯在歐洲和拉丁美洲的動作也頗為頻繁。蘇聯不顧西方的反對在其國家西部部署指向西歐的中程導彈。而使美國倍感威脅的發展，是一個新的左翼政權在位於其"後院"的尼加拉瓜的冒起，並且得到蘇聯的積極援助。

為了減少來自蘇聯陣營的威脅，並且不讓它繼續進行軍事和外交擴張，美國不得不拉攏中國來制衡蘇聯，同時借助中美關係的改善來讓美國可以從越南抽身而退。美國總統尼克松在 1972 年訪問中國並與中國重建關係不啻為戰略上的神來之筆。這個戰略舉措徹底改變了國際格局，對中美雙方的國家安全和利益至為有利。美國分析家的看法是，"中國得到美國的保護，免受蘇聯的威脅，也免受那個在經濟上崛起的日本的威脅。這個新形勢使得中國在幾年後獲得一個有利於其經濟開放的安全環境，同時也讓整個亞洲地區蒙受其利。"[9]

澳大利亞外交家懷特（White）也有相同論斷，"中美在 1972 年達成的交易，其核心內容是華盛頓同時向北京和東京提出保證。中國和日本承認美國的霸主地位，以換取美國保證中國的安全不受日本和蘇聯的威脅，而日本的安全則不受蘇聯和中國的威脅。我們可以視此宗交易為一個雙重保證的交易。""這個交易讓亞洲得以沿着一條面向西方的經濟和政治道路前進，並在美國的領導下成為世界上最具活力的地區。1975 年之後，蘇聯再不

8　Odd Arne Westad, *The Global Cold War: Third World Interventions and the Making of Our Times* (Cambridge: Cambridge University Press, 2007)。

9　Robert D. Kaplan, *Asia's Cauldron: The South China Sea and the End of a Stable Pacific* (New York: Random House, 2014), pp. 28-29。

能也沒有意圖在阿富汗以東的亞洲地區取得戰略利益。"在西方人看來，"在 1972 年，中國心照不宣地放棄了在亞洲稱霸的野心。"[10]

除了來自蘇聯的挑戰外，美國領導的西方陣營也面對其他方面的威脅。部分美國的西方盟友國力增強，但對美國防衛歐洲對抗蘇聯的決心和能力卻有所懷疑。它們自然地為了各自的國家利益而不願意在對外關係上處處以美國為馬首是瞻。聯邦德國的旨在與蘇聯和民主德國修好的"東進"（Ostpolitik）策略，法國的特立獨行外交姿態，都與美國的外交政策有抵觸。[11]

同樣地，西方國家的內政也面對新的考驗和變動。西方的政治體制和發展模式雖有成功之處，但卻又帶來了許多不公平和不公義的現象，年輕人對現狀不滿的情緒高漲。1968 年席捲整個西方世界的學生和工人運動充分反映了那種情緒。[12] 1970 年代歐洲共產主義（Eurocommunism）在法國、意大利和西班牙等國的興起也是一種對當前狀況不滿的反映。事實上，在整個 1970 年代，來自社會各方面的抗爭行動此起彼伏，使西方世界和其標榜的制

10　Hugh White, *The China Choice: Why We Should Share Power* (Oxford: Oxford University Press, 2012)。引述分別來自 p. 20，p. 22 and p. 61。

11　Hans Kundnani, *The Paradox of German Power* (New York: Oxford University Press, 2015)；Daniel J. Sargent, *A Superpower Transformed: The Remaking of American Foreign Relations in the 1970s* (New York: Oxford University Press, 2015)。

12　Ronald Fraser, *1968: A Student Generation in Revolt* (London: Pantheon, 1988)；Mark Kurlansky, *1968: The Year that Rocked the World* (New York: Random House, 2004)；Kenneth J. Heineman, *Campus Wars: The Peace Movement at American State Universities in the Vietnam Era* (New York: New York University Press, 1993); Robert Gildea et al. (eds.), *Europe's 1968: Voices of Revolt* (New York: Oxford University Press, 2013)；及 David Wyatt, *When America Turned: Reckoning with 1968* (Amherst: University of Massachusetts Press, 2014)。

度和價值觀在全球的認受性飽受質疑和衝擊。[13]

1970 年代也是人權問題開始在國際政治中越來越重要的時期。赫爾辛基協定是人權政治抬頭的標誌。1979 年約翰·保祿二世（John Paul II）就任新的羅馬天主教的教宗。作為第一位來自波蘭的教宗，新教宗致力於在全世界特別是在東歐推動人權和民主的進步。人權問題的冒起進一步衝擊了美國和英國的國際聲譽和形象，原因是過去基於帝國的傳統、國家的利益和冷戰的需要，兩國在去殖民化（decolonization）和推動第三世界國家獨立自主等問題上都欠缺積極性。英國難以和它的帝國歷史割離，這在非洲南部的衝突中英國偏幫白種人的情況清楚呈現。美國在越南的戰爭和殺戮，以至它給予一些第三世界國家的獨裁和軍人政權的守護與支持，都使得英美兩國在人權問題越來越受到重視的國際社會中備受批評。[14]

總的來說，在"香港前途問題"出現的前夕，與香港問題關係最密切的美國和英國正面對內憂外患的困擾，國民對自己的國家的現況和前景感到憂慮，對當權者不滿，不少人覺得自己的國家甚至西方世界正走向"沒落"，亟需謀求改革。市場開放和市場主導，以至經濟和金融全球化應運而生。以美國為首的西方陣營為了應對來自蘇聯和其盟友的威脅不得不尋求與中國進行戰略合作。儘管西方的合作意願有不少的權宜成分，但它的確有需要與

13　Martin Klimbe and Joachim Scharloth (eds.), *1968 in Europe: A History of Protest and Activism, 1957-1977* (New York: Palgrave Macmillan, 2008)。

14　James E. Cronin, *Global Rules: America, Britain and a Disordered World* (New Haven and London: Yale University Press, 2014)。

中國建立友好關係。在這種氛圍下，香港問題的和平解決便有了一個大體上有利的國際環境。雖然英國在 1982 年的福克蘭戰爭中打敗了阿根廷而大振國威，但卻沒有改變英國的根本弱勢和提升它在處理香港問題時的政治優勢。

國家的內外局勢

"九七問題"出現前夕，中國的內外形勢與西方陣營相比，頗有"同病相憐"之處。為期達十年之久的文化大革命的浩劫剛剛結束，國家滿目瘡痍，百廢待舉。打倒"四人幫"後，新的中共領導人不得不把重建共產黨的組織、恢復國家機器的架構和運作、強化政府的管治權威和重建中共管治的合法性基礎作為首要的戰略任務。

在整個 1970 年代，中國的經濟基本上停滯不前，農業生產無法滿足人民的需要，糧食供應出現危機的可能性揮之不去。以重工業為主的工業體系效率低下而且浪費嚴重。城市工人的工資長時間沒有調整，農民的收入則長期在溫飽線上下徘徊。人民的生活水平低下，農村居民的境況尤其惡劣。城市的基本設施老舊而且嚴重不足，農村的條件則更為不堪。相對於東歐的社會主義國家和亞洲"四小龍"，中國的貧窮落後情況顯著，更印證了中國過去的經濟發展模式的不濟和不斷發生的政治運動對經濟發展造成的桎梏和破壞。[15] 這些凋敝困頓的狀況不改變，人民對中國共

15　Andrew G. Walder, *China under Mao: A Revolution Derailed* (Cambridge, MA: Harvard University Press, 2015), pp. 315-344。

產黨所領導的政府的怨懟之情揮之不去,嚴重威脅到中共的執政地位和合法性。

1978 年底召開的中國共產黨十一屆三中全會及其一系列決定有着里程碑意義。全會在 12 月 18 日開幕,在 12 月 23 日結束。全會上產生了以鄧小平為核心的中共第二代領導集體,而"兩個凡是"則轉變到實事求是的思想路線上來。三中全會的基本思想後來被概括為"一個中心、兩個基本點"。"一個中心"即"以發展生產力為中心";"兩個基本點"即"堅持四項基本原則"和"改革開放"。"如果説從'兩個凡是'到實事求是,是中共十一屆三中全會在思想路線上的重大轉折,那麼,黨的工作中心的轉移則是中共十一屆三中全會在政治路線上的重大轉折。中共十一屆三中全會的這一最重要的決策,清楚地寫在《公佈》的第一段裏,那就是結束'以階級鬥爭為綱',把黨的工作中心轉移到經濟建設上來。……'改革'、'開放',也就是'對內搞活,對外開放'。'對外開放',就是針對'對外封閉'而提出的;'對內搞活',就是針對'對內以階級鬥爭為綱,忽視生產力,制定的政策超越了社會主義的初級階段'而提出的 …… 中共十一屆三中全會要求中國的經濟'高速度地'、'穩定地'向前發展。《公報》強調,"採取一系列新的重大經濟措施,對經濟管理體制和經營管理方法着手認真的改革。…… 應該堅決實行按經濟規律辦事,重視價值規律的作用。"。[16]

中共十一屆三中全會的歷史意義,在於將中國共產黨的執

16　葉永烈:《鄧小平改變中國 —— 1978:中國命運大轉折》(南昌:江西出版集團,2008),頁 419。

政地位的根基從過去的以政治和意識形態鬥爭為綱，轉移到以推動國家的現代化和民族振興為主軸。為了推動經濟發展和提高人民生活水平，中國共產黨揚棄了過去的計劃經濟和自力更生的策略，推出一系列貫徹"改革開放"戰略的經濟發展政策，包括引入市場競爭機制、改革農業和工業的運作模式、吸引外資、推動出口、成立經濟特區和加入國際經貿體系等。新中國成立以來，香港一直在國家的發展中，特別是在國家經濟最困難的時刻，擔當着重要的角色。中國新時期的"改革開放"戰略對香港倚重甚殷。在"香港前途問題"出現之時，香港已經發展為一個高度現代化和成熟的資本主義經濟體和重要的國際金融、貿易、資訊、通信和運輸樞紐，並且擁有不少能夠與國際接軌的人才、企業、法律法規和制度設施，因此可以在國家致力加入國際經濟體系的戰略中配合國家的部署。事實上，除了香港之外，國內沒有一個城市在那些方面能與香港媲美。所以，保持香港的各種優勢對國家的現代化事業至關重要。

在"香港前途問題"出現的前夕，中國的國際環境也是頗為兇險。中蘇在 1950 年代末期因為兩國在意識形態上的分歧和在社會主義陣營內領導地位的爭奪而交惡。蘇聯不但撤回對中國的專家和經濟援助，更在軍事上對中國形成嚴重威脅。蘇聯也曾認真打算對中國進行大規模的核子攻擊，務求一舉摧毀中國的核武器。兩國在邊境的衝突時有發生，而彼此在第三世界的爭奪亦持續不斷。事實上，蘇聯並非是中國周邊環境的唯一威脅。按照美國前國務卿基辛格（Kissinger）的觀察，中國的周邊環境絕不安全。在 1979 年，"從北京的角度看，中國的周邊出現了一個戰略噩夢。蘇聯在北方的軍事集結方興未艾,莫斯科仍然在中蘇邊境維持五十個師的兵力。在西方,阿富汗剛發生馬克思政變,而新政權越來越以蘇聯為首是瞻。北京同時認為蘇聯有份策動伊朗的革命,導致伊朗國王於 1979 年 1 月 16 日流亡國外。此外,蘇聯繼續致力營造一個亞洲安全共同體,其目的不外乎是要圍堵中國。"[17] "防止一個與蘇聯連在一起的印度支那半島國家集團的出現,是鄧小平時期中國外交政策的主要目的,也是中國加強與美國合作的原因。"[18] "中美的修好構建了一道阻擋蘇聯擴張的防禦工事。"[19] 尼克松在 1972 年催促其歐洲盟友和日本與美國一起推動中國的經濟發展。"他 [尼克松] 的戰略願景是要構建一個新的國際秩序,其基礎是利用中國的影響力把第三世界打造成一個反蘇聯盟。"[20]

1979 年中國發動懲越戰爭。"[懲越戰爭] 達到了它的基本目的:既然蘇聯無法作出反應,則它的戰略能力的局限便表露無遺。從這個角度看,這場戰爭可以說是冷戰的轉捩點,但當時的人卻尚未能夠理解。這場第三次越戰標誌着冷戰時期中美戰略合作達到巔峰。"[21]

隨着外部環境的改善,國家的統一問題也從新進入中國領導人的議事日程之中。1978 年和 1979 年日本和美國分別與中國建

---

17 Henry Kissinger, *On China* (New York: The Penguin Press, 2011), p. 340。

18 Ibid, pp. 346-347。

19 Ibid, p. 387。

20 Ibid, p. 393。

21 Ibid, p. 340。

立全面的外交關係。中日和中美之間的合作在往後的十年進展良好。日本對華在技術上和多種財政上的支援對推動國家的經濟建設裨益不少。[22] 中美之間在情報和軍事上的相互配合也有利於促進彼此的關係。

美國自 1972 年尼克松訪華後給予中國的印象是他樂見中國的和平統一。[23] 作為重建中國共產黨的政治威信的一環，臺灣回歸中國的問題便不可避免需要認真處理。中央領導人葉劍英代表中國政府提出的葉九條，為中國的統一邁出重要的一步。

即便在意識形態領域，"香港前途問題"出現的時候，也是不少中國人急迫和熱烈探討國家發展路向之時。蘇聯過去的發展模式和經驗被視為乏善足陳，毛澤東時期通過政治動員來推動經濟發展的策略同樣不被推崇。西方的資本主義、市場經濟、自由貿易和全球化則被認為可堪借鑒。市場競爭機制甚至被認為非資本主義所獨有，社會主義國家也可以巧妙地讓市場為我所用。一時間不少中國人對來自西方的思想和理論趨之若鶩，總體而言造就了一個有利於中西方合作的心理和思想氛圍。[24]

總的來說，國內外形勢對中國共產黨有關治國理政的新部署頗為有利。儘管英國、美國和日本等西方國家不太願意看到中國

22　Sheila A. Smith, *Intimate Rivals: Japanese Domestic Politics and a Rising China* (New York: Columbia University Press, 2015), pp. 33-39。二次大戰後，無論中國國民黨或是中國共產黨領導的中國政府都放棄向日本索取戰爭賠償。日本國內有一部分人把日本對中國的經濟援助視為"變相"的戰爭賠償，但持這種看法的中國人則少之又少。

23　Margaret MacMillan, *Nixon and Mao: The Week that Changed the World* (New York: Random House, 2007)。

24　Rana Mitter, *A Bitter Revolution: China's Struggle with the Modern World* (Oxford: Oxford University Press, 2004), pp. 246-272。

收回香港，並對原來屬於西方陣營的香港在回歸中國後的前途不無擔憂，但為了維護中西方共同制衡蘇聯的戰略合作關係，英國和西方國家都不希望因為香港問題而損害與中國的關係。與此同時，美國和西方國家更樂意在香港回歸中國後繼續支持和關心香港的發展，特別是希望香港能夠維持它的資本主義體系、源於西方的法治體制和它與西方和國際社會的廣泛聯繫。為了表示對香港的支持和它在香港的種種利益，美國更在 1992 年制定美國香港政策法（U.S. Hong Kong Policy Act），給予香港一些獨立和友好國家才能得到的待遇，包括移民配額和從西方引進高新科技，條件是香港在回歸後的人權和自由狀況不倒退。西方國家的意圖很明顯，也毫不掩飾。它們希望香港在回歸後能夠發揮影響，促使中國走“和平演變”道路，放棄中國共產黨一黨專政的局面，改走西方模式的政治和經濟發展路線，讓“親西方”的政治勢力領導中國，從而徹底消除中國共產黨對西方的長遠威脅。

香港局勢

“香港前途問題”出現前夕的香港已經是一個工業社會，並正在利用內地改革開放之機迅速朝以服務業為主的經濟體系轉型。在 1970 年代末，香港人基本上已經擺脫了過去的“難民心態”，不再以香港為暫居的地方，也不再以內地為落葉歸根之地，反而視香港為安身立命之所。對二次大戰後在香港出生和成長的香港人來說，香港是他們唯一認識的“家”。由於為數眾多的來港移民的香港人是為了逃避戰亂和中國共產黨的統治，因此他們和他們的後代中有不少人或多或少都懷有反共和恐共的情緒。又由於香港與內地在 1949 年後的發展道路迥異,而香港在 1980 年代初期的經濟發展和人民生活水平遠高於內地,所以不少香港人自覺與內地同胞在各方面差異甚大,對內地同胞不但懷有優越感,而且有深刻的成見和歧視。事實上,香港人日漸抬頭的身份認同在相當程度上是建築在反共意識和刻意與內地同胞對比之上的。香港人的思想心態,加上他們對國家的前景並不樂觀,都使得他們在面對"九七問題"時缺乏充分的心理準備,因此難免惶惶不可終日。

殖民政府在之前的十多年因應"九七問題"的來臨有計劃地改進其管治模式,開拓更多的官民溝通渠道,展示更開明的政治作風,讓香港人特別是不斷膨脹的中產階層精英分子有更多的發揮政治影響力的空間,努力塑造殖民政府乃香港人的政府的形象,逐步增加公共福利和服務,尤其刻意培植香港人對香港的歸屬感和香港人"當家作主"的感覺。

香港人對香港在戰後取得的經濟成就感到自豪,並相信香港的"經濟奇跡"來自英國人的管治和"殖民地"的制度、法治和"經濟不干預"政策。香港人對香港有頗高的自豪感和自滿感。貧富懸殊的情況在 1970 年代雖然開始惡化,但不算太嚴重,起碼沒有在社會上引起關注和爭論。大體而言,社會各界對於香港的制度結構和公共政策存在相當共識,要求大幅改變社會現狀的聲音雖時有所聞,但並不強烈。爭取各種社會和政治改革的集體和抗爭行動時有發生,但群眾基礎和政治能量薄弱。大體上,香港在"九七問題"出現時是一個頗為穩定的社會,人們對香港的未來懷抱憧憬。[25]

　　"九七問題"的出現，對大部分香港人來說甚為突然，甚至可以說是"晴天霹靂"。英國人雖然在幾年前已經知道中國政府有意在 1997 年收回香港，但卻不能肯定它的決心，因此對在 1997 年後仍然可以以某些方式管治香港保有希冀和幻想。英國人也不願意坦白告訴香港人殖民管治有可能在 1997 年結束，擔心這會馬上引起香港人的恐慌和政治的動盪，況且在不明白中國政府收回香港後的意圖和計劃之前，貿然將一個不明朗的前景擺在香港人面前在政治上亦非明智。另一方面，基於不欲影響香港繁榮和穩定的局面，中國政府同樣地不願意過早在香港引發"香港前途問題"。

　　所以，當"香港前途問題"在沒有"預告"的情況下橫空出世，無可避免在香港人中間引起恐懼、擔憂、不安和彷徨。移民潮在香港人特別是精英分子之中迅速掀起，一些企業包括英資企業開始撤走資金和人員。在"九七"的陰霾下，香港充斥着有損經濟發展和社會穩定的因素。無論是從維護殖民政府的有效管治或從保持香港對中國的經濟價值出發，盡快解決"香港前途問題"乃當務之急，由不得半分延誤。因此，不但英國人有迫切感，中國政府作為香港未來長遠繁榮穩定的守護者所承受的壓力更可想而知。

　　為了盡早妥善解決"香港前途問題"，中英兩國在 1982 年展

25　Lau Siu-kai, *Society and Politics in Hong Kong* (Hong Kong: The Chinese University Press, 1982); 呂大樂：《那似曾相識的七十年代》（香港：中華書局，2012）。

開了為時兩年的艱苦談判，並在 1984 年底正式簽署了《中英關於
香港問題的聯合聲明》。雙方同意以"一國兩制"為"香港前途問
題"畫上句號。[26]

26　有關中英談判的文獻不算多，可參考李後：《回歸的歷程》（香港：三聯書店，
　　1997）；錢其琛：《外交十記》（香港：三聯書局，2004）；魯平口述、錢亦蕉整理：
　　《魯平口述香港回歸》（香港：三聯書店，2007）；張春生、許煜編著：《周南解密
　　港澳回歸 —— 中英及中葡談判台前幕後》（香港：中華出版社，2012）；高望來：《大
　　國談判謀略：中英香港談判內幕》（北京：時事出版社，2012）；陳敦德：《廢約：
　　中英香港問題談判始末》（北京：中國青年出版社，2013）。

第二章
"一國兩制"的基本內涵與目標

　　中國共產黨和其領導的中國政府一貫處理香港問題的立場與政策是建基於冷靜、理性、深刻和客觀的歷史和現實分析，充分衡量國際和國內形勢，慎重考慮中西方關係，認真研究香港對國家所能作出的貢獻，並以國家總體利益和發展為依歸而制定的，甚少受到革命激情、意識形態和一時一刻的環境變化所左右。從中華人民共和國建立開始一直到現在，中國政府的對港政策相當穩定和一致，可預測性頗高，因此有利於基本上保存香港對國家的價值、香港人對香港的信心和國際社會對香港的支持。中國共產黨在新中國成立之前夕，已經作出了暫不收回香港的決定，目的在於避免因香港問題而與英國和美國發生不必要的衝突、利用英國來牽制美國和讓香港得以繼續發揮聯繫中國與西方的"橋樑"作用。考慮到新中國成立後不久便要面對被西方世界圍堵和孤立的局面，以至後來被蘇聯和社會主義陣營不友善對待的情況，中共領導人的對港政策不能不說是睿智的和高瞻遠矚的。[1]

1　原國務院港澳辦副主任李後曾就中共對港政策作了簡短的解讀。他說："中國領導人之所以決定在相當長的時間內不收回香港，是基於以下考慮：一、在當時兩大陣營尖銳對立的國際形勢下，香港問題不可能通過和平方式解決。要收回香港就得訴

在 1950 年代初期，中國政府的對港方針走向明確化、制度
化和常態化，並以"長期打算，充分利用"八字方針來涵蓋。在
這個方針下，中國政府一方面不承認滿清政府與英國簽署的三條
不平等條約，不承認英國擁有對香港的主權，但卻不急於在 1949
年新中國成立時收回香港。然而，中國容許英國繼續管治香港是
有條件的，那就是英國不可以讓香港走向獨立或半獨立，更不能
讓香港成為中國的國家安全和政權安全的威脅，特別是不容許中
國國民黨利用香港進入中國大陸搞破壞活動。當然，美國和一些
西方國家利用香港從事針對中國的間諜和情報活動則難以禁止。
為了減少中國的憂慮，英國對蘇聯在香港的存在和活動亦施加重
重限制。此外，英國承諾不讓香港好像其他殖民地那樣走向獨
立，也同意不在香港搞"還政於民"或進行其他意圖將香港變成
"獨立政治實體"的行動。為了保持英國和香港與中國的良好關
係，香港的殖民政府也盡量阻止香港出現觸怒中國政府的事情。
香港人的反共行為得到一定程度的約束，但反共的言論則一般不
被禁止，甚至在某程度上得到殖民政府的默許和縱容，藉以削弱

〈接上排註 1〉

諸武力。英國人知道，只憑自己的力量不足以對付中國，它必然會拉美國來共同防
衛香港。這當然不是中國所希望的。在中國政府及其領導人看來，與其讓英國拉美
國來防衛香港，倒不如把香港留在英國手上。二、新中國成立不久，同許多國家尚
未建交。以美國為首的西方國家還在對中國進行經濟封鎖。在這種情況下，維持香
港現狀，可以作為中國通向外部世界的孔道，使中國得到通過其他途徑得不到的
東西。"見李後：《回歸的歷程》（香港：三聯書店，1997），頁 47。英美兩國雖
然曾就是否聯手"防衛"香港有過交涉和爭議，但事實上美國從來都沒有決心要在
軍事上協助英國"保衛"香港。見 Chi-kwan Mark, *Hong Kong and the Cold War:
Anglo-American Relations 1949-1957* (Oxford: Clarendon Press, 2004)，pp. 12-
82。又見劉兆佳，"香港在中國國際戰略中的角色"，載於劉兆佳：《回歸後的香港政
治》（香港：商務印書館，2013），頁 77-109 和陳敦德：《廢約：中英香港問題談判
始末》（北京：中國青年出版社，2013），頁 2-14。

中國共產黨對香港人在政治上和思想上的影響。殖民政府尤其忌憚香港那股擁護中國共產黨的"左派"愛國力量。為了防止"左派"在香港壯大並構成對殖民政府的威脅，殖民政府殫精竭慮，運用不同措施孤立和打擊香港的愛國人士。不幸地，作為內地文化大革命在香港延伸的"反英抗暴"在 1967-68 年的爆發不但遭到殖民政府的強暴鎮壓，也使"左派"勢力因為受到香港人的反擊和排拒而迅速走向政治邊緣化。香港人對中國共產黨的態度也因此而惡化，社會上的"恐共"和"反共"情緒亦陡然上升。

新中國成立後，大量內地居民以合法或非法途徑移居香港，其目的是為了逃避內地連綿不斷的政治鬥爭和運動，部分則屬於內地政府致力打擊的社會分子。這些人和他們的後代以香港為政治庇護所，雖然對中國共產黨心存怨懟，但卻無意以香港為基地從事針對中共政權的活動。事實上，在殖民政府的規管下，他們也沒有能力和機會這樣做。所以，就算不少香港人對中國共產黨有抵觸情緒，並經常通過媒體和其他渠道宣洩不滿，香港在殖民管治下仍然能夠與中央和內地相安無事。另方面，在英國人的管治下，中國政府既無意、也缺乏能力去介入香港事務。英國人竭盡全力防止中國政府介入香港事務，擔心它會形成另外一個對殖民管治構成嚴重威脅的權力中心。由此以觀，殖民政府在"分隔"香港人與中國政府方面實際上起着某些"屏障"作用。事實上，從 1949 年直到 1970 年代末，香港與內地的關係並不密切，兩地的發展路線南轅北轍，兩地同胞的交往稀疏，而彼此的隔閡則逐步擴大。中國政府固然難以介入港事，而香港人介入內地事務或衝擊中央的事例也不多見。

　　在"長期打算，充分利用"的方針下，香港為新中國承擔了一些獨特和難以替代的功能。英國人其實也在一定程度上容許部分功能的發揮，認為這樣會讓中國更放心讓英國繼續管治香港。比如說，1950 年代初朝鮮戰爭爆發後，在蘇聯的缺席下，美國取得了聯合國的同意對中國進行經濟封鎖，但在英國人"隻眼開、隻眼閉"的姿態下，中國仍然可以通過香港取得一些戰略物資。由於中國在西方的圍堵及後來又遭受蘇聯的孤立下不得不"閉關自守"，走"自力更生"路線，加上一些"左傾冒進"經濟政策的失敗，中國的經濟長時間面對嚴峻局面。在中國處於艱難的時刻，香港便成為中國最重要的出口市場與轉口港、主要的外匯來源地、中國與世界接觸的"窗口"、引入外邊資訊和技術的渠道。中國也可以利用香港與西方國家進行一些必要但敏感的接觸。

　　1978 年底，中共中央的三中全會決定否定過去以"階級鬥爭為綱"的治國路線，改以"改革開放"和經濟發展為要務。在新的國策下，香港作為一個現代化國際城市對中國的現代化事業有着舉足輕重的地位。中國可以從香港或通過香港吸收國家現代化不可缺少的資金、人才、法律法規、制度、科學技術、商業資訊、各類生產性服務、現代管理方式等要素。香港的優良港口和發達的航運業又為國家的"出口導向"的經濟發展策略提供有利條件。香港正在走下坡的勞動密集型製造業又得以借機"北上"而重獲生機，但同時又大力推動了珠三角的工業化和現代化。國家的"改革開放"讓香港的經濟迅速轉型，使香港蛻變為一個以金融和現代服務業為骨幹的先進經濟體系，但國家卻又反過來可以從香港注入經濟發展的源源動力。可以這樣說，"長期打算，充分利用"的方針的優越性和成效在 1970 年代末達到頂峰。

　　香港的"前途問題"剛巧在這個"頂峰"時候出現，自然地對中國政府的對港政策有重要影響。在中西方關係較好的國際局勢下，中國政府有着不錯的條件和機會去制定一套沿襲"長期打算，充分利用"、能夠照顧到各方面利益和感受的新對港方針，並借助它來爭取英國願意與和平地交還香港，贏取香港人對香港前途的一定信心，並維持國際社會對香港的繼續支持。這個方針被定名為"一個國家，兩種制度"（簡稱"一國兩制"）。

　　本質上"一國兩制"乃"長期打算，充分利用"方針政策在香港回歸中國後的延續和進一步的發展和豐富，因為它的目的在於防止香港因為政治和法律地位的改變而失去對國家的作用和價值。當然，由於香港從英國的"殖民地"變成為中國的一個"特別行政區"，很多東西也會隨之而改變，"一國兩制"能否如願達到保存香港對中國的價值的目的便要面對一些不確定和不好預測的因素和情況。

　　無論如何，由於那些不確定和難以預測的因素和情況的存在，對中國政府來說，應否在 1997 年收回香港的確是一個艱難的決定。有一種意見認為收回香港容易，但能否保存香港的繁榮穩定則難說。原香港新華社香港分社官員黃文放認為，"中國決策收回香港是個痛苦過程。因為英國方面一九七九年提出這個問題的時候，中國剛剛度過'文革'危機，百廢待舉，仍處於一個非常困難的階段。…… 北京對此毫無思想準備。因此，中國一再奉勸英國暫時不要提這個問題，表明中國對此還沒有政策。但是，英國還是步步進逼。"[2]

　　據黃文放的回憶，中國政府曾經希望以澳門的模式來解決香港"前途問題"。"當一九七九年中葡建交談判時，中葡兩國達成四點協議：一、澳門是中國領土，主權一貫屬中國政府所有；二、澳門是歷史遺留問題；三、在適當時機通過中葡兩國政府談判解決；四、解決之前維持現狀。這就是解決澳門問題的'澳門方式'。…… 當英國人想逼中國談判香港主權問題時，中國很自然會得出一種思維：可不可以用澳門方式來解決香港九七問題。…… 我們在香港與英國方面有很多非正式的溝通，希望將來通過一定機緣，進行某種形式談判，是雙方達成協議，同意香港從來是中國領土，主權應屬中國政府所有。而當條件未成熟時可維持現狀。但英國人不同意，他們認為英國管治香港的法理根據是三個條約，如果沒有三個條約，就沒有了法理依據，因此希望通過中英之間的正式談判，容許英國繼續管治香港三十至五十年。…… 英國人認為，當時中國文革剛結束，要盡快發展經濟，需要充分利用香港，因此有條件迫使中國作出決定，由英國人繼續統治香港三十至五十年。英國方面完全不明白中國的民族主義情緒是非常強烈的，中國共產黨在民族主義問題上、在領土主權上，從來是非常堅持、非常固執的，而英國的做法實際上是不讓中國有任何下臺階，因此中國不能不重新考慮實際的做法。"[3] "直到一九八二年五月份在北京召開的統一思想大會中，

2　　黃文放：《中國對香港恢復行使主權的決策歷程與執行》（香港：香港浸會大學林思齊東西學術交流研究所，1997），頁 2-3。

3　　同上，頁 8-9。

香港幹部仍覺得,收回香港主權是容易的,但收回後保持香港安定繁榮是很艱難的。本來共產黨內是要與中央思想保持一致的,但在收回香港主權這範疇裏,在會議上幾個香港的左派負責人都表達出行不通的意思。"[4]"實際上,中國收回香港主權的整個決策過程,自一九七九年英國人提出香港的主權問題起,一直到一九八一年這三年內,中國考慮這問題是一個相當痛苦的過程,鄧小平在這三年內,也未敢作出決策。影響這決策的核心問題是,收回香港主權容易,但保持香港的安定繁榮就非常困難,當時中國無論在經濟力量或政治的鞏固程度上都存在非常嚴重的危機,而香香港人對中國無信心。"[5]黃文放的回憶,基本上也得到原國務院港澳辦公室主任魯平的證實。魯平是這樣說的:"[在應否收回香港一事上,] 當時我們內部的確意見不是很一致的。特別當時在香港工作的一些同志,他們的意見是比較偏向還是暫時維持現狀,採取澳門的辦法。澳門是甚麼辦法呢?就是承認主權是我們的,但是讓葡萄牙人繼續管理。那麼在香港工作的一些同志,從香港本身考慮,比較偏向於採取澳門一樣的方式。但是廖承志考慮得比較全面,不單單從香港本身來考慮,而是從我們全局來考慮,從整個國家來考慮。所以他認為還是應該考慮怎麼樣來收回香港,而不是考慮收不收回香港。"[6]

中國政府的立場是:既然新界租約在 1997 年屆滿,而無論

4　黃文放:《中國對香港恢復行使主權的決策歷程與執行》(香港:香港浸會大學林思齊東西學術交流研究所,1997),頁 12。

5　同上,頁 22。

6　魯平口述,錢亦蕉整理:《魯平口述香港回歸》(香港:三聯書店,2009),頁 14。

英國願意與否，它必須在當年將佔香港大部分面積的新界交換中國。如果到時中國還不趁機把整個香港收回的話，則不但日後要收回便相當困難，而中國政府實在亦難以向中國老百姓交代，中國領導人甚至要背上第二個李鴻章的罵名。[7] 在作出了於 1997 年收回香港的決定後，接着來的工作便是制定一套旨在保持香港在回歸後的繁榮和穩定的政策，並利用這個政策來維繫香港人和投資者對香港前景的信心，同時讓英國人得以"體面地"、"情願地"及和平地把香港交還中國，並且同意在 1997 年前的十五年過渡期內將香港管理好及配合中國的對港政策。

原來在中國政府的國家統一的計劃中，兩岸的統一是優先考慮的項目。一九八一年九月三十日，全國人民代表大會常務委員會委員長葉劍英發表了關於大陸與臺灣實現和平統一的九條方針政策，確立了中國政府對兩岸統一的嚴正立場。"葉九條"的內容是：(1) 為了盡早結束中華民族陷於分裂的不幸局面，我們建議舉行中國共產黨和中國國民黨兩黨對等談判，實行第三次合作，共同完成祖國統一大業。雙方可先派人接觸，充分交換意見。(2) 海峽兩岸人民迫切希望互通音訊、親人團聚、開展貿易、增進瞭解。我們建議雙方共同為通郵、通商、通航、探親、旅遊以及開展學術、文化、體育交流提供方便，達成有關協議。

7　1982 年 9 月 24 日，鄧小平會見英國首相撒切爾時曾這樣說："如果中國在一九九七年，也就是中華人民共和國成立四十八年後還不把香港收回，任何一個中國領導人和政府都不能向中國人民交代，甚至也不能向世界人民交代。如果不收回，就意味着中國政府是晚清政府，中國領導人是李鴻章！我們等待了三十三年，再加上十五年，就是四十八年，我們是在人們充分信賴的基礎上才能如此長期等待的。如果十五年後還不收回，人民就沒有理由信任我們，任何中國政府都應該下野，自動退出政治舞臺，沒有別的選擇。"見鄧小平：《論香港問題》(香港：三聯書店，1993)，頁 1-2。

（3）國家實現統一後，臺灣可作為特別行政區，享有高度的自治權，並可保留軍隊。中央政府不干預臺灣地方事務。（4）臺灣現行社會、經濟制度不變，生活方式不變，同外國的經濟、文化關係不變。私人財產、房屋、土地、企業所有權、合法繼承權和外國投資不受侵犯。（5）臺灣當局和各界代表人士，可擔任全國性政治機構的領導職務，參與國家管理。（6）臺灣地方財政遇有困難時，可由中央政府酌情補助。（7）臺灣各族人民、各界人士願回祖國大陸定居者，保證妥善安排，不受歧視，來去自由。（8）歡迎臺灣工商界人士回祖國大陸投資，興辦各種經濟事業，保證其合法權益和利潤。（9）統一祖國，人人有責。我們熱誠歡迎臺灣各族人民、各界人士、民眾團體通過各種渠道、採取各種方式提供建議，共商國是。"葉九條"雖無"一國兩制"之名，卻有"一國兩制"之實。當然，一如所料，"葉九條"並沒有得到臺灣方面的正面回應，但卻為日後中央以"一國兩制"來處理"香港前途問題"奠定基礎。可以這樣說，"葉九條"是中國政府對香港的"一國兩制"方針的濫觴。因此，"葉九條"發佈後不久，中國政府也於同年基本上制定了對香港政策的"十二條方針"，提出了在收回香港後保持其繁榮穩定的政策，並以此作為與英國談判香港前途問題的依據。"十二條方針"包括：（1）香港地區在 1997 年 7 月 1 日回歸祖國。（2）回歸祖國後將作為特別自治區，享有高度的自治權，直轄於中央人民政府。（3）保留自由港和金融中心地位。（4）行政長官可由當地人擔任，經中央人民政府委任。（5）香港現行社會、經濟制度不變，生活方式、福利制度不變。（6）私人財產、房屋、土地、企業所有權、合法繼承權受到保護。(7) 外國工商業、投資不受侵犯。(8) 與英國建立特惠的經濟關係。(9) 港幣照舊不變。(10) 香港原有的法律、法令、條例基本不變。(11) 香港特別自治區的治安由香港特別自治區負責。(12) 原香港政府各機構的中外籍職員均可原職原薪留用。自治區政府必要時還可聘用外國人士當顧問。從歷史事實可以看到，"一國兩制"由中國政府單方面提出，並非是中英兩國談判的成果。作為一項與中國的"改革開放"方針相輔相成的重大國策，"一國兩制"早在中英談判香港前途問題前已在 1982 年的中國憲法中莊嚴地反映出來。基本法的序言中有這樣的一段話："為了維護國家的統一和領土完整，保持香港的繁榮和穩定，並考慮到香港的歷史和現實情況，國家決定，在對香港恢復行使主權時，根據中華人民共和國憲法第三十一條的規定，設立香港特別行政區，並按照'一個國家，兩種制度'的方針，不在香港實行社會主義的制度和政策。"這項中國對香港的基本方針政策，後來更由中國政府在1984年簽署的《中英聯合聲明》中進一步予以闡明。

儘管中國政府在 1981 年已經通過不同渠道和方式表明將於1997 年收回香港的意向，但卻沒有得到英國的認真對待。英國人一直相信中國政府在經濟上對香港的依賴有增無減，絕對不會扼殺香港這只會"生金蛋的鵝"，因此仍然憧憬它不會遽然收回香港。以此之故，自 1979 年起，英國人便以"九七問題"臨近為由不斷以不同方式向中國施加壓力，企圖讓英國能夠以某種方式在1997 年後繼續管治香港。英國人直至知道他們必須在 1997 年結束在香港的殖民管治，而中國政府提出的"一國兩制"方針又得到不少香港人的讚許之後，才在無可奈何下同意交還香港，並謀求影響中國政府在回歸前和回歸後的對港政策，為自己爭取最大的利益，竭力在過渡期維持在香港的有效管治，並大力扶植那些英國認為"適合"在香港回歸後擔任"治港"重責的"港人"。

無論如何，雖然中英談判香港前途問題歷盡艱辛，過程峰迴路轉，但最後中英雙方還是能夠以和平方式解決了香港這個歷史遺留下來的問題，並維繫了中國與英國以至整個西方世界的良好關係。毫無疑問，中美兩國制衡蘇聯的戰略合作關係，加上西方對中國"改革開放"方針的認可和西方對"一國兩制"方針的贊同都有助於香港前途問題的順利解決。當然，在中英談判過程中及中國政府與香港人的磋商過程中，中國政府對原來的"十二條"方針作出了一些修訂，例如讓香港以循序漸進方式發展民主政治，但中國政府的"一國兩制"方針基本上保持完整。可以這樣說，"一國兩制"方針是在得到中國、西方和香港人的共同"祝福"聲中確立起來的。為了鞏固各方面對"一國兩制"和香港前途的信心，中國政府還將自己的對港方針納入中英聯合聲明這份"國際協議"中和通過基本法這份憲制性文件而將之"法律化"。內地法律學者饒戈平對此有這樣的說法："顯然，中國有政策在先，有國家意志和憲法規定在先，然後才出現對香港回歸後法律地位的國際承諾；基本法是以中國憲法和對港政策為依據而不是僅僅出於中國在中英聯合聲明中承擔的國際義務來制定的，這才是它們之間真實的實質性的邏輯關係。"[8] 所以，"中英聯合聲明與

8　饒戈平："香港特區對外事務權的法律性質和地位"，載於饒戈平主編：《燕園論道看港澳 —— 香港特區對外事務的國際法視角 澳門特區的政制發展與法律改革》（北京：北京大學出版社，2014），頁 3-22，頁 13。

《基本法》，一個是中英之間關於解決香港問題的國際協議，一個是中國關於治理香港的憲制性法律，二者關係帶有某種國際法與國內法關係的性質，在內容上則有相當多的關聯度和相重性，在功能上互為表裏，相輔相成；既不可相互取代、混為一談，也不是相互對立，或互為從屬。中英聯合聲明包含和體現了中國對香港政策的國際宣示，《香港基本法》則完全兌現了中國的承諾，是中國對港政策的法律化、制度化。兩者都是為了保障'一國兩制'在香港的實踐，但又有明顯的區別和功能，分屬於不同的法律體系。"9 而"作為一個主權國家，中國是根據本國憲法和立法程序，在制定一項國內法律 [即《基本法》]。當然與此同時，中國在法律制定過程中也必須充分考慮和信守自己的國際義務。從中國借助一項國際協議來承諾制定基本法以落實對香港的政策這一點來看，中國的確是承擔了某種國際義務。不妨說，中英聯合聲明構成了制定《香港基本法》的一項必要的立法條件，為香港特別行政區的高度自治和對外事務權提供了國際法上的保障。從基本法的制定過程和實質內容上看，中國完全尊重中英聯合聲明的國際法性質，信守自己在該聲明中所作的各項宣示，是中國履行國際義務的體現。"10 事實上，基本法的序言亦清楚說明基本法乃"一國兩制"方針的法律保證。它是這樣表述的："國家對香港的基本方針政策，已由中國政府在中英聯合聲明中予以闡明。根據中

9　饒戈平："香港特區對外事務權的法律性質和地位"，載於饒戈平主編：《燕園論道看港澳 —— 香港特區對外事務的國際法視角 澳門特區的政制發展與法律改革》(北京：北京大學出版社，2014)，頁 3-22，頁 14。

10　同上，頁 15。

華人民共和國香港特別行政區基本法，規定香港特別行政區實行
的制度，以保障國家對香港的基本方針政策的實踐。"

"一國兩制"的戰略意義

　　"一國兩制"方針的制定，是為了維護國家的統一和領土完
整，和保持香港的繁榮和穩定。也即是說，"一國兩制"主要從
國家利益和中國特色社會主義發展出發，認為保存香港的資本主
義體系最有利於國家的發展大計。鄧小平這樣說："'一國兩制'
除了資本主義，還有社會主義，就是中國的主體、十億人口的地
區堅定不移地實行社會主義。……主體是很大的主體，社會主
義是在十億人口地區的社會主義，這是個前提，沒有這個前提不
行。在這個前提下，可以容許在自己身邊，在小地區和小範圍內
實行資本主義。我們相信，在小範圍內容許資本主義存在，更有
利於發展社會主義。"[11] 在"一國兩制"下，國家、中央和社會主
義顯然高於香港、特區政府和資本主義。沒有中國共產黨領導的
社會主義中國，沒有"改革開放"的戰略和中國現代化的宏圖，
也不會有"一國兩制"的方針。"一國兩制"的要義，是要讓香
港在回歸後能夠繼續為國家的利益和需要服務。鄧小平清晰地
說："我們對香港、澳門、臺灣的政策，也是在國家主體堅持四
項基本原則的基礎上制定的，沒有中國共產黨，沒有中國的社會
主義，誰能夠制定這樣的政策？沒有哪個人有這樣的膽色，哪一

11　鄧小平：《鄧小平論香港問題》(香港：三聯書店，1993)，頁 29。

個黨派都不行。你們看我這個講法對不對？沒有一點膽略是不行的。這個膽略是要有基礎的，這就是社會主義制度，是共產黨領導下的社會主義中國。我們搞的是有中國特色的社會主義，所以才制定'一國兩制'的政策，才可以允許兩種制度存在。沒有點勇氣是不行的，這個勇氣來自人民的擁護，人民擁護我們國家的社會主義制度，擁護黨的領導。忽略了四項基本原則，這也是帶有片面性嘛！看中國的政策變不變，也要看這方面變不變。老實說，如果這方面變了，也就沒有香港的繁榮和穩定。"[12]

從國家發展戰略而言，"一國兩制"乃中國共產黨擺脫"文革"的影響，走"改革開放"道路的戰略中的一個部分，建基於對"和平與發展"乃是當前和未來頗長時間內國際形勢的主調的判斷、中西方建構合作關係機會的出現、"向西方學習"的需要、長遠的國家安全（針對蘇聯）、利益及發展的考慮和在"文革"後鞏固和強化中國共產黨執政地位和能力等重要考慮因素。

從另外一個角度看，"一國兩制"的出現，標誌着在 1980 年代初的特殊歷史時刻，中國共產黨的利益和香港人之間有着共同的利益，中國共產黨需要借助香港來推行國家的現代化建設，而香港則從中國政府手上獲得極為慷慨和優厚的"一國兩制"待遇。可以這樣說，假如香港前途問題在今天才出現，香港人能否仍然得到如此令內地同胞羨慕不已的前途安排實屬疑問。

12　鄧小平：《鄧小平論香港問題》（香港：三聯書店，1993），頁 32-33。

　　"一國兩制"的"出發點是要保持香港安定繁榮，保持香港繼續為中國所用，不可以成為中國的包袱。'一國兩制'的基本精神是，收回香港主權後，香港繼續維持資本主義制度，最核心的理由、最主要的考慮，是中國有這個需要。"[13] 然而，"一國兩制"不是沒有附帶條件的，最重要的條件是"一國兩制"要有利於國家和香港的根本利益，而前者尤為重要。"一國兩制"不是一個完全基於原則、理想、信念或感情的安排，也不是因為中央對香港人有特別濃厚的感情。事實上，它是中國共產黨的務實主義和歷史意識的最佳表現。要不要實踐"一國兩制"和實踐多久，端視乎"一國兩制"是否"有用"，是否對國家和香港有利。"一國兩制"要成為一項持之以恆的重大國策，香港必須能夠憑藉它的"一制"優勢，不斷為國家的現代化事業發揮作用，尤其在經濟方面。即使隨着國家的持續發展，香港對國家的重要性逐漸下降，只要香港能夠保持繁榮穩定，不成為國家的負擔，"一國兩制"仍然可以行之久遠。相反，假如香港的經濟長期不振和社會動盪不安，並且不斷需要國家"輸血"和"救助"，甚至拖國家發展的後腿，則"一國兩制"在香港能否繼續執行便成為疑問。在那種情況下，香港人會對"一國兩制"的適用性產生困惑，而內地同胞也會越來越難以接受香港人繼續得到那麼多他們尚未得到的優厚待遇。

13　黃文放：《中國對香港恢復行使主權的決策歷程與執行》（香港：香港浸會大學林思齊東西學術交流研究所，1997），頁 30。

"一國兩制" 的核心內容

過去二十多年來，國內、香港和海外對"一國兩制"的論述不算太多，基本上是就中央對港政策作出闡述和解讀，或為中央的對港政策提出一些理論鋪墊。有關"一國兩制"和基本法的專題論述雖然不算多，但內容相當一致。[14] 所以，我在這裏只需要簡單介紹"一國兩制"的核心內容，並加上一些我個人的觀察和體會。

具體來說，"一國兩制"的核心內容包括：保持香港的資本主義體制、維護香港原有的制度、政策和生活方式、"港人治港"、高度自治、"五十年不變"和防範香港成為危害國家和政權安全的"顛覆基地"。這些核心內容被視為有利於維持香港的繁榮穩定、保留香港對中國的經濟價值、同時又不會讓香港構成對國家和政權的威脅。在簡單介紹"一國兩制"的核心內容時，我盡量引用鄧小平和其他國家領導人和中央官員的講述和談話，讓讀者們能夠更好地瞭解中國政府在制定"一國兩制"時的原來意圖，也希望借此來駁斥當下流行的一些認為中央"背信棄義"的歪論。事實上，"一國兩制"、"港人治港"、高度自治和"維持香港原有的制度和生活方式五十年不變"都是絕大多數香港人耳熟能詳的東西，不過香港不能成為"顛覆基地"的提法則不是香港

14　可參看蕭蔚雲：《一國兩制與香港基本法律制度》（北京：北京大學出版社，1990）；王叔文：《香港特別行政區基本法導論》（北京：中共中央黨校出版社，1990）；國務院發展研究中心港澳研究所：《香港基本法讀本》（北京：商務印書館，2009）；王振民：《中央與特別行政區關係》（北京：清華大學出版社）；宋小莊：《論"一國兩制"中央和香港特區的關係》（北京：中國人民大學出版社，2003）；及董立坤：《中央管治權與香港特區高度自治權》（北京：法律出版社，2014）。

人特別銘記在心的"要求",因此往往被忽略,而反對派更對此採取鄙夷的態度。

(一) 保存香港原有的資本主義體系 在上世紀七零年代末期,東西方的"新冷戰"鏖戰正酣,而中國的"改革開放"事業剛剛起步,尚處於在探索前進階段,用"二分法"將世界粗略劃分為"資本主義"和"社會主義"兩大陣營或體系十分流行,而且過分突出它們之間的差異與互不相容性而忽略其雷同之處。當然,隨着內地對資本主義認識的深化,遂有市場機制和公平競爭並非資本主義專利的提法,並對政府只有在相對獨立於資本家才能更好的維護資本主義有更透徹的理解,不過那是"香港前途問題"解決後才出現的事情。誠然,中國政府決心保持香港原有的資本主義體系,除了順應香港民意和挽留資金與人才外,實際上也是真誠地對香港的資本主義表示欣賞和器重。保存香港的資本主義被視為香港繁榮和穩定的基石,讓香港得以繼續在經濟上成為西方主導的國際經濟和金融秩序的重要成員,容許內地可以繼續從香港吸收資金、人才、資訊、科技、管理經驗、監管市場運作的制度和法律法規、以至其他對中國"改革開放"有益的東西。新華社香港分社社長周南在 1990 年對香港的資本主義體系在國家發展中的作用有這樣的陳述:"香港回歸祖國後,在中國對外開放新格局中將具有重要的地位。在'一國兩制'的條件下,已經建立了雄厚社會主義經濟基礎的祖國大陸,與保持資本主義經濟制度的香港,將會形成互惠互利,兼收並蓄那樣一種共同繁榮的局面。中國在考慮經濟發展佈局的時候,香港將繼續受到重視。

當前國際經濟格局正在發生明顯的變化，亞洲的經濟力量正在崛起，中國在亞太區經濟發展中起着舉足輕重的作用，將成為這一地區和平、安定、經濟繁榮的重要支柱。未來的香港，不僅是中國開放型經濟中重要組成部分，而且會在亞太區經濟交流中扮演重要的角色。香港經濟也有不足之處。例如自然和人力資源缺乏，技術基礎特別是高技術薄弱，對世界市場倚賴太大因而經濟比較脆弱等等。而這些方面，恰恰是中國內地的優勢所在。依靠中國內地的支持，是香港經濟得以繼續保持繁榮的不可或缺的因素。這種支持，不僅表現在內地向香港提供充裕的人力、物力資源和廣大的市場，提供必要的科技合作，更重要的是內地局勢穩定為香港經濟發展創造良好的環境。"[15]

鑒於中國有着歷史悠久的"大一統"的思想傳統，要求全國在制度上、思想上和政策上的一致性或"同質性"，加上中國共產黨相信社會主義比資本主義優越，也代表人類歷史的發展方向，因此容許一個國家之內存在一個與國家主體制度截然不同的制度實在不容易，也容易引起國內外一些不友善的評論。"一國兩制"因此體現了中國共產黨的理性、務實、胸襟和戰略思維。當然，這也反映了中國共產黨對中國成功走向現代化的期盼和對中國特色社會主義的優越性的信心。

不過，中國政府所理解的香港的資本主義制度也受到當時的歷史環境的影響。領導人和官員對香港的資本主義的獨特性認識不足，傾向將香港的資本主義理解為一般的資本主義，並總結出

15　趙睿、張明瑜編：《中國領導人談香港》（香港：明報出版社，1997），頁 283-284。

三條經驗。第一是資本主義體系需要在政治上由資本家來主導，因此應該讓資本家享有相當程度的政治權力。背後的假設是即便資產階級內部存在矛盾，但作為一個階級，他們之間的共同利益和共同命運才是最關鍵的，因此資產階級理應有相當的團結性。第二，資產階級的利益與其他階級的利益縱有分歧，但總的來說他們之間的共同利益才是主要的，所以維護資產階級的利益與維護香港的整體利益並不相悖。第三，政府與資產階級在政治上是緊密的合作夥伴，殖民政府與英資財團的緊密關係可為明證。這個理解在相當程度上低估了殖民政府在政治上的獨立性、在協調不同資本家的利益上所擔當的重要角色、在兼顧不同階層利益上所發揮的必要作用、以至在駕馭資本家和維護社會安定上的關鍵功能。所以，基於這些對香港的資本主義的理解，中國政府認為需要在回歸後讓香港的華人資本家取代英國人的資本家的政治地位和角色，讓他們擁有適當的政治權力來保障自身的利益、防止特區政府走向"大政府"的歪路、保存香港那種突出自由、放任、激烈的市場競爭、簡單低稅制、"小政府"、財富集中和貧富差距差距明顯的"香港特色資本主義"，進而遏止民粹主義的抬頭。在"一國兩制"下，所謂保存香港的資本主義體系，實際上和諷刺地是要保存一種在世界上頗為罕見的經濟體系，而維護這個經濟體系的前提是讓香港的資本家在政治上享有優越地位。不過，既然香港的資本主義在世界上甚為獨特，它的出現和存在也必然與一系列獨特的歷史和結構性因素和條件有關，至於香港因為回歸中國而引發的各種轉變會否危害到這種資本主義的有效運作和生存能力則沒有進行複雜和深入的思考。

(二)**"港人治港"** "港人治港"的提法簡單而明晰,即是中國政府承諾在香港回歸中國後,香港人將會取代英國人來管治香港,而擁有"治港"的權利的香港人主要指那些香港永久居民中的中國公民。反過來說,中國政府不會派遣內地人士來接管香港。為了解除香港人在這方面的憂慮,那些主要負責管治香港特區的香港人必須在香港曾經居住了一段相當長的時間,而且在外國沒有居留權。因此,中國政府即使有意也不可能在短期內通過讓內地人在回歸前來港定居而在回歸後馬上成為"治港"的港人。例如,基本法第 44 條規定,行政長官必須在香港通常居住連續滿二十年並在外國無居留權。第 61 條則要求香港特區的主要官員必須在香港通常居住連續滿十五年並在外國無居留權。

不過,那些要求或限制並不是最重要的條件。為了確保"一國兩制"在香港回歸後得以按照中國政府的"藍圖"全面和準確落實、建構良好的中央與特區、香港與內地的關係,同時避免香港成為"顛覆基地","治港"的香港人一定要是那些獲得中國政府充分信任的人。從中央的角度看,既然中央已經授予香港極大的高度自治權力,意味着中央擁有直接操控香港事務的法定權力不多。如果香港在落實"一國兩制"過程中出現偏差,中央能夠做出糾正的能力也有限。當然,在極端情況下,中央可以採取各種斷然手段作出應對,但那樣做無可避免會打擊國內外對"一國兩制"的信心,也損害中國的國際形象。因此,在正常情況下,中國政府希望"治港"的香港人能夠把事情處理好,用不着中國政府費心和"干預"。

為此,國家領導人很早以前已經提出"治港"的香港人必須是"愛國者",而"愛國者"後來更改稱為"愛國愛港者"。鄧小平在 1984 年闡述"愛國者治港"的主張,並對此作出說明。他是這樣表述的:"港人治港有個界線和標準,就是必須由以愛國者為主體的香港人來治理香港。…… 甚麼叫愛國者?愛國者的標準是,尊重自己民族、誠心誠意擁護祖國恢復行使對香港的主權,不損害香港的繁榮和穩定。只要具備這些條件,不管他們相信資本主義,還是相信封建主義,甚至相信奴隸主義,都是愛國者。我們不要求他們都贊成中國的社會主義制度,只要求他們愛祖國,愛香港。"[16] 同年在另一個場合,鄧小平進一步論述"愛國者"的內涵:"[香港人在過渡期內] 不參與 [香港事務] 不行,不參與不熟悉情況。在參與過程中,就有機會發現、選擇人才,以便於管理一九九七以後的香港。參與者的條件只要一個,就是愛國者,也就是愛祖國、愛香港的人。一九九七年後在香港執政的人還是搞資本主義制度,但他們不做損害祖國利益的事,也不做損害香港同胞利益的事。…… 選擇這種人,左翼的當然要有,盡量少些,也要有點右的人,最好多選些中間的人。"[17]

差不多同一時間,中共中央總書記胡耀邦則說:"[治港港人] 應具備兩個條件,就是愛國和愛香港。愛國就是擁護統一,不搞分裂;愛香港就是幫助香港人做好事,維護香港的繁榮。"[18] 有些時候國家領導人甚至具體指出哪些人是"愛國愛港者"。比如江澤民 1994 年有這個提法:"我們成立預委會、聘請港事顧問,

---

16　鄧小平:《鄧小平論香港問題》(香港:三聯書店,1993),頁 8。

17　同上,頁 13。

18　趙睿、張明瑜編:《中國領導人談香港》(香港:明報出版社,1997),頁 48。

一個重要目的就是要為香港人參與有關香港回歸和平穩過渡的事業提供機會和渠道，為九七年後實現‘港人治港’奠定基礎。"[19] 香港特區預備工作委員會主任錢其琛在 1995 年則肯定香港的公務員是"港人治港"的重要力量："我曾經說過，香港公務員隊伍是九七後實現‘港人治港’可以依靠的力量。也就是說，九七後香港的行政管理還是要依靠現在的公務員。"[20]

毋庸置疑，在"治港"的香港人之中，特區行政長官的位置尤為顯赫和重要。可以說，行政長官既是"兩制"的連接點，更是中國政府賴以在香港執行基本法和落實"一國兩制"的關鍵。事實上，中央授予行政長官極大的權力，好讓他可以有效落實中央的對港政策和維護國家和香港的安全和利益。所以，中國政府對行政長官的政治要求也特別高。正如香港特區籌備委員會主任錢其琛所言："為了實行‘港人治港’，‘高度自治’，不言而喻，行政長官人選最重要的一條是必須能夠全面地、正確地理解和堅定地貫徹‘一國兩制’的方針，忠實執行香港特別行政區基本法。將來的行政長官也應該是各方面都能接受的人，是能夠團結‘一班人’並帶領廣大香港人確保香港長期繁榮穩定的人。"[21]

誠然，領導人對何為"愛國者"或"愛國愛港者"的定義流於抽象和籠統，因此容許不同人對之作出不同的詮釋。比如，香港的反對派人士便老是標榜自己是標準的"愛國者"，當然他們"愛"的肯定不是中國共產黨締建的中華人民共和國。他們夢寐

19　趙睿、張明瑜編：《中國領導人談香港》（香港：明報出版社，1997），頁 50。

20　同上，頁 53。

21　同上，頁 235-236。

以求的中國是一個西方國家在中華大地上的複製品，而西方式選舉和政黨輪替則是中心內容。不過，如果從“一國兩制”的目標為出發點，則“愛國者”或“愛國愛港者”究竟是誰便不難明白。那些人肯定具備以下特徵：認同和愛護中華人民共和國、承認和接受中國共產黨在中國執政的事實、認同中國政府對“一國兩制”和基本法的詮釋和理解、願意與中國政府合作全面和準確落實“一國兩制”和基本法、主動和自覺地維護國家和國家政權的安全和利益、不與中央對抗、不勾結外國和外部勢力幹那些危害國家和國家政權的事、不容許香港變成“顛覆基地”等。當然，要為“愛國者”的特徵賦予精確的法律定義絕非容易，即使在西方國家也無法做得到。

（三）**高度自治**　古往今來，一些帝國和國家容許地方政府享有頗高程度的自治。例如，大英帝國內的自治領（Dominion）（例如加拿大、澳大利亞、新西蘭）的自治權力甚大。奧 [地利] 匈 [牙利]（Austro-Hungarian Empire）帝國內的不同組成部分有各自的議會、部長、官僚機構、法院和軍隊。[22] 在聯邦制和邦聯制國家，由於主權原來屬於地方單位，所以後者的自治權力非常大，在邦聯制下尤其大。一些單一制國家也容許國內個別地區享有頗高的自治權，例如美國的波多黎各和葡萄牙的阿速爾群島。

22　那些不同組成部分共同處理奧匈帝國的外交、防衛事務及其所需要的財政開支。然而，那些屬於帝國“管轄”的事務也不是由一個中央機構來負責，而是由各個組成部分的相關的部長通過協商來處理。見 Margaret MacMillan, *The War that Ended Peace: The Road to 1914* (New York: Random House, 2013), pp. 224-225。

克拉克（Clark）提出兩項用以量度地方自治水平的準則："創議的權力"（the power of initiation）和"豁免的權力"（the power of immunity）。[23] "創議"指地方政府履行與其合法職能有關的行動。地方政府的創議權力可以非常廣闊，也可以十分窄隘。"豁免權力本質上指地方政府在不受更高國家權力機構監管下所享有的行動空間。就這個意義而言，豁免權力容許地方政府在其創議權力範圍內隨心所欲地行動。"[24] 依照這兩個準則，在"一國兩制"下，雖然中央有權不任命經香港人選出的人為特首，但在其他方面只要香港沒有做出違反基本法的事，而那些事又不涉及中央管轄的事務，則香港的"創議"和"豁免"權力都是挺大的。

在"一國兩制"下，香港的高度自治權力相當廣泛。基本法起草委員會主任委員姬鵬飛1990年向全國人民代表大會介紹基本法草案時對此有清晰的說明："在行政管理權方面，草案在規定特別行政區依照基本法的規定自行處理香港的行政事務的同時，還具體規定了特別行政區在諸如財政經濟、工商貿易、交通運輸、土地和自然資源的開發和管理、教育科技、文化體育、社會治安、出入境管制等各方面的自治權。如規定特別行政區保持財政獨立，財政收入不上繳中央，中央不在特別行政區徵稅；自行制定貨幣金融政策，港幣為特別行政區的法定貨幣，其發行權屬於特別行政區政府。又如，規定特別行政區政府的代表可作為中國政府代表團的成員，參加同香港有關的外交談判；特別行政

23　Gordon L. Clark, "A Theory of Local Autonomy," *Annals of the Association of American Geographers*, Vol. 74, No. 2 (Jun. 1984), pp. 195-208。

24　Ibid, p. 198。

區可在經濟、貿易、金融、航運、通訊、旅遊、文化、體育等領域以'中國香港'的名義,單獨地同世界各國、各地區及有關國際組織保持和發展關係,簽定和履行有關協定。"除了行政管理的事務外,同樣矚目的是香港還擁有獨立的立法權、司法權和終審權。

為了履行"一國兩制"的承諾,同時讓香港人和國際社會放心,中國政府更把香港的高度自治權力通過基本法這份憲制性文件以法律方式確定下來。再次引述姬鵬飛的話:"[基本法]草案從財政、金融、貿易、工商業、土地契約、航運、民用航空等方面,就香港特別行政區的經濟制度和政策作了規定,這些規定對於保障香港的資本主義經濟機制的正常運行,保持香港的國際金融中心地位和自由港地位很有必要。…… 草案就保持或發展香港現行的教育、科學、文化、體育、宗教、勞工和社會服務等方面的制度和政策作出了規定。這些規定涉及香港居民在社會生活多方面的利益,對於社會的穩定和發展是重要的。草案對上述方面政策性條款較多,考慮到我國政府在中英《聯合聲明》中已承諾把我國對香港的基本方針政策和中英《聯合聲明》附件一對上述基本方針政策的具體說明寫入《基本法》,加之香港各界人士要求在《基本法》裏反映和保護其各自利益的願望比較迫切,因此儘管在起草過程中曾對條文的繁簡有不同意見,但最終還是把政策條款保留下來。""草案所規定的香港居民的權利、自由和義務,是按照'一國兩制'的原則,從香港的實際情況出發的,如保護私有財產權、遷徙和出入境的自由、自願生育的權利和對保護私人和法人財產的具體規定等等。"

　　香港本身不享有主權，它的自治權力來自中央授予並以基本法這份憲制性文件確定，不過在“高度自治”的政策下，香港的自治權力與其他國家的地區比較是頗大的。除了國防、外交和一些其他事務（比如決定香港的政治體制包括行政長官和立法會的產生辦法）外，香港人可以自行管理特別行政區的諸般事務。香港的高度自治在某些方面甚至比其他地方還要大，因而構成香港的高度自治的一些獨特性，例如香港擁有自己的終審法院、不用向中央交稅、擁有自己的貨幣、可以自行制定保衛國家安全的法律、香港人無需服兵役等。當然，在極端或危機情況下，中央可以通過法律手段削減香港的高度自治權力，但實際上出現那種情況的機會極低。

　　在香港，一般人特別關心也比較明白在“一國兩制”下香港擁有的高度自治權力，但對於中央擁有的權力則不甚了了，也不太願意去關注。香港的高度自治當然不是“完全”自治，不是“絕對”自治，也不是“最高度”自治，所以中央也擁有自身的一系列權力。事實上，中央的權力和特區的高度自治權力同時並存，正好體現了香港不是主權國家，其高度自治權力來自中央的授予，而中央在維護國家主權、安全和發展利益以至確保“一國兩制”和基本法在香港正確落實有着不可取代的責任。姬鵬飛在上述向全國人大的介紹基本法草案時說得很清楚：“香港特別行政區是中華人民共和國不可分離的部分，是中央人民政府直轄的地方行政區域，同時又是一個實行與內地不同的制度和政策、享有高度自治內容的特別行政區。因此，在基本法中既要規定體現

國家統一和主權的內容，又要照顧到香港的特殊情況，賦予特別
行政區高度的自治權。草案所規定的由全國人大常委會或中央人
民政府行使的職權或負責管理的事務，都是體現國家主權所必不
可少的。如特別行政區的國防和外交事務由中央人民政府負責管
理，行政長官和主要官員由中央人民政府任命；少數有關國防、
外交和不屬於香港特別行政區自治範圍的全國性法律要在特別行
政區公佈或立法實踐，全國人大常委會決定宣佈戰爭狀態或因特
別行政區發生其政府不能控制的危及國家統一或安全的動亂而決
定特別行政區進入緊急狀態，中央人民政府可發佈命令將有關全
國性法律在香港實施。除此以外，草案還規定，特別行政區應自
行立法禁止任何叛國、分裂國家、煽動暴亂、顛覆中央人民政府
及竊取國家機密的行為，禁止外國的政治性組織或團體在特別行
政區進行政治活動，禁止特別行政區的政治性組織或團體與外國
的政治性組織或團體建立聯繫。這對於維護國家的主權、統一和
領土完整，維護香港的長期穩定和繁榮也是非常必要的。"

　　香港不少人對中央的權力不太理解，以為除了與國防和外交
事務有關的權力外，中央把其他權力都下放予特區。部分人甚至
認為在中央與特區權力劃分上，"剩餘權力"也屬於香港特區。
內地法律學者董立坤指出，根據中國憲法和基本法，由中央直接
行使的與主權密切相關的重大權力主要有：(1) 制定、修改和解
釋基本法的權力。(2) 特區創制權。(3) 法律審查權。(4) 政制
發展主導權。(5) 主要官員任免權。(6) 國防與外交權。(7) 重
大事項決定權（比如緊急狀態決定權、全國性法律在香港實踐的

決定權、統一領導和協調香港與國內其他地區的關係的權力)。[25]
此外,中央對授予香港特區行使的高度自治權享有監督權。(1)
對授予香港行使的原屬於中央管理事務的治權的監督,包括中央
對香港特區法院行使基本法解釋權有監督權。(2)中央對香港行
使的內部自治事務權有監督權。[26]

　　事實上,對於保留中央在"一國兩制"下的權力的意義和重
要性,鄧小平曾經有幾次講述:(1)"還有一個問題必須說明:切
不要以為香港的事情全由香港人來管,中央一點都不管,就萬事
大吉了。這是不行的,這種想法不實際。中央確實是不干預特別
行政區的具體事務的,也不需要干預。但是,特別行政區是不是
也會發生危害國家根本利益的事情呢?難道就不會出現嗎?那個
時候,北京過問不過問?難道香港就不會出現損害香港根本利益
的事情?能夠設想香港就沒有干預、沒有破壞力量嗎?我看沒有
這種自我安慰的根據。如果中央把甚麼權力都放棄了,就可能會
出現一些混亂,損害香港的利益。所以,保持中央的某些權力,
對香港有利無害。大家可以冷靜地想想,香港有時候會不會出現
非北京出頭就不能解決的問題呢?過去香港遇到問題總還有個英
國出頭嘛?"[27](2)"再一個是有些人擔心干預。不能籠統地擔心
干預,有些干預是必要的。要看這些干預是有利於香港人的利
益,有利於香港的繁榮和穩定,還是損害香港人的利益,損害香
港的繁榮和穩定。…… 但切不要以為沒有破壞力量。這種破壞力

25　董立坤:《中央管治權與香港高度自治權》(北京:法律出版社,2014),頁41-56。

26　同上,頁60-66。

27　鄧小平:《鄧小平論香港問題》(香港:三聯書店,1993),頁36。

量可能來自這個方面，也可能來自那個方面。如果發生動亂，中央政府就要加以干預。由亂變治，這樣的干預應該歡迎還是應該拒絕？應該歡迎。"[28]（3）"一個是怕變，一個是怕干預，還怕甚麼？有人說怕亂。亂就得干預，不只中央政府要干預，香港人也要干預。總會有人搞亂的，但決不要使他們成氣候。"[29]（4）"在香港駐軍還有一個作用，可以防止動亂。那些想搞動亂的人，知道香港有中國軍隊，他就要考慮。即使有了動亂，也能及時解決。"[30]總而言之，中央在"一國兩制"下的權力對成功實踐"一國兩制"至關緊要，不可或缺。

（四）"行政主導"　在國家領導人和中央官員眼中，香港"殖民地"的政治體制是一個權力集中在總督手上的"行政主導"體制。這個體制的優點是通過建構強勢政府和發揮較高的行政效率來達致香港的繁榮和穩定、維護香港的自由放任的資本主義制度和遏制民粹主義和福利主義。更為重要的，香港總督擁有足夠的權力維護和謀取英國作為"宗主國"的利益。因此，在相當程度上特區的政治體制保留了回歸前"殖民地"政治體制的要素。

基本法賦予香港的行政長官崇高的政治和行政地位和權力。第 43 條明確規定，"香港特別行政區行政長官是香港特別行政區的首長，代表香港特別行政區。"同時，他也是特區政府的首長。在特區的政治體制中，特首的權利非常大，最重要的是他擁

28　鄧小平：《鄧小平論香港問題》（香港：三聯書店，1993），頁 12-13。

29　同上，頁 13。

30　同上，頁 14。

有極大的政策制定權、立法創議權（legislative initiative）和行政官員的任免權。不過，在主要官員的產生過程中，特首只有部分的權力。他擁有提議的權力，但任免權則掌握在中央的手上。[31]

誠然，在所有的基本法的條文中都找不到"行政主導"一詞，但從比較政治的角度看，香港特區的政治體制乃"行政主導"的體制殆無疑問。內地法律學者兼基本法起草委員蕭蔚雲很早以前已經提出"行政主導"概念。學者王禹對蕭蔚雲的學說比較清楚，他的說法是："關於行政主導，在香港基本法實踐以後，是一個較大的爭議。香港有一種意見認為，行政主導不是基本法的立法原意，香港基本法根本就沒有提到'行政主導'這四個字，更不能斷定特別行政區政治體制是一種行政主導體制，甚至還認為內地學者回歸後有一個轉調，行政主導是後來附加上去的。這種看法是站不住腳的。1992 年 4 月 9 日蕭蔚雲教授在《人民日報》海外版發表文章《香港基本法政治體制及其銜接》，其中就有'行政主導'的提法，'將來的特區政府必須是一個高效率的政府，因此需要保持目前以行政為主導的做法'。1996 年他寫成的《香港基本法講座》一書，其第二十四講即'以行政與立法相互制衡而又以行政為主導'。"[32]

香港特別行政區的政治體制，從基本法的有關規定來看，也是一種'行政主導'的體制。"根據基本法的規定，行政長官是

31　劉兆佳："中央對特區主要官員的實質任免權和監督權將成為新常態"，《港澳研究》，2015 年第 2 期（總第 7 期），頁 15-16。

32　王禹："編者前言"，載於王禹：《蕭蔚雲論港澳政治體制》（澳門：三聯出版有限公司，2015），頁 5-10；頁 1-2。

特別行政區的首長,代表特別行政區;行政長官對中央人民政府和特別行政區負責。因此,在特別行政區與中央人民政府的關係中,行政長官居於十分重要的地位,中央人民政府通過行政長官對特別行政區發生關係。"[33]

內地法律學者兼基本法起草委員王叔文則指出香港特區的"行政主導"體制與"殖民地"的"行政主導"體制的異同:"特別行政區的政治體制雖然具有'行政主導'的特點,但是,它與港督凌駕於行政局和立法局之上的港督制是不同的。在特別行政區的行政機關和立法機關的關係上,仍然存在着相互制衡和相互配合的關係。行政機關和立法機關是兩個相互獨立的部門,在它們之間不存在誰凌駕誰的問題。它們只有職能分工上的不同,而沒有法律地位上的主從之分。"[34]

行政長官雖然位高權重,但其憲制地位和權力其實不如香港總督。蕭蔚雲明言:"行政長官不是中央人民政府在香港特別行政區的代表,這一點與港督是英王在香港的代表完全不同。"[35] "港督享有的某些重要職權,行政長官是沒有的,…… 如行政長官不是中央人民政府的代表和當地駐軍的負責人,沒有無條件否決立法機關通過的法案和解散立法機關的全力,不能兼任立法機關的主席。"[36] 同時,為了讓特區的政治體制比"殖民地"的政治體制更

33　王叔文主編:《香港特別行政區基本法導論》(北京:中共中央黨校出版社,1997),頁 207。

34　同上,頁 209。

35　蕭蔚雲主編:《一國兩制與香港基本法律制度》(北京:北京大學出版社,1990),頁 238。

36　同上,頁 53。

開放和民主，行政長官受到一定的監督，以免其濫用權力，而立法會在這方面則擔當主要的監察和制衡的角色。當然，中國政府絕對不願意見到行政與立法對立的局面，所以主觀願望是要求行政和立法的關係既相互制衡，又相互配合，但以配合為主。

然而，在致力建構"行政主導"體制的同時，為了回應香港人的民主訴求，穩定香港人對香港的信心，和凸顯香港回歸後的政治體制比"殖民地"的政治體制優越，中國政府容許香港的政治體制逐步走向民主化，主要通過不斷提升行政長官和立法會選舉的民主內涵，最終兩者都以普選方式產生，但前提是保留"行政主導"的本質。我在這裏引述回歸前一些領導人和中央官員對香港特區政治體制發展的要求。最重要的是鄧小平告誡香港人不能照搬西方的一套。他說："香港的制度也不能完全西化，不能照搬西方的一套。香港現在就不是實行英國的制度、美國的制度，這樣也過了一個半世紀了。現在如果完全照搬，比如搞三權分立，搞英美的議會制度，並以此來判斷是否民主，恐怕不適宜。……對香港來說，普選就一定有利？我不相信。比如說，我過去也談過，將來香港當然是香港人來管理事務，這些人用普遍投票的方式來選舉行嗎？我們說，這些管理香港事務的人應該是愛祖國、愛香港的香港人，普選就一定能選出這樣的人來嗎？最近香港總督衛奕信講過，要循序漸進，我看這個看法比較實際。即使搞普選，也要有一個逐步的過渡，要一步一步來。"[37] 鄧小平的看法當然對基本法的起草工作有指導意義，正如基本法起草委

37　鄧小平：《鄧小平論香港問題》（香港：三聯書店，1993），頁 35-36。

員會主任委員姬鵬飛所言："香港特別行政區的政治體制,要符合'一國兩制'的原則,要從香港的法律地位和實際情況出發,以保障香港的穩定繁榮為目的。為此,必須兼顧社會各階層的利益,有利於資本主義經濟的發展;既保持原政治體制中行之有效的部分,又要循序漸進地逐步發展適合香港情況的民主制度。"又說:"關於香港特別行政區的政治體制,根據'一個國家,兩種制度'的總方針,香港特別行政區政治體制的設計,既不能照搬內地,也不能照搬外國,而必須從香港的法律地位和香港的實際情況出發。既要有利於香港的穩定和繁榮,促進資本主義經濟的發展;又要兼顧社會各階層的利益,為大多數人所接受。要保持香港現有政治體制中行之有效的部分,又要循序漸進地逐步發展適合香港情況的民主制度。"[38]

　　特區籌備委員會主任錢其琛則將香港的民主發展與香港回歸中國相提並論："只有當殖民統治結束,香港回歸祖國,按照'一國兩制'的方針成立了香港特別行政區,實行'港人治港'、'高度自治'之後,廣大香港人當家作了主,這才談得上真正的民主。……當然,民主要通過一定的形式和制度來體現,並通過一定的體制和制度來保障。考慮香港的特殊情況,為了保證平穩過渡和長期繁榮穩定,香港特別行政區的民主政制和民主發展步伐,一定要從香港的實際情況出發。建立香港特別行政區,由香港人自己管理香港,實行'高度自治',這既是實現民主的前提,又是達到民主的目標。只把選舉的方式,是直接選舉還是間接選

38　趙睿、張明瑜編:《中國領導人談香港》(香港:明報出版社,1997),頁 227-228。

舉或者某些程序問題視為是否民主的標誌顯然是不夠的、不全面的。生搬硬套西方的民主政制形式，不符合香港的實際情況，不能兼顧社會各階層的利益，因而就不可能有利於香港的穩定繁榮。"[39]

國務院港澳辦副主任李後對特區政制的發展與領導人的看法相像。他認為："確定香港特別行政區政治體制的原則，要符合《聯合聲明》的精神和'一國兩制'的原則，既要維護國家統一，又要體現'高度自治'；要有利於保持香港的穩定繁榮，有助於香港的資本主義經濟發展，同時兼顧社會各階層的利益；要保持香港原有政制的一些特點，如行政效率比較高，有廣泛的諮詢制度，還有公務員制度等等，同時要逐步發展適合於香港情況的民主參與。"[40] "現在《基本法》草擬過程中的主流意見，傾向未來特別行政區立法機關以混合選舉產生，這種方式應該可以達到維持政府的高效率和效能。…… 如果行政機關完全沒有效能，將會影響香港的穩定繁榮。他們對未來特區行政機關和立法機關關係的看法，既要互相制衡，又要互相配合，兩者比較之下，配合更重要。…… 從根本上來看，香港最根本的還是經濟問題，如果經濟不能夠保持繁榮，現在一切都是空的。政治制度都應該保證經濟繼續繁榮。政治是為經濟服務。他們所說的與馬克思所說的一樣，經濟是基礎，政治是上層建築，換句話説，應該經濟決定上層建築。"[41]

39　趙睿、張明瑜編：《中國領導人談香港》（香港：明報出版社，1997），頁 29-30。

40　同上，頁 226。

41　同上，頁 227。

（五）"五十年不變" 為了穩定人心，中國政府承諾保存香港原有的制度和生活方式從回歸那天開始"五十年不變"。五十年固然是一段頗長時間，提出"五十年不變"的意思實際上是讓香港未來兩至三代人都明確無誤地知道香港的將來是哪個樣子，從而讓他們對香港的未來放心。最低限度，"五十年不變"的承諾可以在一段相當長的時間內把"香港前途問題"束之高閣。

中國政府提出"五十年不變"其實有堅實的理論依據，主要建基於對國際形勢的變化和國家發展的趨勢的研判。為甚麼要承諾五十年不變呢？鄧小平的解釋是："對香港的政策，我們承諾了一九九七年以後五十年不變，這個承諾是鄭重的。為甚麼說五十年不變？這是有根據的，不只是為了安定香港的人心，而是考慮到香港的繁榮和穩定同中國的發展戰略有着密切的關聯。中國的發展戰略需要的時間，除了這個世紀的十二年以外，下個世紀還要五十年，那末五十年怎麼能變呢？現在有一個香港，我們在內地還要造幾個'香港'，就是說，為了實現我們的發展戰略目標，要更加開放。既然這樣，怎麼會改變對香港的政策呢？實際上，五十年只是一個形象的講法，五十年以後也不會變。前五十年是不能變，五十年之後是不需要變。所以，這不是信口開河。"[42] 鄧小平在會見日本友人時又說："一位日本朋友問我，你們為甚麼還有一個'五十年'，即一九九七年後還要保持香港現行的資本主義制度五十年不變？你們根據的是甚麼，是否有個甚麼想法？我對他說，有。這也是從中國的實際出發的。中國現在制

42　鄧小平：《鄧小平論香港問題》（香港：三聯書店，1993），頁 38-30。

定了一個宏偉的目標，就是國民生產總值在兩個十年內，即到本世紀末翻兩番，達到小康水平。就是達到了這個目標，中國也不算富，還不是一個發達國家。所以這只能算是我們雄心壯志的第一個目標。中國要真正發達起來，接近而不是說超過發達國家，那還需要三十年到五十年的時間。……保持香港的繁榮穩定是符合中國的切身利益的。所以我們講'五十年'，不是隨隨便便、感情衝動而講的，是考慮到中國現實和發展需要。"[43]

國務院港澳辦主任魯平也有類似說法："我預見，'一國兩制'方針不僅五十年不變，而且在更長的時間內仍將不變。因為我們需要數百年的時間把中國建設成為強大的社會主義國家。在整個過程中，香港將繼續作為中國與西方世界之間的橋樑而發揮重要的作用。"[44]

當然，鑒於中國和香港在香港回歸後肯定會不斷變遷，而中國在"改革開放"下更會發生巨變，所以國家領導人也意識到"一國兩制"需要面對香港和內地在未來繼續變化的情況。不過，他們對此懷抱樂觀和積極的態度。鄧小平說："我們在[中英]協議中說五十年不變，就是五十年不變。……到了五十年以後，大陸發展起來了，那時還會小裏小氣地處理這些問題嗎？所以不要擔心變，變不了。再說變也並不都是壞事，有的變是好事，問題是變甚麼。中國收回香港不就是一種變嗎？所以不要籠統地說怕變。如果有甚麼要變，一定是變得更好，更有利於香港的繁榮

43　鄧小平：《鄧小平論香港問題》（香港：三聯書店，1993），頁 28-29。

44　港澳辦主任魯平 1994 年 5 月 6 日在香港五大商會的午餐會上的演說，見趙睿、張明瑜編，《中國領導人談香港》（香港：明報出版社，1997），頁 39-40。

和發展，而不會損害香港人的利益。這種變是值得大家歡迎的。如果有人說甚麼都不變，你們不要相信。我們總不能講香港資本主義下的所有方式都是完美無缺的吧？…… 把香港引導到更健康的方面，不也是變嗎？向這樣的方面發展變化，香港人是會歡迎的，香港人自己會要求變，這是確定無疑的。最大的不變是社會主義制度不變，而'一國兩制'就是大變，農村政策就是大變。…… 問題是變好還是變壞。不要拒絕變，拒絕變化就不能進步。這是個思想方法問題。"[45]

然而，鄧小平也語重心長地提出忠告，"要真正做到五十年不變、五十年以後也不變，就要大陸這個社會主義制度不變。"[46] 對此鄧小平有精闢的解釋："要保持香港五十年繁榮和穩定，五十年以後也繁榮和穩定，就要保持中國共產黨領導下的社會主義制度。我們的社會主義制度是有中國特色的社會主義制度，這個特色，很重要的一個內容就是對香港、澳門、臺灣問題的處理，就是'一國兩制'。…… 中國要是改變了社會主義制度，改變中國共產黨領導下的具有中國特色的社會主義制度，香港會是怎樣？香港的繁榮和穩定也會吹的。要真正做到五十年不變、五十年以後也不變，就要大陸這個社會主義制度不變。"[47] 換句話說，"一國兩制"和"五十年不變"是在一個特殊的歷史時刻內中國共產黨和香港人出現利益重疊的環境下的產物，只有中國共產黨才願意和能夠給予香港人一套令內地同胞豔羨的方針和政

45　鄧小平：《鄧小平論香港問題》（香港：三聯書店，1993），頁 12。

46　同上，頁 32-33。

47　同上，頁 33。

策。他的忠告明顯地是針對一些在香港流行的説法而提出的。的確香港的反對派就認為"結束一黨專政"才是香港前途的最佳保證,將香港人和中國共產黨對立起來,希望利用不少香港人的"反共"和"恐共"情緒來撈取政治資本,這實際上是缺乏對歷史背景和現實形勢的認知。

客觀而論,維持原來的制度與生活方式"五十年不變"是不可能的,也是不科學的論斷,頂多是説中國政府盡量和誠心誠意保持香港的"現狀",但它也知道一些轉變不可避免,但要全面和準確地預見和掌握那些變遷卻是不可能的。再者,在回歸前中國政府對香港在回歸後將會出現的各種改變沒有進行嚴謹的研究,更遑論預為之謀了。

事實上,香港從英國的"殖民地"變成中國的特別行政區,已經是政治身份的劇變,由此而帶出的各種政治改變不可低估,包括舊的殖民政權的結束、新的特區政權的誕生、香港的管治者的權力來源的變動、香港的普通法體系對中國憲法和內地大陸法體系出現前所未有的"依託"、香港內部政治勢力的分化重組、不同政治勢力的力量對比在此消彼長下的改變、香港人的身份認同的變化、香港人的政治思想和"人心"的轉變、香港人與中國、中國政府和內地同胞的關係的變遷等。即便在"五十年不變"和保存"行政主導"的承諾下,中國政府也改變了香港政治體制的一些元素,比如行政長官的權力少於"殖民地"總督、行政機關更受立法制衡和司法監督、行政長官和立法機關最終走向普選、終審法院的建立、香港法院的政治角色因擁有對基本法解釋的權力而得以擴大、立法機關權力和職能的增加等都是重大的改變,對"一國兩制"在香港的實踐有深遠、巨大和難以估量的影響，而那些影響在回歸後正陸續浮現。

（六）香港不能成為"顛覆基地" 中央要求在"一國"下"兩制"互相尊重，互不侵犯，這個要求主要是向香港人提出。正如國務院港澳辦主任姬鵬飛所言："長期以來，我國政府採取了有利於港澳經濟繁榮和社會穩定的方針。特別是內地以優惠的價格供應大量主副食品、日用品、淡水和工業原料等，對港澳的經濟發展提供了可靠的保證。幾十年來，無論內地發生甚麼樣的情況和遭遇甚麼樣的困難，我們的這一方針始終沒有改變。中共十一屆三中全會以後，我國進入了一個新的歷史時期。實現祖國統一，是中國人民在新的歷史時期的三大任務之一，而收回香港、澳門，恢復行使主權，這是祖國統一大業的重要組成部分。隨着一九九七年的日益臨近，解決香港問題的時機已經成熟。…… 我國政府根據'一國兩制'這一構想制定的一系列方針政策，是從港澳的歷史和現狀出發的，既維護了國家的主權原則，又能保證港澳繼續繁榮穩定，照顧了各方面的利益。…… 我們的政策不會改變，這是因為'一國兩制'構想不是權宜之計，而是一項重大的戰略決策。實行這一決策，有利於用和平方式實現國家的統一，有利於將繼續保持港澳的穩定和繁榮，有利於有關國家保持和發展它們在港澳的合理的利益，也有利於維護世界和平。這一充分照顧實際情況和各方面利益的決策是完全正確、切實可行的，是沒有理由改變的。…… 在處理兩地之間的關係問題上，我希望，在經濟上，內地和港澳各自發揮自己的優勢，通力合作，互惠互利，共同發展。在政治上，內地承認港澳長期保持資本主義制度的現實，不會把社會主義制度和政策推行到港澳去；港澳也要尊重內地的社會主義制度，不要干預或企圖改變內地的社會主義制度，更不允許有人利用港澳作為顛覆中央人民政府的基地。內地人到港澳去，要遵守港澳的法律；港澳同胞到內地，也要遵守國家的憲法和法律，維護國家的主權和統一。總之，內地與港澳應當求一國之同，存兩制之異，相互補充，共同發展。解放四十年來的實踐證明，港澳與內地是休戚與共、盛衰相繼的關係。港澳的穩定繁榮，有改革開放和建設事業的不斷深入發展，港澳與內地的經濟合作關係必將取得全面的蓬勃的發展。"[48]

坦白說，在"一國兩制"的背後其實有兩個"不言而喻"的"條件"，其一是香港在回歸後要繼續在經濟上對國家的現代化作出貢獻，反過來說是不能成為國家的經濟"包袱"。其二是香港在高度自治下不能成為危害國家和政權安全的"顛覆基地"。

第一個"條件"代表中國政府對香港的期望。只要香港不成為國家的經濟"負累"，即便香港的經濟萎靡不振，我相信"一國兩制"還會在香港繼續實施，除非因經濟困難而導致香港出現嚴重的政治和社會的不穩定甚至動亂。相反，第二個"條件"遠為重要。這個"條件"如果達不到，則"一國兩制"在香港的實施便難有保證。事實上，在中國政府的眼中，"保持原來的制度和生活方式"也包括香港"繼續"不成為"顛覆基地"在內。

毫無疑問，最不利"一國兩制"長期實踐的因素厥為政治因

48　趙睿、張明瑜編，《中國領導人談香港》（香港：明報出版社，1997），頁 34-36。

素,那就是香港在"一國兩制"下會否成為中國共產黨領導的國家政權的威脅,也就是說香港會不會成為被國內和國外反共反華勢力利用的"顛覆基地"。打從香港在1841年被英國人佔領開始,香港便是各種政治勢力活躍的場所,無論是滿清政府、軍閥政權、國民政府或是新中國政府,都無不受到來自香港的革命、反動或反共勢力的挑釁和威脅。它們託庇於殖民政府的"包容",以香港為基地攻擊和意圖改變或推翻內地的政權。英國人為了避免與中國的不同政府交惡致使英國人和香港的利益受損,的確對那些盤踞或潛藏在香港的與中國的政府敵對的勢力予以約束或進行鉗制,而且取得一定的成效,從而大體上使英國與中國的關係不至劍拔弩張。然而,要杜絕那些力量卻非其能力之所及。再者,殖民政府也不願意那樣做。畢竟那些政治勢力都在不同程度上代表冒起中的中國民族主義和反對帝國主義的思潮,在香港各自享有某些群眾基礎,殖民政府對它們過度壓制的話會有可能激發反殖情緒和行動,對英國人在香港的管治不利。

可是,當英國人撤退後,香港內部特別是特區政府有沒有足夠的力量和手段去控制和約束各類反共和反華勢力,不讓它們利用香港的種種自由、人權、法律、設施、條件和國際聯繫來威脅國家安全或顛覆中國政府,一直以來都是中國政府引以為憂的事,尤其是鑒於香港內部"疑共"、反共、"恐共"和"懼共"的人數不在少,而當中國與西方關係緊張時更不能排除西方勢力會利用香港來打擊中國。以此之故,鄧小平和其他中國領導人便覺得有需要向香港人提出嚴正忠告,要求他們在政治上安於本分,不要利用"一國兩制"提供的種種方便將香港變為"反共基地"

或"顛覆基地",否則不但中國政府要出手對付,連帶"一國兩制"也可能不保。[49]

鄧小平是這樣說的:"但是,特別行政區是不是也會發生危害國家根本利益的事情呢?難道就不會出現嗎?那個時候,北京過問不過問?⋯⋯ 中央的政策是不損害香港的利益,也希望香港不會出現損害國家利益和香港利益的事情。⋯⋯ 有些事情,比如一九九七年後香港有人罵中國共產黨,罵中國,我們還是允許他罵,但是如果變成行動,要把香港變成一個在'民主'的幌子下反對大陸的基地,怎麼辦?那就非干預不行。干預首先是香港行政機構要干預,並不一定要大陸的駐軍出動。只有發生動亂、大動亂,駐軍才會出動。但是總得干預嘛!"[50]

1989 年春夏之交,北京發生震撼香港人心的"六四事件",觸發了幾場參與人數以十萬計的大規模遊行示威,矛頭直指中國共產黨和若干國家領導人。殖民政府一反過去遏制那些不利於中英關係的"反共"、"反華"活動的做法,為了政治上自保和維護英國的"國際聲譽"而對此採取容忍和疏導的手法,避免因約束那些抗議行動而導致香港人將矛頭指向自己。一時間香港人的反共和"恐共"的情緒高漲。對此中國領導人和中央官員連番提出警告,要求香港人遵守"井水與河水互不侵犯"的原則。中國外交部長錢其琛提醒香港人:"我們不會去干預香港現行的資本主

49　香港的反對勢力老是從自己的觀點出發,從來不承認他們在香港策動的反對中國共產黨的行動屬於"顛覆"行動,也否認他們有能力推翻中共政權。這種不從對方角度、"推己及人"地看問題的態度,是他們堅持獨行其是,不接受中國政府對他們的批評的主因,也是他們無法取得中央信任的原因。

50　鄧小平:《鄧小平論香港問題》(香港:三聯書店,1993),頁 36-37。

義制度,但我們也不會允許香港被利用作為反對中央人民政府和內地社會主義制度的基地。"[51] 國務院總理李鵬也有類似的話:"內地與港澳地區所有中國人都應該相互尊重,和睦相處,彼此尊重對方的社會制度和生活方式。要警惕極少數別有用心的人利用港澳作為顛覆中央政府和社會主義的基地。"[52]

新華社香港分社社長周南亦強調:"內地從來沒有、將來也不會將社會主義制度、生活方式和價值觀念推行到香港,同樣地,在香港的人也不應該企圖把資本主義制度、生活方式和價值觀念推行到內地。如果不是這樣,就將會違背十一億人民意願,違背香港居民的意願,人為地去製造和加劇對抗,這當然不利於兩地之間和睦相處,並將危及香港的穩定與繁榮,損害香港居民的根本利益。"[53] 國家主席江澤民的説法則更為直接和形象化:"一九九七年後中國內地同香港實行一國兩制,你搞你的資本主義,我搞我的社會主義,井水不犯河水,河水不犯井水。"[54]

毫無疑問,"六四事件"前後,除了在香港觸發了大規模反對中國政府和一些國家領導人的群眾行動外,部分港人和組織在精神上和物質上給內地的反政府分子予支持,強化了他們的鬥爭能力和持久力。香港的一些反共人士甚至夥同西方勢力(包括美國的中央情報局)展開營救內地被通緝的"民運人士"的"黃雀

51　趙睿、張明瑜編,《中國領導人談香港》(香港:明報出版社,1997),頁 15。

52　同上,頁 15。

53　同上,頁 16。"

54　同上,頁 31。

行動"。[55]"六四事件"過後，一些反共人士在香港成立了"香港市民支援愛國民主運動聯合會"，將針對中國政府的政治鬥爭和協助國內外"民運人士"的工作"常態化"和"長期化"，並且以"平反六四"、"釋放民運人士"、"追究屠城責任"和"結束一黨專政"為旗號發動群眾壯大香港的反對派勢力，並與中國政府和香港的"愛國愛港"力量展開持久的戰鬥。香港因"六四事件"引發的反共浪潮，使中國政府猛然意識到香港可能成為國家和政權安全的威脅和隱患，因此不能聽之任之，坐視不理。為此，中國政府在基本法起草的後期特意在基本法內加入旨在保護國家和政權安全的條文。同時，為了安定人心，中國政府將原來應該由中央進行國家安全立法權力下放到香港，好讓香港人得以按照香港的法律傳統、對人權與自由的重視和現實狀況就保護國家安全進行本地立法，希望達致雙贏的結果，而基本法第 23 條正是旨在謀求雙贏的結局，其內容是："香港特別行政區應自行立法禁止任何叛國、分裂國家、煽動叛亂、顛覆中央人民政府及竊取國家機密的行為，禁止外國的政治組織或團體在香港特別行政區進行政治活動，禁止香港特別行政區的政治性組織或團體與外國的政治性組織或團體建立聯繫。"第 23 條的目的在於在傳統的安全領域內保衛國家的安全。中央其實只是對香港人提出最起碼的維

55　黃雀行動（Operation Yellow Bird）乃一項在"六四"事件後營救內地最重要的民運人士行動的非官方稱謂，美國的中央情報局（CIA）在其中擔當關鍵角色。"在 6 月 4 日的鎮壓發生後的六個月中，一個由數十名中央情報局在中國、香港和澳門最幹練的人員組成的網絡，為那些最重要的民主運動的組織者提供安全的庇護所和逃離中國的方式。"見 Mark Perry, *Eclipse: The Last Days of the CIA* (New York: William Morrow & Co., 1992), p. 246。"其中兩名異見分子（他們的名字尚不能公佈）是中央情報局在中國招募的最重要的人員。"（Ibid, p. 250）。

護國家安全的要求，期望香港擔負起最起碼的維護國家安全的責任。不言而喻地，香港人能否防範香港成為國家和中共政權的安全乃"一國兩制"應否長期實施的重要條件。

就基本法第 23 條立法的問題，內地專門研究國家安全法律的學者李竹有這樣的論述："實行'一國兩制'，必然要面臨的一個問題是，在'兩制'的現狀下，中央政府和特區政府如何共同有效維護'一國'的國家安全？"[56]"叛國、分裂國家、煽動叛亂、顛覆中央人民政府及竊取國家機密的行為，在我國《刑法》中，皆屬分則第一章'危害國家安全罪'之下的行為。因而可把[香港]基本法中的這一條款叫做'國家安全條款'，也有人稱其為'國事罪條款'。"[57]"而在我國'一國兩制'之下的中央和特區政府的關係和權力不同於聯邦制國家。中央政府對特區的權力只有外交、國防以至任免特區行政長官及司法官員、決定特區與國外海空航運關係等幾項，與聯邦制國家中央政府的絕對權力無法相比。反之，特區政府則享有除上述中央權力之外的所有立法、行政、司法及終審權。因此，[香港]特區政府 …… 必須就特區的國家安全問題進行某些立法，以與中央政府共同承擔起維護國家安全的責任，否則將影響到一國整體的國家安全，因為國家安全問題具有全局性的整體性。《基本法》第 23 條的規定是一國之內兩個（或多個）不同法域共處一個完整主權之下保障國家安全的必然要求，即保障整個國家安全的特殊規定。可以說，它所強

---

56 李竹：《國家安全立法研究》（北京：北京大學出版社，2006），頁 188。

57 同上，頁 187。

調的是特區政府對一個主權國家的責任，即特區政府在保障、維護國家安全方面應承擔的職責。但同時，對這一問題的具體處理即如何立法又被國家最高權力機關授權予特區政府，成為立法權的一部分。因此，《基本法》的表述是特區‘應’自行立法。《基本法》第 23 條作為授權條款，既包括了堅持國家的統一，維護國家主權和領土完整，維護國家安全的‘一國’的考慮；又具有充分尊重特區高度自治的立法權，充分尊重特區不同社會制度和生活方式的‘兩制’含義。這中既要考慮‘一國’，又要體現‘兩制’的規定，在立法和立法學上是個創舉，其他國家的立法中沒有這樣的先例。"[58] 可以這樣説，中央放棄自行就保衛國家安全為香港立法，而容許香港自行立法，從比較角度看是十分罕有的事，除了因為中央擔心由中央為香港立法會引起香港人的恐懼，不利爭取民心外，其實也反映中央對回歸後的香港局勢懷抱信心，相信在"人心回歸"乃歷史趨勢的情況下，香港人會自覺體會中央的苦心而勇於完成維護國家安全的重託。

"一國兩制"的"理想形態"

按照中國政府提出的"一國兩制"的戰略目標和核心內容，我們可以想像出"一國兩制"成功實踐的圖像或"理想形態"（ideal type）。即是説，假如一切按照中央的"藍圖"進行，會有甚麼樣的結果出現，具體指香港內部、中央與特區之間、香港與內地之

58　李竹：《國家安全立法研究》（北京：北京大學出版社，2006），頁 189。

間將會出現的一系列現象。當然,它們只代表一種"最高"的"理想"情況,與實際情況必然有一段距離。一些實際情況甚至會與"理想"情況背馳,但如果能夠在相當程度上"逼近""理想形態",考慮到香港回歸的困難和複雜性,已經是很不錯的結局。所以,"理想形態"基本上是一個用以探討現實情況的分析工具(analytic concept)。通過"理想形態"與實際情況的對比,我們可以找出在"一國兩制"的實踐中出現的偏差和缺失,進而找尋導致偏差的原因和探索糾正和彌補的對策,從而讓"一國兩制"在香港能夠依照原來的戰略意圖來實踐,並讓國家和香港皆蒙其利。

在我而言,"一國兩制"的"理想形態"包括以下十個重要現象:

(一)兩地同胞基本上認同中央制定和詮釋的"一國兩制"的方針,對之懷抱信心,並相信"一國兩制"對國家和香港都有利。同樣地,中央對基本法作為落實"一國兩制"的憲制性文件的理解和解釋也得到兩地同胞的同意和接受。因此,在香港不會出現因為對"一國兩制"和基本法的不同理解或刻意曲解而引發的嚴重政治爭拗、衝突和分化。

(二)即使出現對"一國兩制"和基本法的不同理解,一些機構或組織比如中央政府和人大常委會可以作出權威性的解釋,從而發揮"釋疑止爭"的作用。

(三)香港與內地之間存在有效的、經常性的"分隔"機制,防範香港成為對內地和中央的政治威脅,以達到"井水不犯河水"的目的,從而維持"兩制"之間的相安無事。過去當香港還是英國的"殖民地"時，英國人在一定程度上擔當了這個"分隔"的功能。其他國家與國際組織的角色有限。英國人撤離後這個功能主要由基本法、中央和特區政府承擔，而它們能夠有效和有力地發揮這方面的作用。

（四）香港保持繁榮穩定，經濟持續發展，產業結構不斷轉型升級，知識和技術含量越來越高，人民生活水平不斷提高。香港能夠在國家的發展過程中持續發揮積極作用和作出新的貢獻，不會淪落為國家的經濟包袱，中央也無需因為維護香港的發展而限制內地城市、企業和產業的發展，從而確認中央的"一國兩制"方針的正確性和實用價值及強化內地同胞對"一國兩制"的擁護和信賴。

（五）香港原來的政治、社會和經濟架構、主要的公共政策和香港人的生活方式以至它們背後的價值觀和思想心態基本不變，並繼續得到香港各方面的接受。縱有改革的需要，也只是輕微的改動而不是大幅改變現狀的變革，更不會引發修改"一國兩制"方針和基本法的強烈訴求。即便香港與內地都經歷急劇的變遷，中央 / 特區和香港 / 內地關係不但不受影響，而且會朝着良好的方向發展。兩地同胞也不會因為兩地的變化和相互影響而產生嚴重的矛盾和衝突。

（六）儘管"一國兩制"的要義在於維持現狀，包括不特別要求香港人愛國和愛共產黨，但香港人卻能夠從大局出發，瞭解國家和中央的處境、立場、利益、需要、憂慮和困難，避免做出對國家和中央不利的事情，尤其是那些危害國家主權、安全和發展利益的事情。香港人尊重國家的利益和中央的職能和權力，不做損害國家利益的事，不質疑、挑戰和削弱中央的職能和權力，不會試圖推翻中國共產黨政權和改變內地的政治體制，不會容許國內和國外的反華勢力將香港轉化為危害國家安全的“顛覆基地”。最好的情況當然是香港人能夠懷抱“愛國主義”，真誠和主動地捍衛國家和中央的利益。即便沒有那種情況，香港人也能夠從他們的自身利益出發避免做對國家和中央不利的事，並且不支持或反對那些被中央定性為反共、反華和對國家安全和穩定構成威脅的國內外勢力。

（七）所有政治勢力都認同基本法和它所規定的政治體制的“合法性”和“認受性”，並願意在那個政治體制內活動。中央在“一國兩制”下的權力和責任得到尊重。

（八）特區政府在“行政主導”原則下強勢和有效地管治香港特區、確保“一國兩制”和基本法的實踐、維護國家安全和利益，建構良好的特區與中央的關係、以至壓縮那些香港內部與中央對抗的勢力的活動空間。中央因此無需為了保衛國家和中央的利益及確保“一國兩制”和基本法的落實而介入香港內部政治事務，因此也不會招致來自香港和西方國家對中央“干預”特區事務，破壞“高度自治”的批評。

（九）原來反對中國共產黨的政治勢力逐步接受政治現實，放棄與中央對抗的立場，揚棄要改變內地的政治狀況的企圖，尊重中央的權力和利益，接受中央對“一國兩制”和基本法的理解，肯定特區的政治體制的認受性，承認特區政府的合法性，並願意在基本法制定的政治體制內活動，最終成為體制內或建制派內的改革派。即便仍然有一些人堅持反共立場，他們卻受困於連綿不斷的內訌和分裂,政治上走向邊緣化和式微,得不到廣大香港人的支持,也失去西方勢力的器重和援助,在政治上窮途末路,實際上無關宏旨。

(十)香港仍然得到西方的重視和支援,仍然可以發揮聯繫中國和國際社會的橋樑作用。外部勢力不干預香港事務,不扶持香港的反共和反華人士和組織,也不利用香港為中國製造麻煩,特別是放棄讓香港成為其推動中國走向"和平演變"的棋子。

第三章
"一國兩制"的矛盾、困難和"配套"條件不足

　　回歸後"一國兩制"在香港的實踐雖然基本上是成功的，但在一些重要的地方肯定與"理想型態"有明顯落差。認真分析那些落差並找尋其背後的原因對瞭解"一國兩制"在香港實踐的成敗得失應該有重要實際意義，因為這樣做會幫助我們在未來的日子裏採取政策和措施來改善情況，並為"五十年不變"後如何處理香港的長遠發展及香港與國家的關係有一定的參考價值。

　　下面我簡單的將香港在回歸後迄今的發展狀況與"一國兩制"的"理想型態"相對照，兩者之間的異同是：

　　（一）香港人基本上認同中央的"一國兩制"方針，同意"一國兩制"大體上在回歸後得以落實，對維護香港的利益和促進香港的發展有利。不過，香港人對"一國兩制"的信心並不穩定，並且呈現一定的下行的趨勢。誠然，這些變化並不表示香港人要否定甚至放棄"一國兩制"，更不表示他們願意接受另外一種對"香港前途問題"的安排。所謂"本土主義"或"港獨主張"在香港並沒有市場。內地同胞一般而言仍然接受在香港實踐"一國兩制"的方針，但他們對該方針的實用價值卻心存疑惑，具體表現在質疑香港對國家的價值和擔憂香港會否成為國家的經濟負累甚

至政治威脅。中央對基本法作為落實"一國兩制"的憲制性文件的理解和解釋在內地不會受到挑戰，當然內地專家學者對一些內容也有不同的、"非根本性"的差異。然而，中央對基本法的解讀和詮釋在香港尚未取得主導地位，可以說話語權仍未確立。不少香港人尤其是反對派對"一國兩制"和基本法有"另類詮釋"，主旨是把香港視為"獨立政治實體"和否定或意圖擺脫中央在香港的管治權力。中央在"一國兩制"和基本法的話語權的旁落，為"一國兩制"在香港的實踐添加了困難。事實上，回歸以來香港出現的比較觸目和嚴重的政治爭拗和鬥爭，都是來源於中央的詮釋和"另類詮釋"的猛烈碰撞。可以說，對"一國兩制"的不同詮釋的背後不但是認識上的差異，更重要的是中央與香港的反對勢力及西方勢力在香港的政治較量和政權爭奪，深深地左右着"一國兩制"在香港的實踐。

（二）回歸後圍繞着中央在"一國兩制"下的權力和責任、中央與特區關係及個別基本法條文的理解在中央與部分香港人尤其是反對派和司法機關之間出現了一些嚴重的分歧，為了解決分歧，人大常委會的確曾進行了數次釋法。然而，一些重大爭議依然存在，但中央政府和人大常委會基本上不太願意對其"一錘定音"地作出定論，主要原因是不希望在香港引發政治爭端。那些爭議涉及立法會的立法權力、香港終審法院的違憲審查權和對基本法的解釋權、以至香港永久性居民的定義等。中央政府和人大常委會的"自我約束"的結果是特區政府和中央的部分權力受到侵蝕，而香港的管治和民生情況又受到拖累。此外，由於那些爭議不能平息，香港的政治分化和鬥爭也難以止戢，反對勢力亦因此有源源不絕的動員群眾的機會。

（三）回歸後香港經常出現挑戰中國共產黨和中央的言論和行動，也有香港人與內地的反政府組織和人物串聯起來，從事一些不利於內地政治穩定和國家與政權安全的事。基本法第 23 條的本地立法遙遙無期，使得基本法在防範香港成為"顛覆基地"的效用無從發揮。中央和特區政府怯於民意的可能反彈而只能消極處理。誠然，在國家日益強大的情況下，香港作為"顛覆基地"的力量無需高估，但那些不利於內地穩定和中央安全的言行的確有損"一國兩制"的運行，也令內地同胞對香港人有微言。

（四）香港在回歸後整體而言仍有溫和的經濟增長，尤其是相對於發達國家而言。然而，作為國際金融中心，難以倖免於金融全球化所衍生的間歇性的全球性或地區性金融危機，幸好香港的金融架構尚算健全，雖蒙受損失但依然穩定。然而，香港產業結構過分偏窄，金融業和地產業的比重過大，而傳統產業的國際競爭力則不斷下滑。產業結構朝高增值方向轉型舉步維艱，成效不彰。經濟增長乏力和產業結構不夠多元化使得過去幾十年來貧富差距不斷擴大的情況持續並且有加劇之勢，讓不少社會和民生問題日益惡化。隨着國家經濟的高速發展和轉變，香港對國家的經濟重要性無疑持續下降，但其金融業和專業服務等產業仍然能夠繼續為國家的"走出去"戰略出一份力。隨着發達國家的經濟增長放緩，國家的經濟發展對香港愈形重要。國家給予香港的經濟優惠政策既符合國家利益，對香港經濟的長遠發展有利，也促進了香港與內地的經濟融合。不過，香港與內地在經濟上的頻繁互動卻使得部分內地同胞和官員越來越覺得香港不思進取，過度依靠內地，對國家經濟發展的貢獻與預期有落差，甚至有人覺得中央對香港過分厚待，又擔憂香港最終會成為國家的經濟"包袱"，因此對"一國兩制"的實踐成效有懷疑。與此同時，一些香港人又認為兩地經濟融合不符合香港的利益，甚至會逐漸損害香港的高度自治和導致香港走向"大陸化"，所以對"一國兩制"產生疑慮。另外一些香港人則擔心中央會因為香港對國家的經濟價值下降而對在香港落實"一國兩制"的決心動搖。再有一些香港人認為"一國兩制"把香港與內地過度分隔，阻礙兩地制度的對接，更讓香港人在內地得不到"國民待遇"，使得香港不能充分利用國家發展帶來的機遇。

（五）儘管"一國兩制"承諾維持香港原來的制度和生活方式五十年不變，大大舒緩了香港人對香港前途的憂慮。不過，回歸前已經有部分香港人對香港當時的現狀不滿，認為充斥着各種各樣不公平、不公義的政治、經濟和社會政策和現象，堅信需要進行某種程度的改革，尤其強調政治改革乃社會和經濟改革之母。個人主義、人權意識、公平正義、環保、保育、後物質價值觀等越來越成為主流價值體系的一部分，並衍生了對現行制度和政策的質疑或否定。回歸後各類經濟、社會和政治矛盾紛至遝來，要求改革的聲音甚囂塵上，雖然尚未形成強烈的修改基本法的訴求，但基本法的"保守性"和"靜態思維"卻已經開始引起反思，並在一定程度上削弱了基本法和"一國兩制"的權威性。回歸後國際格局、香港與內地的形勢都經歷急劇的變遷，不少變遷更是回歸前想像不到的，而那些變遷又互為影響，連環相扣。儘管部分變遷使香港與內地之間的關係越來越密切，但部分變遷卻帶來一些新的中央與特區的矛盾，以及香港與內地的摩擦。那些矛盾和摩擦的發生，無可避免會改變中央、內地和香港一些人對"一國兩制"的看法。

（六）回歸後香港人對國家和中國共產黨的態度有一定的改善，這與國家越來越富強、中國的國際地位和影響力不斷增加，及中國人在世界上的地位穩步上升有密切關係。不過，香港人對中國共產黨的懷疑始終揮之不去，連帶對中國共產黨締建的中華人民共和國也不予充分認同，少數人甚至有抵觸情緒。基本上，香港人傾向將中華人民共和國與中國共產黨等量齊觀，往往將國家利益與中國共產黨的利益連在一塊。回歸以來，香港人一如以往認同血緣、歷史、民族和文化的"抽象"的中國，但對實在存在的中華人民共和國的認同感則相對比較薄弱，而"中華人民共和國公民"或簡稱"中國公民"的意識亦非濃厚。一般而言，在心態上，香港人還沒有發展到懂得和願意主動思考和照顧國家和中央的利益和需要的地步，更遑論在國家和中央安全受到威脅時挺身而出、報效祖國。尤有甚者，不少香港人同情和支持那些公然反對中國共產黨的執政勢力，在議會選舉時投票予他們的頭面人物，好讓那些人得以運用其職位和權力"代表"自己挑戰北京和掣肘特區政府。對於那些刻意挑戰和衝擊中國共產黨的言行，香港人大體上也是採取理解、包容甚至慫恿的態度。即使在公務員隊伍中對中國共產黨有的抵觸情緒或有異心者亦大有人在，這與他們長期受到英國人的政治薰陶有關。誠然，回歸以後，基於利益和實際的考慮，香港人與中央對抗的意慾逐步減少，對反對派和反共勢力因而產生一些約束作用。不過，香港人仍然把香港

本身的利益放在首要位置考慮，對國家利益和安全的認識和關心
程度頗為有限。正因如此，基本法第 23 條的本地立法仍然是一
個棘手難題。以此之故，回歸接近二十年來，在中央和內地同胞
的眼中，香港人沒有對中央和內地同胞"感恩圖報"，切實履行對
國家的責任。香港作為潛在的"顛覆基地"或"反共基地"的威
脅驅之不去，從而不利於構建良好的中央與特區關係，也對兩地
同胞的感情的增進有害無益。

（七）香港的各種反對勢力基於其對西方政治價值觀的執着
和其根深蒂固的反共思想，從頭到尾都抗拒香港回歸中國，也不
願意接受"一國兩制"的安排。在無法阻止中國收回香港的情況
下，他們轉向對"一國兩制"和基本法按照香港為"獨立政治實
體"的思維做出"另類詮釋"，務求架空中央在香港的管治權。回
歸後，反對勢力不斷挑戰和否定中央在"一國兩制"下的權力、
質疑中國憲法在香港的效力、詆毀人大釋法以至要單方面主導香
港政治體制的改革。基於此，反對派人士雖然也參與行政長官、
立法會和區議會的選舉，並接受特區政府的委任參與各類諮詢和
法定組織的工作，但他們本質上仍然是"體制外的反對派"，不承
認現行政治體制的"合法性"和"認受性"，依然以推翻現行體制
為己任。反對派對"一國兩制"和基本法的"另類詮釋"頗為成
功，可以說在那些方面所享有的話語權比中央和特區政府尤有過
之。即便在法律界和司法機關，對"一國兩制"和基本法與中央
持不同看法的人亦所在多有。"另類詮釋"的存在和巨大影響，
是回歸後香港長期出現嚴重政治撕裂的源頭。"一國兩制"在香
港回歸後的實踐面對困難和出現偏差與此種情況有莫大關係。

（八）回歸以來，特區政府一直受困於管治的困難，迄今尚未成功建立一個能夠駕馭複雜多變的政治局勢和進行有效管治的新政權。具體表現在政治威信未立、領導班子能力不強、管治聯盟欠團結、行政與立法不和、司法機關的掣肘、群眾支持基礎偏弱、集體抗爭行動此起彼落和推行新政策舉步維艱。"行政主導"名不副實，固然削弱了特區政府在維護國家安全和利益，落實"一國兩制"和基本法，以至掌控話語權的能力。更麻煩的，是長期處於弱勢的特區政府尤其忌憚民眾對政府不滿，也怯於反對派和外部勢力的攻擊，因此缺乏膽量去糾正那些不符合"一國兩制"和基本法的事物，尤其懼怕看到人大釋法的發生。當然，部分特區政府官員尤其是主管法律事務的官員對"一國兩制"與基本法持有與反對派類似的"另類詮釋"，也是使特區政府無意匡正那些違反"一國兩制"和基本法的事物的原因。因此，在一些重大問題上，中央政府不得不"出手"以"撥亂反正"，但這樣做又必然導致中央與部分香港人的摩擦和部分特區政府官員的不滿，並引起部分香港人和外部勢力發出聲音質疑中央對落實"一國兩制"的誠意。

（九）回歸以來，挑戰中國共產黨和中央、對"一國兩制"和基本法有"另類詮釋"的反對派在香港的力量雖然逐漸減弱，但在可預見的將來仍然是一股不可小覷的政治勢力，而且他們有走向激進化與暴力化的趨勢。誠然，部分反對派人士最終會審時度勢，放棄與中央對抗的立場，並向"忠誠的反對派"過渡，但在可預見的將來，那些人在反對派中應屬少數，難以改變香港的基本政治格局。有鑑於此，中央數年前已經開始改變對香港的處理手法，盡量運用中央在"一國兩制"下的權力對反對派進行思想上和行動上的制約，目標在於縮小他們的政治活動空間、話語權和戰鬥力。

（十）回歸後西方對香港的態度趨於曖昧和複雜。一方面西方仍然肯定香港的資本主義體系、法律制度、自由和人權的保障、香港人的"反共"傾向和香港與西方的廣泛聯繫。可是，西方也認識到香港在政治上已經不再是"西方陣營"的一員，在重大政治問題上只能與中國政府保持一致，而且在經濟上又與內地經濟走向融合，因此對香港能否發揮促進中國走"和平演變"的道路越來越沒有信心，甚至越來越沒有念想。再者，近十多年來，中國已經摸索出一條與西方發展道路不同的"中國特色社會主義"道路或"北京共識"（Beijing consensus），在理論上提出創見，並引起一些其他國家的重視和借鏡，在一定程度上削弱了"西方模式"與"華盛頓共識"（Washington consensus）在世界上的吸引力和話語權。香港在推動中國"和平演變"的角色既然不大，但香港在促進中國崛起上卻又仍然有所貢獻，則香港繼續保持繁榮和穩定究竟對西方尤其是美國是否有利便無可避免引起西方戰略家的反思。另方面，中國與美國在東亞以至更廣闊地區的戰略較量提升了香港在美國對華遏制行動中的戰略地位，增加了反對派對美國的利用價值。外部勢力介入香港事務，使得中央與香港反對勢力的鬥爭具有更廣泛的大國之間地緣政治爭奪的含義。香港在將來能否得到西方的鼎力支持便是一個未知數。反過來說，西方會否通過"搞亂"香港作為遏制中國崛起的手段便不能不引起中央和人們的關注。當然，今天還沒有人對這些問題能夠提出確切答案,但大國之間缺乏互信卻是國際政治的常態。中美之間在香港的角力難免會進一步引發中央對香港會否構成國家和政權安全威脅的擔憂,而這些擔憂又可能促使中央更積極思考應對之道,繼而使得中央與特區的關係更為複雜和矛盾。

"一國兩制"實踐的障礙

在 1980 年代之初,"一國兩制"作為處理"香港前途問題"的對策,不但是當時的歷史時刻和條件下最好的安排,即便在今天來看依然是最好的安排,因為實際上迄今還想不到更好的辦法。當然,今天總有這樣那樣的人認為"一國兩制"和基本法可以在一些地方有這樣那樣不同的處理,甚至有部分人覺得"一國兩制"可能不是最適當的安排,但從今天的不同的時空和以不同的考慮因素來評價三十多年前的政策其實並不公平,也不合理。平心而論,香港的順利與和平回歸,以至回歸後雖然飽經風雨依然享有不錯的繁榮、穩定、自由、法治、行政管理、廉政善治和民主發展,足以證明"一國兩制"是一個不容易但充滿睿智的國策。香港回歸後所遇到的管治困難、政治混亂、政治內耗、中央與反對派的矛盾、兩地同胞的摩擦等問題的嚴重性,其實比回歸前不少人的想像為低。事實上,回歸前對香港的前景持極為悲觀或消極態度的人比比皆是,回歸後香港的情況其實已經使那些人"大喜過望"。

然而,我們也需要明白,世界上沒有任何一項政策是完美的,也沒有任何一項政策能夠在急劇的社會變遷中免於受到新問題的考驗的。作為一項複雜的重大國家政策，其中牽涉到多方面的不同利益和立場，而且要在五十年或更長時間內應用，"一國兩制"在實踐過程中出現一些問題和困難是自然不過的，而部分問題和困難也是應該預先可以得知的。簡單來說，作為一項政策或安排，"一國兩制"之內潛伏了一些矛盾和困難，也缺乏一些相應的"配套"條件。所謂矛盾主要指"一國兩制"中潛在內部矛盾，比如說保存香港特色資本主義與循序漸進推進香港民主的矛盾、反對勢力對"一國兩制"實踐的干擾扭曲與中央"不干預"政策的矛盾、維持"行政主導"和容許立法與司法制衡的矛盾等。所謂困難牽涉到"人心回歸"緩慢、新的特區政權的建設舉步維艱、各類反對勢力的阻撓、對"一國兩制"和基本法的理解缺乏共識等。所謂"配套不足"基本上指"治港"人才嚴重不足而且渙散分化、對"一國兩制"和基本法的最權威解釋的機制尚未確立和效能不高、防範香港成為"顛覆基地"的手段欠健全等。

國際格局、國內形勢和香港情況的不斷變遷不單激化部分潛伏的矛盾和困難，以至進一步凸顯"配套"條件不足的困局，也為"一國兩制"的實踐帶來新的挑戰。好好地理解那些矛盾、困難和"配套"問題將有利於更好地落實"一國兩制"，也會為在"五十年不變"後香港的將來應該如何擘劃提供有用的參考。

"一國兩制"的妥協性

回歸十八年來的經驗顯示，"一國兩制"在實踐過程中呈現的主要的矛盾、困難和"配套"問題來自幾個方面。首先是"一國兩制"的妥協性。為了和平解決香港這個歷史遺留下來的問題、確保順利和平穩過渡和保證回歸後香港仍然享有繁榮和穩定,"一國兩制"必須照顧好和協調好不同方面的利益、憂慮和想法。這些不同方面主要指中國、英國、西方世界、香港工商界、反對派和一般香港人。誠然,照顧不同方面不等於"平等"對待各方面,還要衡量各方面在推行"一國兩制"上的相對重要性,尤其是對達到"一國兩制"的戰略目標的關鍵性。從這些角度觀察,中國、英國和其政治盟友美國以及在香港的投資者的利益最為重要。"一國兩制"對中國來說既然是與國家主權、安全和發展利益關係密切的重大國策,則優先考慮國家的目標和需要理所當然,中國政府也只有在這個大前提下思考和盡量滿足其他方面的需要和做出必須的"讓步"。對英國和西方而言,主要的"讓步"包括維護英國和西方在香港的利益、盡量起用殖民政府扶植的政治精英、公務員全體過渡、延續保守管治思維、基本上保留"殖民地"時期的施政方向和主要公共政策、承諾在香港推動民主改革、肯定英國人在香港發展上的貢獻,認可香港原來的制度,不在意識形態領域搞"去殖民化",在"過渡期"內盡量"尊重"殖民政府管治的"自主性",以至"不甘情願"地大量接收英國人在過渡期內不與中方商討或不顧中方反對、單方面在香港引進的各種政治和行政改革,在基本法起草過程中大幅吸收英國人提出的建議等。那些對英國和西方的"讓步"無疑為回歸後香港的政治生態、管治形態和發展軌跡帶來嚴重和深遠的影響和困難,也妨礙了"配套"條件的營造,但在當時情況下,特別是考慮到英國人的合作尤其是不搞破壞十分重要,加上仍然由英國人主政的過渡期甚為"漫長"（達十五年之久），英國人和西方的"叫價"能力的確是蠻高的。

中國政府對投資者（工商界尤其是大財團）的"讓步"主要體現在維持香港原有的自由、放任、營商環境寬鬆、政府監管不多、簡單低稅制、審慎理財制度、福利供給有限的資本主義體制和建構一個讓投資者有較大影響力的政治體制，而後者尤其重要。之所以這樣說，是因為在"殖民地"時期投資者已經享有一個對他們至為有利的經濟體制和財政政策，但"一國兩制"卻"額外"擴大了他們的政治權利和權力。在殖民管治下，工商機構對政府施政雖有不少的影響力，但卻難以左右英國政府和殖民政府的產生過程、施政方針和人事部署。為了維持投資者的信心，加上對工商界"撤資"的憂慮，也考慮到工商界一直以來都沒有自己的政治組織和代表，而且組織渙散和內部不和，更缺乏積極參與政治的意慾和信心，"一國兩制"在政治制度和選舉辦法上因此為投資者提供特殊的照顧，尤其是讓他們在行政長官和立法會的選舉中有較其他社會群體為大的權力。

對香港人來說的主要"讓步"當然是不在香港實行社會主義，讓他們獲得比內地同胞多得多的權利和優惠待遇，比如不用向國家交稅、不用服兵役、生兒育女不受限制、不用承擔駐軍的軍費開支、香港可以按照香港的具體情況和考慮代替中央自行以本地立法方式來保衛國家安全、中國共產黨作為全國的執政黨卻不在香港公開活動（包括不參與香港的各類選舉）、保證不干預香港事務、容許香港的主流勢力在回歸後繼續管理香港，不在香港搞"去殖民化"、香港可以以循序漸進步伐最終達致普選行政長官和立法會等。事實上，當國家仍以"大一統"為圭臬和以社會主義為崇高理想的情況下，容許一個中國共產黨在意識形態上難以接受的資本主義體制在香港繼續存在應該說是中國政府對香港人的最大"讓步"。此外，中國政府同意讓香港逐步引進一系列帶有西方色彩而內地人士卻又不太明白其中內容、含義和風險的選舉安排，這不能不說是對香港人尤其是反對派的最重要的"讓步"。再者，為了減少甚至避免馬上引起爭議，防止它們妨礙穩定人心的努力，中國政府寧願讓一些問題難題留待將來處理，即便那些問題涉及到中央的權力、責任和職能等重大課題。

英國政府的"讓步"，包括放棄要求中國政府承認三條不平等條約、願意將香港島和九龍半島於 1997 年連同新界一併交還中國、承認香港問題乃中英之間的問題、不搞"三腳凳"，避免將香港問題"過度"國際化、同意在回歸前維持有效管治和致力維護香港的繁榮穩定等。

香港人的"讓步"則是承認中央對香港的主權、認同"一國兩制"和基本法、繼續在香港工作和投資、基本上不要求英國履行對香港人作為英國"公民"的政治和道義責任、不到國際社會與組織申訴、盡量避免做那些有損國家主權和政權安全的事等。

然而，既然"一國兩制"是不同勢力和利益角力的結果，則在"一國兩制"方針政策內存在一些潛在矛盾，在實踐時碰到困難，並在實踐之初缺乏完備的"配套"條件便不足為奇了。

基本法的多重屬性

基本法的多重屬性容易衍生對其精神和條文的不同理解，從而產生對"一國兩制"的不同認識，並影響到"一國兩制"在香港的成功落實。不同人自然會按照其實際利益、價值觀、政治取向和法律思想去借助其心儀的屬性來詮釋基本法，並對"一國兩制"作出對自己最合適的理解。基本法的多重屬性反映在它既是全國性法律，又是地方層面的"憲制性"文件；既是法律文件，又是政策文件；既屬於社會主義大陸法系，又屬於普通法法系。籠統地說，中央和內地專家學者較多從全國性法律、中央對港政策、立法原意和大陸法視角處理基本法的問題，而香港的反對派和不少法官、法律界人士、學者和媒體則較喜歡從地方性法律、普通法和簡單的法律文字的角度看問題。這樣講當然不表示彼此完全漠視對方的看法，主要在於突出彼此的主要分歧所在。基本法的不同屬性帶來了不同的理解基本法和"一國兩制"的角度，也因此引發出難以協調的爭議。由基本法的多重屬性引發的爭議，在居留權問題、基本法第 23 條立法和政制改革的爭議中可以明顯看到。中央和內地專家學者傾向從中央對港政策和立法原意出發，強調基本法是貫徹"一國兩制"的手段。事實上，基本法的序言中有這樣一段文字："根據中華人民共和國憲法，全國人民代表大會特制定中華人民共和國香港特別行政區基本法，規定香港特別行政區實行的制度，以保障國家對香港的基本方針政策的實踐。"

簡單的說，中央、內地法律學者和香港的"愛國愛港"人士較傾向從國家利益、大陸法和中央對港政策角度看基本法和理解"一國兩制",而香港的反對派、學術界、法律界、司法界和部分媒體則選擇從香港特區、個人權利、普通法和法律條文的視角來理解。就居留權問題來説,前者強調國家的香港居留權政策的主旨在於延續回歸前殖民政府的"居留權"政策,目標在於通過嚴格限制內地居民來港定居的條件,讓香港人不必擔憂回歸後出現大量內地居民來港移民的情況,從而消除香港人的政治憂慮。無論基本法的有關條文是否清晰,但由於中央的居留權政策目標清晰,因此在理解基本法有關條文時必須突出基本法的立法原意,從國家和香港的利益出發。相反,後者則強調以基本法的具體條文為依歸,突出個人的權利和福祉,並參考國際(主要是西方)人權狀況來處理誰人可享有香港居留權的問題。有關居留權的一些問題雖然最終以人大釋法的方式來處理,但仍有不少問題懸而不決,今天香港仍然受到居留權問題的困擾。

內地法律學者董立坤指出:"中國法律應用何種解釋方法,似乎法律並沒有明文規定,但理論和實踐中,多採用以立法原意的解釋方法解釋法律。"[1] 他進一步認為香港的法院應該同樣地以立法原意為解釋基本法的圭臬。"基本法是香港憲法性法律,香港法院甚至將其稱為香港的憲法,而香港法院在解釋基本法這樣的憲法性法律時應更多考慮的是目的性解釋方法,即應認真考慮立法者制定相關法律條文的目的和宗旨,也就是應考慮被解釋法律的立法原意。但香港法院卻將文義解釋和目的解釋對立起來,

---

1　董立坤:《中央管治權與香港特區高度自治權》(北京:法律出版社,2014),頁81。

片面強調文義解釋，把全國人大常委會已明確指出的應依立法原意解釋基本法的意見視為異端，是難以理解的。"[2] "到底是依普通法的方法解釋基本法，還是依立法原意的方法解釋基本法，其判斷標準就是有關解釋方法是否符合基本法和全國人大常委會的有關規定。根據基本法和全國人大常委會的有關規定，應依基本法的立法原意解釋基本法的相關條文。第一，基本法是全國性法律，應依中國法律解釋方法解釋之，不能由香港法院法官依照普通法解釋方法'改造'基本法。…… 既然全國人民代表大會常務委員會行使基本法的解釋權，那麼毫無疑問，在解釋基本法時，也只能根據中國法律解釋方法解釋基本法的相關條文，以使基本法的解釋與基本法的立法原意相一致。…… 第二，全國人大常委會通過解釋基本法的相關條款，明確了基本法的解釋方法，香港法院應無條件依照全國人大常委會的規定行使基本法的解釋權。"[3]

　　基本法第 23 條立法失敗的慘痛經驗同樣反映這兩種差異甚大的立場。前者以維護國家的安全和利益為優先考慮，對個人權利作出一定的限制，而後者則以保障個人的人權和自由為主要考慮，只願意在這個前提下保護國家安全。在其他地方，與國家安全有關的法律通常由中央權力機關制定，而非交由地方機構處理。不過，為了穩定香港人對香港未來的信心，和表示對香港人的尊重，中央將維護國家安全的立法任務交由香港特區處理，好

2　董立坤：《中央管治權與香港特區高度自治權》(北京：法律出版社，2014)，頁 83。

3　同上，頁 83-84。

讓香港訂立的國家安全法律既能保障國家安全，又能照顧好香港人對人權、自由和公義的執着。然而，香港的反對派、大部分法律界人士與媒體，以至不少香港人卻把焦點放在人權、自由和公義會否因基本法第 23 條立法而受到損害的議題上，顯示他們並不關心國家安全問題。部分人甚至形容基本法第23 條為"惡法"，反對任何本地立法的工作，即便香港特區提出的法案相對於一些西方國家的國家安全法律更為寬鬆。隨着國家面對的國家安全威脅更為廣泛，愈益複雜，也越來越嚴峻，基本法第 23 條所涵蓋的內容已經不能滿足維護國家安全的需要。因此，日後香港各方面在國家安全立法問題上的分歧只會愈趨嚴重。

政制改革爭議中透視出來的不同立場尤為清晰。中央和內地專家學者強調香港乃中華人民共和國轄下的特別行政區，其"高度自治"權力來自中央的授予，中央在政改問題上擁有主導權和決定權，而政治體制（包括選舉制度）必須配合"一國兩制"的實踐，為"一國兩制"的戰略目標服務。因此，香港的民主發展不能孤立對待。民主改革更不是"一國兩制"的最重要目標，其他更重要的目標包括維護國家的主權、安全和發展利益，保持香港的繁榮穩定，保留原有的資本主義體制，建構良好的中央和特區關係，照顧好社會各階層、各方面的利益等。反對派和他們的支持者則從香港本位角度出發，片面追求西方民主，堅信此乃唯一可以達致有效管治之路，並置國家安全和利益於次要考慮。

"一國兩制" 的潛在矛盾

既然"一國兩制"帶有妥協性和靜態思維,則在"一國兩制"內部有潛在矛盾便是很自然的事。問題是,那些矛盾難以通過"一國兩制"和基本法所設置的機制來完全處理好,部分問題只能以法律以外的手法應對,而其中政治手段尤為重要。不過,政治手段的運用會帶來風險,況且政治手段又有可能與法律相抵觸。

這裏我集中針對幾個重要內在矛盾進行探討。

(一) 香港與內地 "經濟融合" 與 "政治分離" 的矛盾

"一國兩制"假設了香港回歸後香港和內地在經濟上的關係會越來越密切,彼此之間的共同利益不斷增加,彼此的依存程度持續上升。然而,在政治層面上的指導思想卻是要確保"河水井水互不侵犯"。不過,隨着國內企業在香港的數量和投資急速膨脹,內地人才到港發展的人數越來越大,香港作為人民幣離岸中心在國家金融戰略中的地位愈趨關鍵,而香港又是國家越來越倚重的"走出去"平臺,國家在香港的利益因此越來越多,也越來越重要。香港特區政府的一些政策和法律,特別是那些涉及投資、稅制、貨幣、金融業務監管、公平競爭、信息披露、勞工福利、營商環境、產業結構、環境保護、"移民"政策等領域者都會對國內企業和人才造成重大影響。香港能否有效管治、特區的政策是否穩定和得當、香港的政局是否平穩、外部勢力是否對香港進行干擾和破壞、香港的投資環境是否具吸引力,也越來越與國家利益息息相關。其他國家和地區的投資者和人才往往為了自身利益,通過本國政府、商會和其他渠道向特區政府進行遊説。來自內地的企業和人才希望通過影響特區政府的政策來促進自己的利益是很正常的事,也不排除他們在"背後"遊説中央和內地一些地方政府向特區政府施壓。回歸前,特區籌備委員會在制定第一屆立法會產生辦法時,曾經有中央官員提出讓在香港的中資企業成為一個功能團體,俾使它們可以選派代表進入立法會維護自身的利益。這個建議沒有得到其他中央官員的認同,結果是"無疾而終"。這個結果反映中央不容許有人以此為口實批評中央帶頭破壞香港的高度自治。可是,當內地在香港的利益越來越多,又越來越關係到國家的重大利益時,中央介入特區政府的經濟政策中的誘因會逐漸增加。

隨着香港積極參與國家的五年規劃,兩地經濟融合的步伐會加快。為了更好地支持香港的經濟發展,同時讓香港的經濟發展策略與國家相互配合,中央有正當理由向特區政府提出有關香港經濟發展、兩地經濟合作和特區政府的產業政策的意見,在協助香港之同時也保障國家的利益。毫無疑問,那些有關經濟的政策一定會溢出經濟領域而對其他公共政策造成影響。總之,中央和特區政府在經濟發展範疇的互動應該會愈趨頻繁,從而強化彼此間的政治協作,但如此一來原來的"政治與經濟分離"的初衷便要調整。

同樣地,香港特區政府也有誘因去影響中央對香港的經濟政策並為此進行遊説工作,焦點放在爭取中央給予香港更多的優惠政策和措施,但由於彼此在政治上"強弱懸殊",香港在內地政治上的"介入"應該對內地政局無關宏旨。

（二）"維持現狀"或"改變現狀"的矛盾

中國政府承諾在回歸後維持香港的現狀"五十年不變"，無疑給了香港人一顆"定心丸"。那個現狀具體指 1980 年代後期的"現狀"。這項承諾假設了絕大多數香港人對當時的"現狀"滿意，而且非常擔憂它會在香港回歸後失去或因被蓄意改造而面目全非。為了釋除香港人的憂慮，基本法更以法律的方式和權力將香港當時的"現狀"固定或基本上"凍結"起來。因此之故，作為一份憲制性文件，基本法的一大特色是當中有大量條文具體地規定一些公共政策和具體地保存一些"狀況"。比如，第 107 條規定"香港特別行政區的財政預算以量入為出為原則，力求收支平衡，避免赤字，並與本地生產總值的增長率相適應。"第 108 條要求特區實行低稅政策。第 141 條容許特區的"宗教組織可按原有辦法興辦宗教院校、其他學校、醫院和福利機構以至提供其他社會服務。"第 145 條讓特區政府"在原有社會福利制度的基礎上，根據經濟條件和社會需要，自行制定其發展、改進的政策。"當然，世界上有少數國家例如印度在它們的憲法中也臚列了一系列社會和經濟政策的條文，但通常那些條文代表着一些國民的願望或目標，而非一些可以通過訴訟向法院提出法律追究的法律法規。相反，基本法內的政策條文是可以循法律途徑控告政府的（justiciable），所以其法律約束力，也即是説其"剛性"甚強。誠然，那些政策性和維持"現狀"的條文容許一定的伸縮空間，讓特區政府和社會各界可以因應香港發展和管治的需要而作出調校，但肯定那些空間實屬有限，否則它們失去保存"現狀"

的效力，成為一紙空文。[4]

　　不過，即便在 1980 年代，對香港"現狀"不滿的香港人大有人在，特別是低下階層和部分中產人士。他們對香港日益惡化的貧富懸殊情況和各種不公平的政治和經濟現象尤其反感，所以期盼一定程度的社會改革。不少當時的壓力、公民、社會福利、宗教和政治團體都提倡形形式式的改革方案。所以，對於基本法以法律權力"凍結"部分政策和狀況並非所有人都感到滿意，尤其是那些東西在一些人眼中代表着不公平和不公義。

　　回歸以來，各種困難和矛盾紛至遝來，貧富懸殊情況繼續惡化、經濟增長乏善足陳、中產階層飽受打擊、產業結構過於單一、年輕人得到的發展機會難以滿足需要、人口迅速老化、貧窮問題嚴重、房屋價格高昂且供應不足、新的"後現代"和"後物質"的"發展觀"出現等。[5]各種"深層次"問題陸續湧現，令香港窮於應付。[6]香港學者呂大樂甚至斷言香港過去賴以成功的"香港模式"已經不合時宜，應該探索新的發展路向。他具體指出，中小企業的發展潛力和空間正在減少，"積極不干預"政策已經過時，行政管理型政府無法駕馭愈益複雜的政治形勢，"諮詢式政治"已經難以協調和整合各方面的利益和滿足香港人的參政意

4　香港在回歸伊始便受到亞洲金融危機的蹂躪，特區政府財政拮据，因此連續幾年出現財政赤字。不過，由於各方面大體上明白其中因由，所以沒有引起法律訴訟。

5　可參考 Lau Siu-kai, "The Fraying of the Socio-economic Fabric of Hong Kong," *The Pacific Review*, Vol. 10, No. 3（1997），pp. 426-441；陳冠中：《我這一代香港人》（Hong Kong: Oxford University Press, 2005）；呂大樂：《香港四代人》（香港：進一步多媒體，2007）；劉兆佳："分歧與政策共識的剝落，"載於劉兆佳：《回歸後的香港政治》（香港：商務印書館，2013），頁 279-307。

6　王于漸：《香港深層次矛盾》（香港：中華書局，2012）；陳麗君：《香港社會關係與矛盾變化研究》（香港：中華書局，2015）。

慾，社會秩序開始崩壞，"新市鎮"發展策略無以為繼等。[7]

在不滿和憂慮的氛圍下，各種各樣的改變"現狀"的訴求和建議多如牛毛。這裏不是說香港人要放棄或徹底改變"現狀"，只是說香港人陷入"保持現狀"或"改變現狀"的夾縫之中而難以作出抉擇，因此焦慮和彷徨不已。人們對香港一直"行之有效"的制度和政策的信心下降，但卻不敢輕言放棄過去的"成功之道"，可是對如何改革卻缺乏共識，對一些可能的改變舉棋不定，也感到惶恐不安。圍繞着"維持現狀"和"改革現狀"的政治爭議不但對有效管治不利，更妨礙新的政策的提出和推行。各方面的爭論十分激烈，大體上圍繞着幾個方面展開：香港的發展方向應否繼續以經濟發展為優先還是應該同時追求一些"非物質"性的目標比如環境保護、文化社會保育、社區活化與保存、以至人文關懷，經濟發展的策略應否特別着重香港與內地的經濟融合還是要強化與西方國家的聯繫，特區政府在經濟和社會發展上的角色與職能應否大為擴闊和加強、特區政府是否應該積極扶持新的高增值產業、香港的財政政策應否作出重大的改變、香港的低稅政策和稅基狹隘的問題需否認真嚴肅處理、香港的福利供給應否大幅擴充、社會福利是否每個人都享有的權利、特區政府在縮窄貧富差距上有沒有重要角色、政府與工商財團的關係應如何改變、香港的反壟斷政策應否加強、香港的教育制度需不需要進行大刀闊斧的改革、各類勞工保障應否增加、政府與社會在處理各種社會問題時如何分工合作等。可以說，過去香港人在很多

7　呂大樂：《香港模式：從現在式到過去式》（香港：中華書局，2015）。

制度、政策、發展方向和社會形態的"共識"已經不復存在。隨着人們對香港經濟前景的擔憂上升,對香港日後的發展路向、政府的角色和公共政策的分歧只會進一步拉大。誠然,多數人仍然認同原來的東西,但質疑和反對"現狀"的人有增加的趨勢,可是他們對於如何建構另外一個香港的發展"模式"卻言人人殊,莫衷一是。

不過,縱然如此,越來越多人對基本法中的具體保存"現狀"的條文滋生抵觸情緒,認為"一國兩制"限制了香港的發展和自我解決問題的能力和空間。目前來説,基本法的條文仍然容許一定的改變香港"現狀"的彈性,比如説審慎理財不等於説香港不能搞赤字預算或舉債應付政府開支,而低稅制不等於必須維持現在的過於偏低的稅率。[8] 基本法也沒有為特區政府協調不同階層的利益設置不可克服的困難。只要社會上形成有關改變"現狀"的"共識",而中央又不抗拒,則很難想像香港的法院會受理那些意圖推翻那些"共識"的訴訟。即便如此,當香港的社會矛盾進一步深化,而香港人對"現狀"的厭惡和不滿又大幅升溫,則"一國兩制"的"保守性"和"靜態思維"將會面臨更嚴峻的挑戰。

---

8 前港英政府政務司鍾逸傑(David Akers-Jones)在接受報章訪問時批評基本法有關政策的條文對特區政府施政加過多限制,例如它在財政困難時不能舉債,使得它不能有效應對回歸後香港面對的一系列嚴重社會問題,比如人口老化。見 South China Morning Post, 7 September, 2015, p.C3。

（三）"保存原有的資本主義"和"循序漸進發展民主"的矛盾

香港原有的資本主義體制與香港特色的殖民管治是一對孿生兄弟，這個組合無論是在人類歷史上、在中國歷史上及在殖民地歷史上都屬罕見。香港原有的資本主義的顯著特徵比如"小政府"（政府少參與和干預經濟活動）、簡單低稅制、相對公平的市場競爭、有限福利供給、政府和資本家聯手壓抑民粹訴求、政府不受資產階級操控、資產階級不受政府領導、大資本家尤其是英資財團擔當領導資產階級的角色等。從理論角度而言，這一系列特徵只能在一個專權（autocratic）或威權（authoritarian）政權統治下出現，但這個政權卻又罕有地願意尊重市場競爭、自願限制政府的經濟和社會職能、奉行審慎財政政策和在一定程度上致力維護個人自由和權利。毫無疑問，所有殖民政權都是專權或威權政權，但香港的殖民政府卻是少有的願意實行"有限職能"政府（limited government）或進行"仁慈管治"（benign governance）的範例。基本原因是英國人攫取了香港這個"荒島"後需要通過懷柔手段吸引資金、企業、人才和勞工到香港，以達到將香港建設為一個讓英國人得以在"遠東"開展商貿活動的商埠。[9]在整個香港"殖民地"歷史上，這種懷柔管治模式孕育了香港特色資本主義。

既然香港特色資本主義掛靠在一個非民主（非由選舉產生）的殖民政權上，而這個政權又有足夠的自主性或獨立性去自我限

制其管治職能，則任何形式的民主選舉的引進都會破壞香港特色資本主義。"一國兩制"一方面要銳意保存香港特色資本主義，另方面又要循序漸進在香港推行民主化，則隨着民主化的發生，香港特色資本主義便無可避免出現蛻變，甚至走向衰亡。

　　鑒於香港的民主發展步伐只能一步一步走，所以在回歸十八年後，香港還是一個"局部"的民主政體（partial democracy）（不少人仍然認為香港仍然屬於威權性政體），因為行政長官和立法會尚未以普選方式產生。即便如此，"香港特色資本主義"已經受到明顯影響而出現微妙變化。首先，行政長官不再由"宗主國"單方面任命，而是先由一個選舉機構選舉產生，再由中央政府任命，而香港的商界和專業精英在其中佔有相當的份額，可以左右選舉結果。這個選舉方法的客觀政治後果，是讓香港的資本家和其支持者取得他們在"殖民地"時期可望而不可即的政治權力。再者，大資本家可以直接到中央進行遊說，利用中央對香港資產階級的重視，進一步提升他們對行政長官和特區政府的政治影響力。由於行政長官相當依仗資本家和其同路人的擁戴，所以特區的施政路向比"殖民地"時期更多的向資產階級傾斜。在社會不公和貧富差距問題不斷惡化之際，特區政府受制於資產階級的情況只會釀成更多的社會和民生問題，同時激化廣大香港人對政府、對資產階級和對現狀的不滿。

　　第二，回歸前後香港的資產階級的構成出現重大改變，一方面構成越來越複雜，主要反映在資本構成的多元化，內地資金、本地華資、各種外國資本同時並存，彼此競爭激烈。那個相對於資產階級失去了相當的獨立性的特區政府難以有效協調不同資本家的利益，導致資產階級對特區政府的支持有所動搖，部分資本家更因為覺得特區政府處事不公而對特區政府有怨言。[10] 第三，英資財團在回歸後的地位和實力大不如前，無法在資本家中繼續領導角色。崛起中的本地華資商人亦群龍無首，而且內部矛盾明顯。"中資"機構主要聽命於中央，不會服膺其他人的領導。其他外資亦缺乏足夠的分量來擔當領袖。因此，資產階級的團結性不強，削弱了他們的政治戰鬥力，增加了他們對民主政治的憂慮，但同時也強化了他們各自為政、各謀自身利益的誘因。從另一角度看，一個不團結又缺乏統一領導的資產階級難以從長遠角度出發，積極以集體方式參與政治活動，主動採取措施去減少社會矛盾，有策略地作出有限度"讓步"以改善與其他階級的關係，從而有效地保衛香港特色資本主義。[11]

第四，儘管香港還未實行普選特首和立法會，但民粹政治已經抬頭。為了提升"認受性"、取得民意支持，減少管治困難和應付立法會和政黨的衝擊，每一位行政長官總會竭力做一些討好群眾的事，因此酌量增加各種社會福利和紓解民困措施便難免成為經常性的"指定"動作。如此一來，要堅持"有限職能"政府和

10　Tai-lok Lui and Stephen W.K. Chiu, "Governance Crisis in Post-1997 Hong Kong: A Political Economy Perspective," *The China Review*. Vol. 7, No. 2 (Fall 2007), pp. 1-34；Brian C.H. Fong, "The Partnership between the Chinese Government and Hong Kong's Capitalist Class: Implications for HKSAR Governance, 1997-2012," *The China Quarterly*, Vol. 217 (March 2014), pp. 195-220; Brian C.H. Fong, *Hong Kong's Governance Under Chinese Sovereignty: The Failure of the State-Business Alliance after 1997* (London: Routledge, 2014)；又見呂大樂：《香港模式：從現代式到過去式》（香港：中華書局，2015），頁 49-61。

11　美國的資產階級其實也有類似情況。資產階級的內部分化導致他們的社會責任感和對公共事務的投入下降。見 Mark S. Mizruchi, *The Fracturing of the American Corporate Elite* (Cambridge, MA: Harvard University Press, 2013)。

審慎理財原則便越加困難。雖然歷屆特區政府的福利和勞工政策的內容尚屬"溫和",但累積下來對政府的長遠財政負擔卻不可小覷。

隨着香港民主發展的不斷深化,特別是隨着普選的來臨,在各種社會和民生問題叢生的環境下,要保持"香港特色資本主義"幾乎是不可能的事。福利和民粹訴求肯定會此起彼落,但卻又是慾壑難填。雖然基本法為"香港特色資本主義"提供法律保護,但當越來越多香港人對它提出質疑,而政府和社會卻又因為基本法的限制而無法通過改革來回應群眾訴求,則香港人對"一國兩制"和基本法的信心和支持亦會有所動搖。[12]

(四)"小政府"和香港與內地經濟融合的矛盾

在香港特色資本主義下,香港的"小政府"政策不鼓勵政府介入經濟事務。在"小政府"的原則下,政府對市場運作盡量不干涉。就算市場內出現壟斷情況,政府也缺乏意願和手段作出有力的回應。政府基本上不擁有或經營企業。除了提供法律保障和必須的基本設施比如土地、道路、房屋、福利、教育等外,政府不會制定長期施政計劃。就算在上述那些政策領域,長期計劃的制定也不是經常進行。經濟發展的計劃更是"匪夷所思",不少政府官員視經濟計劃為"社會主義"舉措,與他們奉為金科玉律的市場原則格格不入。政府更極少會主動扶持某些行業或產業。由

---

12 中央在起草澳門基本法的時候,顯然吸取了起草香港基本法的教訓,所以澳門的基本法沒有加入行政長官和立法會最終要由普選產生的條文。

於政府只願意處理行政管理的事務,所以政府內部具備經濟和技術發展專長的人才非常短缺,即使政府有意提升它在經濟事務上的介入,人才匱乏也是個難以克服的大問題。

香港與內地經濟愈趨頻繁,乃"一國兩制"樂於預見和大力鼓勵的發展,倘非如此,香港便發揮不了對國家經濟發展的作用。回歸後香港經濟發展遇到的困難不少,加上全球金融和經濟持續波動,而貿易自由化又屢遇阻滯,所以香港對經濟崛起中的中國大陸的依賴日增。2003 年香港發生大規模的反政府示威遊行,基本法第 23 條立法固然是重要催化劑,但香港經濟低迷和香港人對經濟前景悲觀也是重要因素。為了提振香港的經濟,也為了鞏固特區政府的管治,自此之後中央陸續推出一系列既對國家有利,又惠及香港的經濟和金融政策,最重要的厥為兩地更緊密的經貿安排(CEPA)、內地同胞到港"個人遊"或"自由行"、內地企業到香港上市集資、粵港經濟合作、深(圳)港經濟合作、不斷擴大的人民幣業務、香港發展為人民幣離岸中心、內地企業和資金通過香港"走出去"等。尤其具有劃時代和長遠意義的是香港開始積極參與國家的五年規劃,這意味着香港的經濟發展"策略"需要與國家的發展戰略協調和配合起來。

由於內地實踐中國特色社會主義市場經濟,與香港奉行的自由放任資本主義經濟差異甚大。香港要好好利用國家的發展去推動自身的發展,同時又要在國家的發展中發揮積極作用,特區政府以至香港的企業家與專業精英無可避免要改變和調整自己的經濟和商業思維。香港需要瞭解國家的重大經濟和社會政策、國家的規劃過程和內容、國家發展為香港提供的機遇和帶來的挑戰。

為了與國家的發展接軌，香港也需要對香港未來的經濟發展作出一定程度的展望、"規劃"和資源投入。同時，國家也需要知道特區政府的"長遠"經濟政策和部署，方能構思出一些有利於香港發展的方針、政策和措施。中央和特區政府需要不斷地交換信息和進行政策磋商，好讓彼此的行動協同起來。

特區政府有需要聯同香港的商界和專業界共同謀劃將來，為他們向中央和內地地方當局爭取有利政策和安排，為他們在內地的發展和經營提供協助和支援，大量培訓能夠促進兩地經濟來往的人才。以上各種"新任務"都不是那些習慣了短期思維和微觀管理的特區官員和商界與專業精英所容易承擔的。然而，長遠的趨勢是他們必須這樣做，否則香港日後的生產力和經濟發展都會出現危機。

總而言之，在內地與香港經濟融合的大趨勢下，特區政府的"小政府"形象和運作模式不可避免地會逐漸發生變化，其介入經濟事務的程度只會越來越深。假以時日，香港的經濟體系和內地日趨市場化和自由化的經濟體系的鴻溝必會縮窄。

（五）"行政主導"和立法、司法制衡的矛盾

"殖民地"時期，香港的"行政主導"政體是建築在行政權力在政治體制內幾乎不受制衡的基礎之上的。當然，殖民政府在政治體制外，尤其在社會上受到一定程度的精英、民意和媒體的監督。在"殖民地"的政治體制內，直到回歸已是既成事實之前，立法局的議員由香港總督任命。他們的職責是向殖民政府提出對施政有幫助的意見和善意的批評，為殖民政府爭取香港人對殖民

管治的支持及鞏固殖民管治的合法性。任何試圖反對和挑戰殖民管治的人都不會被委任,即使已經當上議員也會被革除職務。所以,在"殖民地"時期,香港的立法機關本質上是行政機關的附庸,而且是頗為"聽話"的"夥計",難以發揮制衡政府的角色。

回歸後,立法會擁有獨立的權力和社會支持基礎,它的議員的產生方式不同於行政長官的產生方式,而它的主要職能是監督和制衡行政機關。儘管立法會的產生辦法讓建制派取得超過一半議席,但由於香港不實行政府由議會產生的議會制,而行政長官又不容許有政黨背景,所以建制派的立法會議員與行政長官並非同屬一個"政治命運共同體",或者說並非是"同一張皮"。如果行政長官民望高企和施政得力,建制派議員一般會樂意支持他,但卻難以分享到政治榮譽,因為榮譽自然地為行政長官所獨攬。相反,假如行政長官民望低落而又施政不順,建制派議員不會願意支持他,害怕會在選舉中失利。回歸以來,行政長官大部分時間都處於民望低落和管治維艱的困境,反對派立法會議員固然不斷對他圍攻,而建制派議員由於懼怕選民的反彈而不敢過度支持特首。如果不是中央居中斡旋和調動,催促建制派議員盡量支持特首,行政長官的管治困難更難以克服。簡單說,在沒有"執政黨"或堅實強大的"管治聯盟"的情況下,行政長官在立法會內缺乏穩定、團結和可靠的大多數議員的支持,其處境之艱難可想而知。

同樣地,"殖民地"的司法機關號稱"司法獨立",而香港總督基本上不介入法官的人事任免過程。不過,香港的法官卻十分尊重總督和殖民政府的政策和決定,願意承認在制定和執行政策方面政府比法院更具備相關的知識、能力和經驗，因此願意"自我約束"，極少借法律訴訟來干預或改變政府決策。即便有司法覆核的程序在，香港的法官也是用小心和謹慎態度對待，避免讓人們產生司法濫權或司法越權的印象。"殖民地"法官的行為，與英國的法官雷同，英國的法官一般不會隨便質疑政府的決策和行為。

回歸後香港的司法機關的行為出現一些重要的變化。一來法院可以利用對基本法這部成文法進行解釋，尤其是其中那些關於人權和政策的條文，對政府的政策、決定和行動提出挑戰。二來法院自己覺得自己是保障香港的高度自治、維護人權自由、和防止行政機關濫權的最重要的力量，因此自行賦予自己一項重大任務。三來是回歸後"司法活躍度"或"司法積極度"（judicial activism）增加，法院比以前更希望通過審判來推行社會革新。這方面的改變在相當程度上受到西方特別是美國法院的"傳染"。無論如何，回歸後，在維護人權和防範行政機關濫用權力的大纛下，司法機關勇於質疑和挑戰行政機關的決策和行為，對行政機關造成很大的制約，削弱了"行政主導"的運行。

（六）中央"干預"與"不干預"的兩難

在"一國兩制"、"港人治港"和高度自治的方針下，中央承諾不會"干預"香港的"內政"。可是，與此同時，中央在中國憲法和基本法下卻又要擔負國防、外交等重要職能，並擁有相當廣泛的權力。更為重要的，是"一國兩制"是否成功實踐關係到國家的主權、安全和發展利益，因此在落實"一國兩制"上，中央的責任比香港特區的責任更為重大，也是最終的責任擔負者。再者，"一國兩制"要求香港與內地加強經濟、貿易、金融等領域的交流和合作，兩地的"融合"成為不可逆轉的趨勢，而香港又越來越深入地參與國家的五年規劃中。所有這些都意味着國家的大政方針和中央對香港的政策措施都直接或間接影響到香港。因此，中央對香港所作的事，哪些是違反"高度自治"的"干預"，哪些是代表中央對香港的"關愛"和"支持"，其實很難說得清楚。過去的情況表明，香港人如果認為中央的對港政策措施對香港有利，尤其是涉及經濟和民生領域的東西，則不會視之為"干預"，反而認為它們是中央的"惠港"舉措，並對中央心存謝意。當然，對於那些反對兩地"融合"的香港人來說，他們肯定對中央的"惠港"舉措不認同，但卻很少視之為破壞"一國兩制"的行為。

理論上，不少人覺得在政治領域上中央更不應該介入香港"內政"。因此，中央政府在香港設立聯絡辦事處（中聯辦）一事受到批評，認為中央此舉乃中央"干預"香港事務的明證，特別是基本法並沒有規定中聯辦的設置。中央刻意培植"愛國愛港"力量，中央在香港的各項選舉中直接和間接、通過不同方式支援和協助"愛國愛港"的組織和候選人，更被不少人尤其是反對派和西方勢力視為中央"悍然"和"粗暴""干預"香港"內政"的實例。有些人也不同意中央對香港的反對派和反共媒體施加政治和經濟壓力。同樣，國家領導人、中央官員和內地人士就香港事務發表意見和提出建議亦會引發爭議和批判。

考慮到各種可能的政治後果和反響，在正常的情況下，中央應該是極不願意介入香港的事務的。事實上，除了繼續扶植和支持"愛國愛港"力量外，回歸後一段長時間內，中央和內地人士，包括中央駐港機構和人員，竭力避免參與香港事務，即使談論香港事務的例子亦寥寥可數。可是，隨着挑戰中央權力和攻擊特區政府的行為層出不窮，且有愈演愈烈之勢，中央開始擔憂"一國兩制"能否成功實踐、特區能否有效管治、中央和特區政府的管治權力會否被反對派和親西方勢力所篡奪或架空、香港會否變成"顛覆基地"。以此之故，特別是 2003 年香港發生反基本法第 23 條立法大遊行後，中央增強了它在香港政治事務上的參與，主要目的在於提升中央在"一國兩制"論述上的話語權、維護中央的權力和權威、強化特區政府的管治能力、遏制反對勢力和壯大和團結"愛國愛港"力量。這些發展我在下面會有更詳細的說明。

總之，回歸以來，中央在"干預"和"不干預"香港事務上一直處於兩難的處境。"不干預"固然會贏得部分人的讚賞，認為中央信守承諾，尊重"港人治港"和高度自治。可是，當成功實踐"一國兩制"的配套條件不完全具備，而"一國兩制"的落實又遭到各種反對勢力的阻撓、抵制和破壞時，中央認為必須作出非常無奈和痛苦的選擇，希望通過一段有限時期的"干預"，營造合適的條件和氛圍，將"一國兩制"的發展重新納入正軌，讓"愛國愛港者"有效地管治香港，然後才尋找適當的時機抽身而出，從而完成中央確保"一國兩制"成功落實的"歷史和戰略任務"。

過渡期太長，英國人別有懷抱

　　歷史經驗顯示，從英國最終決定撤出或放棄某個殖民地和託管地開始，不管它在撤退前是否已有周詳準備，或是狼狽而逃，一般距離殖民地或託管地獨立的時間不會太長，大概是數年左右。在這段過渡期內，無論最後成功與否，英國人都力圖將其"引以為傲"、標誌着"光榮撤退"的一些制度鞏固或建立起來，特別重要的是西敏寺式（Westminster）議會制、普選立法議員的安排、"政治中立"的公務員制度、"相對獨立"的司法體系和西方式的政黨輪流執政系統。尤為重要的，是揀選英國人屬意的政治接班人，最好的是曾接受西方教育、經過西方政治價值觀的薰陶、對英國人和英國文化嚮往、懷抱反共傾向、曾經在政治上與英國人合作過的人。即便那些人是反帝和反殖運動的頭領，只要他們反對共產主義，願意在殖民地獨立後保障西方在當地的利益，在別無選擇下也是可以接受的政治勢力，其中的表表者莫過於新加坡的李光耀。不過，實際上英國人的撤退計劃成敗參半。部分英國的前殖民地在獨立後走社會主義道路、建立各式各樣的威權性政府（一黨專政、個人獨裁、軍人政權）。那些新政權與英國的關係甚為複雜微妙。

　　中國與英國以和平的外交談判方式促成英國同意將整個香港交還中國。一方面，中國承諾儘量維持香港的"現狀"和制度的延續性及保障英國人在香港的利益，並且答應繼續留用和依靠那些一直以來協助和支持殖民政府的華人公務員和政治精英。另方面，英國則允諾在香港回歸前的過渡期內保持香港的繁榮穩定，配合中國政府的對港方針政策,確保香港順利過渡為中國的特別行政區和為"一國兩制"在回歸後的實踐做好準備。英國撤出香港與它從其他殖民地撤出的方式截然不同,香港不是走向獨立,而是從英國的"殖民地"過渡到中國的一個特別行政區,而香港回歸中國後的各種安排基本上由中國決定,所以英國只能在香港搞"沒有獨立的非殖化"。

從另外一個角度看,雖然香港在 1997 年才回歸中國並實踐"一國兩制",但"一國兩制"能否全面和準確落實卻在相當程度上依靠英國人在冗長的過渡期內的積極和密切配合。英國人是否願意為"一國兩制"在香港回歸後按照中國的方針實踐,對"一國兩制"在開始落實時有沒有一個良好和堅固的基礎和開端事關重大。因此,英方在過渡期內的所作所為對"一國兩制"的順利推行影響深遠,也因為這個原因英國在香港問題上有着一定的談判籌碼,可以迫使中國更多地對它的要求和利益作出"讓步"。

眾所周知,英國人是極不情願離開香港的。他們對中國的承諾沒有充足的信心,對中國政府也沒有足夠的信任。他們希望香港在回歸後實踐英國人所界定的"一國兩制",即便這個界定與中國政府對"一國兩制"的定義相抵觸。英國人也渴望能夠做到"光榮撤退",而"光榮撤退"計劃的核心在於在香港引進一些在部分前英屬殖民地曾被推行的政策和舉措,包括推行"還政於民"的、以立法機關為主導的代議政制、強化香港的人權保障、提升司法"獨立"的程度、引入和擴大各級議會的選舉成分、扶植各類反對、反共、反華和親英勢力。英國人尤其擔心殖民政府在過渡期內能否維持管治權威和有效管治,主要原因是一個行將完結的殖民政權無可避免要面對管治權威迅速下墜和原來的"同路人"流失的困境。再者，由於香港回歸前的過渡期（1982年到1997年）很長，如何在冗長的過渡期內維持管治威信和有效管治，對自詡擁有高超政治智慧的英國人來說也是一大考驗。與此同時，殖民管治行將結束使得潛藏在香港內部的各種矛盾迅速暴露和激化。那些矛盾主要發生在傳統愛國力量和那些在"殖民地"內佔據重要位置的華人政治精英、新冒起的"民主派"力量和保守殖民精英及不同社會階層之間。原來一直擁護殖民管治的華人精英又因為英國人撤退在即而出現分化，不少商界翹楚為了自己的利益紛紛向中國政府靠攏，因而動搖了殖民政府的管治根基。更為麻煩的，是1989年北京發生的"六四事件"突然激發香港人對香港前景的憂慮和對中國政府的反感。香港人焦慮、恐懼、躁動和反共情緒的上漲不但加深了殖民政府管治的困難，也為中英兩國政府在香港問題上的合作帶來障礙。此外，如何在過渡期內為英國謀取最大的經濟和其他實質利益肯定是英國人孜孜以求的。

　　鑒於上述情況和因素，英國撤離香港的方式十分獨特，在國家利益和民族榮譽掛帥下，英國人在悠長的過渡期內做了一些他們在離開其他殖民地時沒有做過的事情。一方面，在許多實務問題上，中央雙方的合作大體上雖然不能說是十分順暢，但基本上還是可以的，尤其是當英國的經濟利益牽涉其中的時候。按照原國務院港澳辦官員陳佐洱的憶述，在實務性問題上，英國人比較願意配合，例如軍事用地、財政預算案編制、新機場建設、居留權和特區護照、港九排污計劃、移動電話等事項。[13] 不過，在政治事務上，英國人卻別有懷抱。基於防範管治權威下墜、按照英國人的意思來為"一國兩制"做好準備、爭取英國利益的最大化和達致"光榮撤退"等諸般考慮，英國人在政治上並不完全與中國配合，在不少事情上刻意另搞一套，意圖通過製造既成事實迫使中國接受。冗長的過渡期，加上中國政府對英國人的目的和行動缺乏足夠的認識和警覺，而就算有所警覺卻又在形格勢禁下難以應對，英國人在過渡期的各種政治部署無疑頗為成功，結果是當香港在一九九七年回歸中國時，不少與"一國兩制"的構思不符合和不相容的政治勢力、制度、程序和安排已經在一定程度上和在眾多領域內"植根"於香港，從而為"一國兩制"在香港的實踐埋下障礙和麻煩。

對於英國人在過渡期內有可能為香港的順利回歸製造難題，中國領導人並不是完全沒有警惕，畢竟中英兩國曾經經歷艱苦的談判，中國清楚知道英國人是絕不甘心從香港撤出的。鄧小平與英國人交手的經驗使他對英國人在過渡期內的意圖和誠意始終有所懷疑。

1984 年 7 月 31 日，鄧小平會見英國外交大臣傑弗里·豪（Geoffrey Howe）時明確告誡英國："坦率地说，在香港問題上，我們非常關注十三年過渡時期，只要過渡時期安排好了，我們並不擔心一九九七年後的事情。我們希望香港在過渡時期內，不要出現以下幾種情況。第一，希望不要出現動搖港幣地位的情況。

13　陳佐洱：《我親歷的香港回歸談判》（香港：鳳凰書品文化出版，2012）。

港幣發行量究竟多少？港幣信譽好是因為儲備金雄厚，多於發行量，不能改變這種狀態。第二，我們同意可以批出一九九七年後五十年內的土地契約，而且同意港英政府可以動用這種賣地收入，但希望用於香港的基本建設和土地開發，而不是用作行政開支。第三，希望港英政府不要隨意增加人員和薪金、退休金金額，那將會增加將來特別行政區政府的負擔。第四，希望港英政府不要在過渡時期中自搞一套班子，將來強加於香港特別行政區政府。第五，希望港英政府勸說有關方面的人不要讓英資帶頭轉走資金。我們希望過渡時期不出現問題，但必須準備可能會出現一些不以我們意志為轉移的問題。今後中英兩國要更好地合作。"[14]

1984 年，鄧小平會見港澳同胞國慶觀禮團時說："我跟英國人談的時候，也講了在過渡時期希望不要出現的幾個問題。一個是英資帶頭往外撤，一個是港幣發生大的波動。如果儲備金用盡，港幣貶值，就會發生動亂。過渡時期我們不過問儲備金行嗎？還有一個土地問題，如果把土地賣光用於行政開支，把負擔轉嫁給一九九七年以後的香港政府，不干預行嗎？我給英國人講了五條，他們表示願意採取合作的態度。…… 對於中英聯合聲明，我們不僅相信我們自己會遵守，也相信英國人會遵守，更相信香港同胞會遵守。但是應該想到，總會有些人不打算徹底執行。某種動亂的因素，搞亂的因素，不安定的因素，是會有的。老實說，這樣的因素不會來自北京，卻不能排除存在於香港內

14　鄧小平：《鄧小平論香港問題》（香港：三聯書店，1993），頁 9-10。

部,也不能排除來自某種國際力量。"[15]

1989 年北京"六四事件"後英國人經觀察和研判後,估計中國共產黨政權的時日不多,因此決定改變對華和對港政策,以對抗取代合作,試圖推翻香港前途的安排,讓英國再有機會管治香港。對於英國人的背信棄義,鄧小平決定以強硬姿態回應,與他們進行針鋒相對的鬥爭,並以中國一己之力、"另起爐灶"、確保香港的順利回歸。

原國務院港澳辦主任魯平也曾經表達對英國人的不放心。他回憶說:"我得出一個經驗:英國人的確是老謀深算,他們走一步棋要看兩步,我們要看三步,這樣才能對付他們。我們要有理有利有節地鬥爭,知己知彼才能取得成功。"[16]

然而,儘管中國政府對英國人從來沒有放鬆警覺和戒懼,並在一些事情上阻止和改變了英國人的計劃。但老謀深算的英國人仍然有能力依照其政治意圖在相當程度上完成各項政治部署。

簡單來說,在冗長的過渡期內,英國人進行的較為要害的政治部署有十項。

首先而又最關重要的是政治體制的改革,將群眾"群眾政治"和"民意政治"引入香港,並挾民意以自重。殖民政府的"代議政制"改革雖然未竟全功,但議會選舉尤其是地區直選的實行卻足以讓群眾的政治影響力大幅提升,並讓各式反對和反共勢力有廣闊的發展空間。英國人也刻意實行一條越來越"以民意為依

15　鄧小平:《鄧小平論香港問題》(香港:三聯書店,1993),頁 13-14。

16　魯平口述,錢亦蕉整理:《魯平口述香港回歸》(香港:三聯書店,2009),頁 79。

歸"的施政路線,讓香港人覺得他們有能力左右政府的施政。在過渡期後期,港督彭定康更以"民粹總督"姿態出現,將自己裝扮為"民選"政治領袖,大力鼓動民意和輿論與中央和"愛國愛港"力量對抗。香港的政治生態從此發生不可逆轉的改變。其中一個重大的變遷是原來的"精英政治"與冒起的"群眾政治"猛烈碰撞,直接導致各類政治權威的下墜和政治衝突的增加。

第二,英國人不再遵守過去對中國政府的承諾,不但不約束香港內部的反共和反華的勢力和行為,甚至在一定程度上,通過或明或暗的方式將它們釋放出來並予以鼓勵。無疑,英國人明知這樣做會增加他們與中國政府之間的芥蒂,不利於中英兩國的合作。不過,既然殖民政府的政治權威因"殖民地"即將終結而下墜,它因此越來越沒有能力制約那些力量。與此同時,那些力量希望在香港仍然在殖民管治下盡量爭取壯大自己的機會,好讓他們在回歸後有較大能力對付中國共產黨領導的中國政府。所以,在英國人袖手旁觀甚至鼓勵和慫恿下,過渡期內各種反對中國政府的言論和行動大幅增加,與過去受到英國人約束的情況不可同日而語。

第三,扶植帶有反共傾向的民主派,讓他們取得"半建制派"或"半個政治盟友"的身份。除了利用反對派和反共勢力反制中國政府外,英國人事實上也有政治誘因去借助和利用那些反共和反華勢力來鞏固殖民政府在過渡期的管治,繼而達到維護英國在香港的利益和"光榮撤退"的目標。由於殖民管治行將終結,部分原來依附於英國人的華人精英轉投中國政府,一些人甚至對殖民政府倒戈相向,動搖了殖民管治的根基。英國人一方面通過推行政治和政制改革來部分滿足反對勢力的訴求，減少他們對殖民管治的挑戰；另方面則借助那些本質上反共的實力來牽制中國政府、“親北京”勢力和那些“叛變”了的“親英”精英。在一定程度上，反對派不再如過去般受到歧視和監視，反而搖身一變為殖民政府的半個政治“盟友”，與殖民政府合組反共的“非神聖同盟”。英國人在過渡期內的新政治部署和管治策略也改變了過去的殖民管治模式，把部分反對派勢力和原來的華人政治精英“共冶一爐”，構成一個新的“泛建制陣營”。在這個陣營內，反對派的民主訴求和分享權力的企圖與原來的政治精英的保守性其實難以相容，但在英國人的統籌駕馭和折衝樽俎下，加上他們共同的反共意識，彼此之間雖談不上合作無間，但倒也勉強相安無事。衍生的結果之一是殖民政府在過渡期內顯著增加了在社會福利和公共服務的投入。

第四，削弱“行政主導”原則，高擎“立法優先”概念。雖然中國政府執意要在香港回歸後維持“殖民地”時期的“行政主導”政體，但卻得不到英國人的積極配合。相反，英國人的意圖是要在香港回歸前削弱行政機關的力量，力求建立一個有實無名的“立法主導”政體。這個正是中英兩國在政制發展問題上由開始合作到最終走向決裂的主因。

英國人最初的計劃，是在回歸前推行“代議政制”，最終達致立法機關以普選產生，然後讓立法機關在選舉行政長官時有舉足輕重的角色。這個計劃在中國政府的反對下無法得逞。即便如此，“末代港督”彭定康（Chris Patten）還是不顧中方的強烈反對，大幅提升了 1995 年產生的立法局的民選成分。儘管該屆立法局不能過渡到回歸之後，但香港人對民主選舉的訴求卻因為英國人的"慷慨"而大幅提高，為香港日後的政治分化與衝突埋下伏筆。比立法機關產生辦法更為重要的部署，是那些蓄意抬高立法機關地位的舉措，包括制定立法機關的權力與特權法律，讓立法機關有更大的調查和監督政府的權力；將立法局和行政局分家，從此立法機關不再受行政機關的領導；港督不再出任立法局的主席，藉以提升立法局的獨立性；港督和"殖民地"官員擺出高度尊重和配合立法局工作的姿態，主動、自願和自覺地接受立法局的監督，旨在樹立行政機關向立法機關負責的"憲制慣例"；增加立法會議員的報酬和運作經費，藉以強化立法局議員的政治能量；鼓勵立法局議員提出"私人法案"，讓他們享有更多的制定政策的權力。所有這些都是為了讓立法機關和行政機關"平起平坐"和讓政府向立法機關問責的重大舉措，希望在回歸後對中央和特區政府形成壓力，使"行政主導"不能充分體現。

第五，分散和削弱行政權力。回歸前殖民政府將部分原來屬於政府的權力和職責交予一大批獨立機構和法定組織、將一些政府工作"私有化"、下放一些政府服務到商業機構。為了更好的監督政府和維護人權，一系列旨在維護平等機會、保障私隱、防止政府濫權和越權的機構在政府內部和在社會上相繼成立，形成一張對行政機關的包圍網。這些組織在一定程度上擁有左右政府政策的能力。

第六，爭取殖民政府的政治夥伴成為香港特區的領導者。為了讓英國人培植的華人政治精英能夠順利過渡到 1997 年之後，好讓"殖民地"時期建立起來的制度、程序和做事方式在英國人

離開之後得以延續，同時也讓英國和西方的利益在"殖民地"終
結後得到適切的照顧，英國人熱切希望香港回歸後的"治港港
人"是那些殖民政府悉心栽培的華人政治精英。起初英國人希望
那些人能夠通過選舉競爭而贏得民眾的擁戴；如果他們是政黨的
領袖的話，那就更好。不過，因為"代議政制"計劃在中方的反
對下無法完成，迫使英國人在香港搞一套在其他殖民地沒有先
例的政治人才培植方案，把本來號稱"政治中立"的高層華人公
務員推上政治舞臺，讓他們有機會成為回歸後"治港"港人的骨
幹。由於"愛國愛港"陣營的政治人才不足，而且尚未取得香港
人的信任，加上深謀遠慮的英國人在回歸前夕"突然"放棄對抗
中方的路線，因此得到中方的首肯，讓公務員在回歸時全體過
渡。不少原來的"親英"人士也在回歸後得到重用。總的來說，
在策劃"治港"港人的人事安排上，英方可謂相當成功。

　　第七，為香港在回歸後爭取終審權。讓香港的法院在回歸
後擁有終審權，並非是中英就"香港前途問題"談判中的一個項
目。"可是簽署中英聯合聲明之後，老謀深算的英國卻想在香港
易幟前'放下'至關重要的終審法庭，其目的是要把按它設想建
立起來的終審機構過渡在未來的中國香港特別行政區去。……
1988 年 2 月，英方向中方提交了一份設立終審法庭的建議大綱，
包括架構組成、判決權和訴訟程序等主要內容。中方本着友好合
作的精神，慎重研究了半年，認為在 1997 年前提前進行過渡性
安排，使未來相關特區終審法院的各項具體安排明朗化，將有助
於促進政權的順利平穩過渡，增強港人信心，於是決定接受英方
的建議，但是要求通過充分磋商，以使 1997 年前設立的終審法

院完全符合基本法的有關規定和中方要求。"[17]

終審法院的管轄範圍,是中英雙方爭論的重點之一。儘管雙方同意香港的法院無權受理"國家行為",但何謂"國家行為",彼此的定義不同。按照中方官員陳佐洱的憶述:"其中對於'國家行為'的表述是僅僅涵蓋'國防、外交'還是'國防、外交等',這是個反復多次討論了幾年的老問題,結果誰也不能否認除國防、外交外,的確還有一些中央管理的事務及中央和特區關係的事務屬於國家行為,這個'等'字不能省略。"[18] 1995 年,中英雙方就終審法院問題達成協議。在協議中,英方同意把基本法第 19 條關於"國家行為"的表述寫入《終審法院條例草案》,使該條例草案符合基本法。此外,香港的終審法院有沒有違憲審查權和如何處理終審法院錯判的問題復又意見分歧。最後,中方的態度是:"……對違憲審查權和判後補救機制兩個問題可持靈活態度,因為即使在終審法院層面放棄這兩個要求,還有全國人大常委會擁有最高的決定權力,必要時仍能加以保障。"[19] 然而,回歸後的經驗說明,香港終審法院與中央在重大的憲法性問題上往往存在分歧,使得全面和準確地落實"一國兩制"和基本法遇到障礙。

第八,引進人權政治。英國人在 1991 年香港引入《香港人權法案條例》,將聯合國《公民權利和政治權利國際公約》中適

17　陳佐洱:《我親歷的香港回歸談判》(香港:鳳凰書品文化出版公司,2012),頁222-224。又見梁新春:《親歷香港回歸:後過渡期重大事件始末》(北京:社會科學文獻出版社,2012),頁 322-326。

18　陳佐洱:《我親歷的香港回歸談判》(香港:鳳凰書品文化出版公司,2012),頁233-234。

19　陳佐洱:《我親歷的香港回歸談判》(香港:鳳凰書品文化出版公司,2012),頁238。又見梁新春:《親歷香港回歸:後過渡期重大事件始末》(北京:社會科學文獻出版社,2012),頁 322-327。

用於香港的規定收納入香港法律,其中的要害是賦予人權法"凌駕"於其他法律的地位。[20] 重要後果之一是大幅擴大了香港人的政治活動的自由和空間,特別是新聞自由和抗爭的權利。[21] 另一個重要的後果是"人權"因素嚴重限制了特區政府制定政策的能力。一方面"人權"考慮比其他考慮比如政治、經濟、社會等因素在政府施政過程中更為重要。另方面歷史經驗顯示,"人權"的定義有不斷擴大的趨勢,而且其含義往往又不清晰。[22] 更為嚴重的,是香港的法院可以在訴訟中藉着應用和解釋人權法取得推翻政府政策和自行制定公共政策的權力,從而削弱"行政主導"原則和特區政府的管治權威和能力。殖民政府制定的人權法的"凌駕性"由於違反基本法,因此在回歸前該法的相關條文被中央廢除。[23] 然而,即便如此,因為人權問題而產生的法律訴訟和政治鬥爭在回歸前和回歸後大幅上升,而香港人對人權的認識和"覺醒"也與日俱增。"人權"成為保衛自己的權益和挑戰政府的

---

20 "凌駕性"體現在該條例第二條第(三)款有關該條例的解釋及應用目的的規定,第三條有關"對先前法例的影響"和第四條有關"日後的法例的釋義"的規定。第二條第(三)款說明:"在解釋及應用本條例時,須考慮本條例的目的是將《公民權利和政治權利國際公約》中適用於香港的規定收納入香港法律,並對附帶及有關連的事項作出規定。第三條涉及對先前法例的影響:"(1)所有先前法例,凡可作出與本條例沒有抵觸的解釋的,須如是解釋。(2)所有先前的法例,凡不可作出與本條例沒有抵觸的解釋的,其與本條例抵觸的部分現予廢除。"第四條針對日後的法例的釋義:"在生效日期或其後制定的所有法例,凡可解釋為與《公民權利和政治權利國際公約》中適用於香港的規定沒有抵觸的,須作如是解釋。"

21 見梁新春:《親歷香港回歸:後過渡期重大事件始末》(北京:社會科學文獻出版社,2012),頁38-165。

22 Lynn Hunt, *Inventing Human Rights: A History* (New York: W.W.Norton, 2008)。

23 見全國人大常委會關於根據《中華人民共和國香港特別行政區基本法》第一百六十條處理香港原有法律的決定(1997年2月23日第八屆全國人民代表大會常務委員會第二十四次會議通過)。

政策和決定的利器。香港的法院則以人權的捍衛者自居,為此降低了司法覆核的門檻,更對冒起中的人權政治起到推波阻攔的作用,對特區政府的有效管治亦帶來新的難題。

第九,與民主派一起宣揚對"一國兩制"的另類詮釋。英國人公開一再表明認同中方的"一國兩制"方針政策,也承認中方制定的基本法充分體現"一國兩制"和中英雙方有關香港回歸的協議。可是,在現實層面,英方對"一國兩制"的理解與中方有頗大差異,主要表現在英方從"香港自治最大化"的觀點出發來詮釋"一國兩制"。過渡期內,英國人不斷向香港人灌輸這方面的認識,目的是要讓香港人更多地"知悉"自己的權利或權力,而對中國政府的權力和職責則瞭解有限,甚至有不少的誤解。在相當程度上,英方和香港的反對勢力對"一國兩制"的理解若合符節,他們一起向香港人大力宣揚這些觀點。由於中方官員和專家學者在回歸前也有不少表達意見和駁斥歪論的機會,香港人對"一國兩制"的理解還不至於一面倒。不過,英方和反對派的觀點由於更符合香港人的希望和渴求,整體而言英方和反對勢力仍然佔了上風。

第十,打擊"愛國愛港"勢力,客觀結果是限制了"愛國愛港"力量的發展,造成了回歸之後傳統愛國力量與主流精英之間的嫌隙,也激化了反對派與傳統愛國力量之間的矛盾。英國人要打擊"愛國愛港"力量的原因是減少他們成為"治港"港人的機會,同時也為反對派人士護航。打擊的手段包括盡量減少"愛國愛港"人士獲得管治經驗的機會、通過宣傳活動醜化他們的形象和否定他們作為"治港"港人的資格。反對派和那些堅持與英國人站在同一戰線的"親英"精英與英方並肩作戰,與"愛國愛港"

陣營正面衝突,彼此之間結下不少仇怨。那些因激烈鬥爭而形成的政治裂痕至今尚未撫平。回歸後香港政治鬥爭不斷與英國人在過渡期內的政治分化策略有莫大關係。

這十項政治部署只是英國人的撤退部署中的犖犖大者而非全部。其他的例如在撤退前銷毀大部分機密文件、解散直接由英國情報機關領導的從事情報收集和政治控制工作的"政治部"、給予五萬個香港家庭的成員"居英權"、改變新界原居民的土地繼承傳統、試圖將香港問題一定程度"國際化"等動作其實對香港順利過渡也造成一些麻煩。總的來說,英國人在政治上的"不合作"使得"一國兩制"在香港回歸之際不但沒有打下合適和扎實的基礎,反而產生了諸多阻礙和扭曲"一國兩制"實踐的因素和情況。那些因素和情況迄今還在發揮着"負能量"的作用。

"去殖民化"的缺位

幾乎所有英屬殖民地在獨立後,無論其領導人是否曾經接受過英式教育或者嚮往英國文化,他們總會在文化、思想、制度和政策領域推行某種"去殖民化"計劃,力圖在新國家中強化國家觀念、民族主義、振興一些民族與種族傳統(無論是原來的傳統或是經"改造"、"重構"或"想像"後的傳統)、宣揚反西方意識、[24] 引入某種版本的社會主義發展策略、建立新的政治體系和管治模式、針砭殖民地的過去和批判殖民管治。就算繼續沿用前

---

24 可參考 Cemil Aydin, *The Politics of Anti-Westernism in Asia: Visions of World Order in Pan-Islamic and Pan-Asian Thought* (New York: Columbia University Press, 2007)。

"宗主國"的法律和司法制度,也會予以"改造"以維護國家主權、政權安全、遏制動亂和約束個人權利。[25] 凡此種種,其目標不外乎煥發國民的自信心和自豪感、增進國家的團結、防範種族衝突、推動國家發展、廢除殖民者過去享有的特權、提升新政權的政治威信和認受性、以至確立新國家的外交路線和國防政策。在幾乎所有的"去殖民化"行動的背後是不同程度的對殖民管治的不滿、對種族壓迫的怨恨、對不少殖民地時期政策的反感、和對殖民地人民當家作主的渴望。"求變"心態在不少前英屬殖民地十分明顯。[26]

香港的情況剛好相反。香港在歷史上差不多沒有出現過真正意義的"反殖"或"獨立"運動。香港人大體上接受殖民管治,也不引以為恥。一直以來,不少人特別是那些受惠於殖民管治的華人精英過去甚至抗拒所有中國政府收回香港的言論或行動。在維持現狀和穩定香港人對香港前途的信心的大纛下,"一國兩制"沒有"去殖民化"的計劃,基本上沒有意圖要在回歸後改變香港人的思想心態,包括他們對"殖民地"過去的緬懷、對殖民管治的認可和對中國共產黨和中華人民共和國的抵觸情緒。原來在"殖民地"中參與管治工作的公務員和政治精英在回歸後繼續

25　新加坡是一個成功的例子。她保留了英國的普通法體系,贏得了西方國家對其法治狀況一定的承認,但卻巧妙地利用和改造英國殖民時期的法律作"政治控制"之用,尤其突出國家高於個人的原則。見 Jothie Rajah, *Authoritarian Rule of Law: Legislation, Discourse and Legitimacy in Singapore* (New York: Cambridge University Press, 2012)。

26　可參看 Margaret Kohn and Keally McBride, *Political Theories of Decolonization: Postcolonialism and the Problems of Foundations* (New York: Oxford University Press, 2011)。

擔當重任。原有的帶明顯"去中國化"色彩的教育課程和考試內容繼續在香港特區應用。可以說,在"一國兩制"的方針下,"國民教育"或"愛國教育"沒有重要位置。香港特區政府成立後,諸事紛繁,危機屢襲,威信不彰,管治困難,"國民教育"更無從說起。當着不少香港人對中國共產黨仍深存疑慮之際,"國民教育"更容易被揶揄為"洗腦教育"或"愛[共產]黨教育",不但會激發社會的反彈,更會為反對派添加政治彈藥。特區政府的公務員當中不少人秉持過去殖民管治時期的反共心態,對推動"國民教育"欠缺誠意,往往陽奉陰違。事實上,推行"國民教育"無可避免會觸及到對"殖民地"過去的批判,特別是鴉片戰爭和帝國主義的不義、外族對中國固有領土的佔領、英國人在日本侵略時無力保衛香港免受日本人蹂躪、殖民政府的缺失、"殖民地"內種族歧視的問題、殖民管治的"剝削性"、對"宗主國"利益的維護、"鎮壓暴力"在殖民管治中的角色[27]、殖民管治對"殖民地"人民的政治個性的扭曲(崇洋媚外、政治無力感、順民政治文化)、"仁慈"的殖民管治導致香港人在制度和政策方面的想像力和創新思維匱乏、"去中國化"、國家觀念和民族意識的薄弱、隱約的民族自卑感、對中華人民共和國、中國共產黨和內地同胞的輕蔑心態、對內地的制度、政策和做事方式鄙視、過度突出殖民政府的政策對香港經濟發展的貢獻、忽視華人在香港經濟發展中的巨大貢獻、輕視新中國成立後中國共產黨領導的政府對香港經濟發展和民生改善的努力和作用、片面地頌揚殖民管治的

27　可參考 Georgina Sinclair, *At the End of the Line: Colonial Policing and the Imperial Endgame* (Manchester: Manchester University Press, 2006)。

貢獻、對香港戰後的"經濟奇跡"和國際與國內形勢的轉變的關係一知半解等。在"保持現狀"的大前提下,甚少人願意對香港的"殖民地"過去做客觀而又帶有一定批判性的梳理和總結。事實上,要做好這項工作委實不容易,這不單是因為從事香港歷史研究的人寥寥可數,原因是專注香港歷史的研究對個人的學術事業發展其實不太有利。在"殖民地"時期,那些以"反殖"、"反帝"、"中國人"甚或以西方的自由、平等、民主視角探討"殖民地"的過去與現在的研究,估計會遇到來自英國人的阻撓和刁難。況且,香港學術界中對殖民管治自得自滿的人不在少數,要求學者們開展帶有"去殖民化"內涵的香港研究不啻緣木求魚。加上香港一直以來都沒有真正意義的"獨立"運動,因此不能借助"獨立領袖"的主張來建構"去殖民化"的內容。香港的擁護中國共產黨的左派勢力曾經在 1960 年代中期的"反英抗暴"行動中對殖民管治下的不公不義現象做出譴責和指控,但卻缺乏理論性和有說服力的論述。在"恐共"和"反共"的氣氛下,香港人對左派言行嚴加撻伐,反過來鞏固了他們對殖民政府的擁戴。在那種情況下,任何對"殖民地"和殖民政府的批評容易被認為別有用心,甚至被視為為中國共產黨"張目"。

還有一個很實際的問題。在回歸後進行"去殖民化"肯定會在社會上產生對那些協助英國人管治香港的"同路人"(包括公務員和警察)的負面形象,也會被視為中國政府對那些它仍然要倚重的"治港"港人的不信任。"去殖民化"也會被香港人理解為中國政府有意推翻其保持香港現狀的承諾,從而引起人們對香港前景的擔憂和恐懼。鑒於種種的顧慮,加上能力有限,特區政府對

"去殖民化"既缺乏意圖,也不具備政治勇氣和毅力。

在"去殖民化"缺位的情況下,要求香港人對香港成為英國"殖民地"的因由、對香港歷史的變遷、對中國與香港的複雜關係、對香港歷史與中國歷史的相互交織、對影響香港發展的成敗得失的因素、對香港人作為中國人的本質、對現代和當代中國歷史、對香港與中國乃"命運共同體"、對社會主義中國、對內地同胞、對香港人在"一國兩制"下維護國家主權、安全和發展利益的責任、對香港社會蘊藏着的大量華夏文化傳統與華人社會"基因"等問題都缺乏足夠的認識、瞭解和反思。

在"去殖民化"缺位下,一些不利於"一國兩制"實踐的思想因素便難以有效處理。

"行政主導"名不副實

在"一國兩制"的設計中,中央政府授權香港高度自治,因此中央政府掌握的在日常事務上直接介入香港內政的權力有限,只有在香港出現嚴重危機時中央才有緊急權力以作應對。以此之故,特區行政長官便是中央在正常情況下賴以在香港落實"一國兩制"的關鍵職位。也為了這個原因基本法賦予行政長官崇高的地位和廣泛的權力。如果"行政主導"不能貫徹,不單有效管治成為泡影,連帶"一國兩制"也難以全面和準確實踐,而國家和中央的安全和利益也失去應有的保障。

回歸以來的經驗顯示,"行政主導"在香港特區沒有得到充分的發揮,特區政府大體上長期處於弱勢。核心原因是因為香港在"殖民地"政權結束後,迄今尚未能夠成功建立一個強勢的新政權。對此我在另外一本書中有詳細探討,在這裏我只需要簡單説明一下。[28] 我的基本論點是:"行政主導"不能單靠法律賦予行政長官的權力的行使,更要看有沒有有利於"行政主導"的政治條件,包括香港人對行政長官的愛戴和信任、行政長官和其領導班子的政治智慧和能力、行政長官能否強力統領行政機關和高層公務員、支持特區政府的管治聯盟是否團結和享有堅實和廣闊的社會支援基礎、行政長官是否得到中央的強有力的支持等。回歸以來,這些條件基本上都不具備,加上立法會的制衡、司法機關通過解釋基本法方式"介入"行政決策事務、社會上各種反對勢力的衝擊和媒體的干擾,香港特區的管治困難更形突出。同樣嚴重的,是特首和不少特區政府官員政治"底氣"不足,在政治論述上缺乏"話語權"、老是覺得自己政治"認受性"不足、甚至經常因懼怕群眾而不敢與中央立場一致,容易給人一個畏首畏尾、猶豫不決和戰戰兢兢的不良形象。無疑,一個長期處於弱勢的特區政府缺乏足夠的膽色、能力和智慧去落實"一國兩制"以至糾正"一國兩制"在實踐過程中出現的偏差。

尤有甚者,當不少香港人仍有"恐共"的情緒時,那位由中央"挑選"和任命的行政長官便犯了"親中"(在香港乃是"親共產黨"的代用詞)的"原罪"。在彌漫着陰謀論的政治氛圍下,行政長官要處理那些與中央利益和安全有關的事,而又被懷疑偏幫中央時,他們必然會因為香港人的反彈而導致本來已經不高的

---

28 劉兆佳:《回歸十五年以來香港特區管治及新政權建設》(香港:商務印書館,2012)。

管治威信進一步下墜,讓反對派有機可乘,利用香港人的不滿而發動政治抗爭。2003 年基本法第 23 條因大規模抗爭行動爆發而立法失敗、2012 年特區政府在學校引入"國(民)教(育)"獨立課程因學生和老師圍堵政府總部而被迫擱置、2014-15 年圍繞着行政長官普選的激烈鬥爭和"佔領中環"行動等都是突出實例。可以斷言,在可預見的將來,假如其他情況不變,各種具劇烈爭議性的政治議題仍會對特區政府的管治威信和能力構成沉重下墜壓力,同時讓政治鬥爭長期成為香港特區的主旋律,而那些迫切需要處理的經濟、社會和民生問題得不到應有的重視和有效的處理,這不但嚴重妨礙特區政府的施政,讓香港的發展踟躕不前,反過來又增加了香港人對前景的擔憂、對自己的信心下降和對政府的怨氣上升。回歸後的經驗說明,縱使特區政府在經濟和民生事務上取得一些成績,但不旋踵便因為要處理政治議題而再次在民意上"失分",要持續提升管治權威絕非易事。

"治港"人才的短缺和渙散

"一國兩制"要成功實踐,需要具備一些相關的"配套"條件,而其中重中之重的實為有充足的"治港"政治人才的供應。由於"一國兩制"是特殊的國際、國內和香港局勢交叉互動的結果,而那些局勢又處於變動不居的狀況,因此,"港人治港"所呼喚的政治人才,一定是那些擁有歷史和國際視野,能夠以戰略和長遠的眼光,理性、務實和靈活的思維,凝聚各方勢力的胸襟和能力,忍辱負重和不屈不撓的情操,為香港在瞬息萬變的世界中尋找有利於香港的生存和發展的戰略定位，並讓香港得以在國家發展中不斷更新其角色，從而確保香港對國家的價值歷久不衰的人。在這裏我想到清代文人陳澹然對能夠審時度勢、高瞻遠矚的政治人才的生動描述：「不謀萬世者，不足謀一時；不謀全局者，不足謀一域。」這也可以說是對"治港"港人的要求和期盼。

再者，鑒於"一國兩制"乃是一項歷史創舉，在各方面勢力和人士互信匱乏的不利環境下推行，因此蓄意不欲見其成的人所在多有，而他們不單來自香港，也來自香港以外，落實"一國兩制"的難度和複雜性可想而知。因此，"一國兩制"對"治港"港人的政治智慧、識見、才具及對國家與世界的瞭解要求極高。進一步講，那些政治人才不單要供應充裕，他們還要能夠"抱團"、同心同德、紀律嚴明和領導有方，才能發揮強勢有力的管治效能。以此之故，要緊緊駕馭香港的政治局勢和實行有效管治，殊不容易。諷刺的是，在"殖民地"時期，在英國人的統治下，香港不需要本地的政治人才，但突然因為回歸之故，香港不單對政治人才有莫大的渴求，而且馬上需要的是高端政治人才。然而，要在極短時間內產生大量優秀政治人才，是幾乎不可能的事，何況還有許多不利人才培育的障礙存在。

從理想角度來說，合資格的"治港"港人應該德才兼備。"德"不單指他們擁有一般意義的德行和品格，具體更指他們願意接受中國共產黨在中國執政的事實、效忠中華人民共和國、懷抱國家觀念和民族意識、熱愛香港、愛護香港的"一制"、並願意為國家和香港的福祉而不懈奮鬥。"才"指他們具有在香港落實"一國兩制"的能力和贏取中央、香港人和國際社會信任的才華。可是，"德才兼備"的香港政治精英可謂鳳毛麟角。

　　一般而言，當一個新的國家出現，或者在同一個國家之內國體或政體出現根本性變化、爆發革命、或因為被外國侵佔而被迫進行政治體制改革，新誕生的政權不但不會是舊政權的延續，更不是舊政權的合法繼承者。惟其如此，掌管新政權的領導人也不會是原來政權的領導人。所以，政府領導層出現重大的人事變動便是自然不過的事。舉例說，取代殖民政權的獨立國家的政權往往由"反殖"或獨立運動的領袖執掌。[29] 二次大戰後，戰勝國在德國和日本改變其國體和政體並分別以兩國過去的反納粹分子和反軍國主義分子掌領新政權。[30] 國共內戰後，取得勝利的中國共產黨倚重共產黨員和政治盟友來領導新中國政府，取代原來國民政府的要員。[31] 其他國家的類似例子多不勝數。

　　鑒於香港的情況特殊，香港不可以像其他殖民地那樣走向獨立。英國人在香港的管治不會受到"反殖"和"獨立"運動的挑戰，他們因此不但不會銳意培植本地的政治精英，反而忌憚本

29　Rupert Emerson, *From Empire to Nation: The Rise to Self-Assertion of Asian and African Peoples* (Cambridge, MA: Harvard University Press, 1960); Martin Shipway, *Decolonization and its Impact: A Comparative Approach to the End of the Colonial Empires* (Malden: Blackwell, 2008)。

30　Giles MacDonogh, *After the Reich: The Brutal History of the Allied Occupation* (New York: Basic Books, 2007); Frederick Taylor, *Exorcising Hitler: The Occupation and Denazification of Germany* (New York: Bloomsbury Press, 2011); Thomas U. Berger, *War, Guilt, and World Politics after World War II* (New York: Cambridge University Press, 2012); Theodore Cohen, *Remaking Japan: The American Occupation As New Deal* (New York: Free Press, 1987); Michael Schaller, *The American Occupation of Japan: The Origins of the Cold War in Asia* (New York: Oxford University Press, 1987)。

31　Suzanne Pepper, *Civil War in China: The Political Struggle 1945-1949* (Lanham: Rowman & Littlefield, 1999), pp. 385-422。

地政治領袖的冒起，尤其是那些不完全接受殖民管治的人，包括那些曾受西方政治價值觀成功薰陶的中產精英。對於那些長期追隨中國共產黨的香港左派勢力，殖民政府則更為忌憚，竭力以種種防範、遏制、打擊、醜化和孤立的措施對待。同時，香港人的反共意識本來已經不利於以左派為中堅的傳統愛國勢力的發展，1967 年發生的"反英抗暴"事件更令香港人對左派勢力反感，遂使那股中國政府最可依靠的政治力量難以在香港回歸後主力擔當"治港"的重任。

在過渡期內，英國人一方面拒絕與中國政府通過協力合作培養治港人才，另一方面則刻意讓自己屬意的華人精英登上政治舞臺，當中華人公務員尤為表表者，意圖造成既定事實，迫使中國政府"接受"那些人為日後的治港良才。在中國政府而言，經由英國人扶植的政治精英無疑可堪利用，但他們對中國共產黨和中華人民共和國的感情淡薄，部分人甚至懷有抵觸情緒。要求那些人無時無刻關懷國家和政權的利益、安全和感受不太實際。簡言之，中國政府可以從實用主義和權宜態度出發"暫時"接受他們為"治港"港人，但卻無法完全放心，難以與他們建立"推心置腹"的互信關係。所以，培訓"真正的""愛國愛港"政治人才仍然是一項長期和艱巨的戰略任務。

因此，雖然在理論上和法理上，"九七"回歸意味着香港的政治身份、憲制地位、政治體制和法統的徹底改變，但領導特區新政權的人員卻有極大的延續性。無疑，來自英國的殖民統治者下旗歸國後，由英國殖民者和其華人政治精英"同路人"組成的舊政權和由其構建的管治聯盟亦隨之瓦解。然而，"殖民地"時期的華人高層官員和眾多的華人政治精英卻在香港回歸後仍然領導着特區政府。誠然,小部分"親英"的華人政治精英在回歸前已經"轉型"為"親中"人士,但大部分人卻沒有經歷這種"洗底"或"過渡",當中以高層華人公務員為表表者。相反,傳統和資深的"愛國愛港者"在特區政權中所佔的份額有限,只能充當"小夥伴"的角色,直到梁振英上臺後才出現明顯變化,但結果是"愛國愛港"陣營出現更嚴重的分裂和內耗。所謂傳統的"愛國愛港者"主要指左派人士,他們在新中國成立前已經擁護和追隨中國共產黨。所謂資深的"愛國愛港者"指那些在1980年代初期香港前途問題出現之後不久便靠攏中國政府的人,當中一些曾經是殖民政府的"同路人"。在回歸後,"愛國愛港者"的定義有所拓寬,幾乎所有願意接受香港回歸祖國並願意與中國政府合作的人都屬於"愛國愛港"陣營的成員。毫無疑問,傳統"愛國愛港者"對中國共產黨的忠誠度最高,理論上應該是最符合在"一國兩制"下體現高度自治的"治港"港人。可惜的是他們被香港人普遍視為中國共產黨的附庸,因此不獲信任。1967年香港發生的"反英抗暴"事件更讓香港人對左派勢力怨懟和仇視,彼此的政治矛盾和隔膜迄今尚未消除。左派人士不斷受到殖民政府的打壓和排斥,也受到主流社會精英的歧視和輕蔑。在反共心態彌漫的氛圍下,傳統"愛國愛港"陣營頗為孤立,在香港自成一個與主流社會脫離的社會群體,並逐漸發展出自己的組織架構、人脈網絡、經濟活動、價值取向、教育傳承和政治形態。在種種不利條件下,傳統"愛國愛港"陣營發展空間狹窄,難以吸引和培植人才,尤其是那些能夠得到廣大香港人尊崇和認同的領導人物,更遑論那些具有管理香港這個國際大都會、能夠贏得國際社會的信心的高端人才。

"香港前途問題"塵埃落定後,最理想的安排是中英雙方共同負起培訓回歸後的"治港"人才,並讓他們進駐重要的位置,前提是雙方都願意接受一些對方揀選的人物,但後來的情況卻朝相反方向變化。中英雙方各自物色和培訓效忠於自己的人,而中英的政治鬥爭又進一步使這兩批人對立起來,形成了英國人屬意的"主流"精英(或"舊建制派")和反對勢力(主要是民主派)與愛國力量(或"新建制派",當中包括傳統愛國力量和後來加入愛國陣營的人)的政治鴻溝,其中夾雜了不少的個人恩怨和"牙齒印",而"主流"精英和反對派之間又存在難以彌合的嫌隙。回歸前,"主流"精英和反對派共同擁戴殖民政府,組成廣義的"泛建制派",在英國人的駕馭下,勉強維持他們之間的政治協作。回歸後"主流"精英則與傳統"愛國愛港"力量合組廣義的新"泛建制派",但兩者之間的矛盾和摩擦卻難以撫平。

中國政府在沒有英國人的配合和支持下單方面的培育"治港"人才的工作困難重重,成效有限。主要原因不外乎是香港人對"親中"人士的不信任、英國人的阻撓和不少香港主流精英對中國共產黨的抵觸情緒。如果英方堅持與中方對抗到底的話,則中方培植的政治人才無可奈何地要負起"治港"的責任,不過這肯定不是鄧小平等國家領導人的初衷。

在中國政府的眼中,傳統和資深"愛國愛港者"與英國人培植的政治精英都有不足之處。既然如此,中國政府當然希望在過渡期內能夠憑藉自己的力量培養日後的"治港"港人。對於"治

港"港人人才短缺的問題，鄧小平極為關注。"1983 年 4 月 22
日，鄧小平在討論'解決香港問題的基本方針政策'的中央政
治局擴大會以上，第一次談到為'保證香港不出亂子'、'保證繁
榮、穩定和順利交接'而'創造條件'讓香港人在'過渡時期''逐
步參與管理'並且為'1997 年收回香港'以後'港人治港'培養
人才的問題。鄧小平指出：'香港人要在過渡時期中逐步參與對
各行各業的管理，特別是政治和經濟方面。此外，法律、對外關
係等方面都要逐步參加進來。…… 香港的愛國者要逐步參與行
政上的管理，要參加到立法機關、司法機關、行政機關裏去。當
然，現在首先還是那些大資本家、大學的頭頭、文化界的人士，
或者他們推薦的人。…… 我們的工作現在就要考慮如何培養幹部
的問題，要考慮用甚麼方式來逐步參與管理，參與管理的只能是
香港人，不能是港澳工委的人，這種人可能基本上是中國人，但
還有一點英國味。要研究如何培養一些年輕人，香港這些資本家
也推薦了一些年輕人，因為現在做具體工作的都是一些年輕人。
我曾經提過，港澳工委要想法在香港搞些社團，實際上就是政
黨，英國人搞了一些社團，我們也要搞，可以從中鍛煉一批政治
人物，沒有政治人物不行，這工作不能抓得太晚。…… 必須有
一條：不能由北京派人去，我們派去的人打不進它的核心。能真
正打入其核心，瞭解內情的，並且能夠將來接替的，還是那些頭
面人物推薦的人。這工作要扎扎實實地做。"[32] 鄧小平又説："兩
年前 [1982]，我們曾設想香港組織一些社團，這是發現人才的場

32　齊鵬飛：《鄧小平與香港回歸》（北京：華夏出版社，2004），頁 189。

所，沒有這樣的場所，怎麼找？這樣的人可以鍛煉，是否還可按這樣做？我們不搞政黨，搞社團，如工會、座談會、聚餐會、學會等等。"[33]

　　鄧小平在 1984 年又提到在過渡期積極培訓政治人才的重要性。"所謂重要，包括兩個問題：一是十三年不波動，保持繁榮穩定；二是十三年內創造香港人治港的條件，以便能順利接管。到了 1997 年 7 月 1 日才一下子換個牌子，那不造成混亂嗎？造成順利接管條件的核心是香港人參與。…… 聽説英國人準備搞代議制，找些人來參加政務、法律，他找些甚麼人？他也搞接班，接班的是甚麼人？能否體現中國的主權？能否維護中國的主權？真正保持香港的安定繁榮？這不能聽英國安排。香港人要自己安排，中央政府要幫助香港人作出這樣的安排。…… 實際上中央政府也是一種參與，中央要瞭解情況，要研究甚麼人參與？參與到甚麼程度？選甚麼人？現在是一盤散沙，誰來推選？推選誰？參與那些方面？現在起，就應該逐步解決這些問題，與英國人談的情況就是這樣，不是主權問題，現在是怎樣使十三年的安排做的更好，一是穩定，一是順利接管，創造好條件，不波動。"[34] 鄧小平甚至要求 "從現在起，四年內就要物色人，創造這些人參與的條件，做好準備工作。直接參加管理的人，要找一些四十歲、五十歲左右的中年人。一定要有一些比較年輕的人參加進去，才能接得上。參與得好不好同接收得好不好是一回事。"[35]

33　齊鵬飛：《鄧小平與香港回歸》（北京：華夏出版社，2004），頁 191。

34　同上，頁 191。

35　同上，頁 194。

　　在治港人才一事上，鄧小平對英國人顯然是不放心的。1984
年 7 月 31 日，鄧小平會見英國外交大臣傑弗里·豪（Geoffrey
Howe）時明確忠告英方："希望港英政府不要在過渡時期中自搞
一套班子，將來強加於香港特別行政區政府。"[36]

　　毫無疑問，鄧小平對培養治港人才的論述反映他對關鍵問題
的睿智和掌握，然而在形格勢禁的環境下他的良好願望卻難以達
成。英國人固然堅持另搞一套，硬要中國政府接受英方培養和屬
意的政治精英。同樣，英國人也不願意開放"殖民地"的管治架
構讓中方屬意的政治人才得以進入和鍛煉。一個重要的例子是英
方不理會中方提出的設立副香港總督的要求。[37]另外一個例子是
英國人拒絕配合香港特區預備工作委員會的工作，不讓殖民政府
的官員與預委會的成員接觸。不僅如此，英國人對中方有意栽培
的政治人才基本上持否定的態度，盡量不讓他們有建威立信的機
會，個別人士甚至有可能遭到政治"暗算"。英國人的不合作其實
不難理解。除了出於對"親北京"人士沒信心、沒好感外，英國
人更不願意讓那些人憑藉參與過渡期內殖民政府的管治工作而知
悉英方的部署、妨礙英國人謀取利益的行為、令過渡期的管治複
雜化及讓中方得知英方的意圖。

36　鄧小平：《鄧小平論香港問題》（香港：三聯書店，1993），頁 10。

37　魯平這樣憶述："為了平穩過渡，中國方面煞費苦心，還曾經醞釀過一個行政首腦的
　　產生辦法，就是一九九七年以前，最好有一個香港的中國公民來擔任一個副總督。香
　　港總督他當然是一個英國人了，但是有一個中國人擔任副總督，這個人是要雙方共同
　　認可、共同推舉的，那麼到了一九九七年七月一日以後，這個副總督就可以自然地成
　　為香港特別行政區第一任行政長官。我們有這樣的設想，當然了，那個時候還沒來得
　　及跟英方詳談這個問題。後來，很不幸，被彭定康全部推翻了。"見魯平口述，錢亦
　　蕉整理：《魯平口述香港回歸》（香港：三聯書店，2009），頁 67-68。

　　1989年"六四事件"發生後，中英關係惡化，英方不顧中方的反對自行改變香港的政治體制，導致中英在政改問題上無法合作，政制"直通車"脫軌，中國政府另起爐灶，"以我為主"地處理回歸事務。在政治人才培訓上，中英雙方更無合作空間。在中英交惡的情況下，英國人固然加緊其培植人才的計劃，尤其着重扶植高層華人公務員為政治人才，率先改變、甚至可以說破壞英方長期以來吹噓的"公務員政治中立"的原則。由於不少香港人始終對政客缺乏信任和尊重，對公務員的能力和操守較具信心，英國人把公務員"政治化"的計劃雖然在其撤離其他殖民地時從未推行，但在香港的特殊環境下卻頗為成功。

　　相反，"六四事件"嚴重挫傷了香港人對中國政府的信任，打擊了他們對香港前途的信心，尤其不幸的是導致他們失去對那些與中國政府關係密切的政治人物的好感和支持。這不僅使中方過去的人才培訓所取得成果付諸東流，也使日後的人才培養工作舉步維艱。不過，即便如此，假如英方在過渡期內堅持那條與中方對抗的路線，則中方在"另起爐灶"過程中培養的政治人才，特別是那些中方委任的港事顧問、香港特區預備工作委員會委員、香港特區籌備工作委員會委員和區事顧問很有可能便需要在回歸時"粉墨登場"，擔負起"治港"的重任。毋庸諱言，作為"治港"的人才，那些人的確缺乏足夠的歷練和能力。當香港人對那些人仍然缺乏信任的時候，勉強讓他們執政也不會帶來良好的結局。鄧小平最不願意見到的情況恐怕會在香港回歸後出現，而香港的繁榮穩定則難免受到威脅。

　　不過，英國人不愧是政治老手。當他們意識到中國共產黨不會隨蘇聯和東歐國家的共產黨人倒臺，反而在政權不斷鞏固下繼續堅持改革開放的國策，英方的對華政策出現"急轉彎"的態勢。除了在政改問題上轉圜無術外，英方在其他問題上卻處處展示合作態度，而中英關係也有明顯的改善。具體到"治港"港人問題上，中國政府在別無選擇的情況下同意讓英方培植的政治精英為回歸後"治港"港人的主體。其中最明確的方面是全體公務員過渡成為香港特區政府的官員。第一任行政長官董建華的主要官員除了律政司司長梁愛詩不是公務員外，其他都是"殖民地"時期的高層華人公務員。回歸後香港的政治架構中的其他部分（立法會、行政會議、司法機關、法定機構和諮詢組織）都是由"殖民地"時期的精英分子所主導。原來的傳統和資深"愛國愛港者"在特區新政權中所佔有的份額和所掌握的權力實屬有限，因此怨懟和失落之情溢於言表。這兩批"治港"港人（"殖民地"精英和傳統與資深"愛國愛港者"）在回歸前因為中英之間的爭鬥、各為其主而勢成水火，其中的恩怨情仇不但存在與兩大陣營之間，也反映在個人之間。

除了上述的在政治精英內部的裂痕外，回歸後的"治港"港人也包含了一些代表勞工和基層的代表，不過在特區管治上他們的地位不太重要。雖然這些人也認同"一國兩制"和中央的領導，但他們所代表的利益和立場，尤其在香港的社會、經濟和民生等的問題上，在階級矛盾日益尖銳的氛圍中，與主流精英分別甚大，難以彌合。直到目前為止，擔負着特區管治任務的政治力量之中的不同社會階層的代表矛盾和衝突不少，削弱了整個"愛國愛港"陣營的團結性，從而加深了特區管治的困難。

此外，"治港"港人之間尚未形成政治領導的等級制度。由於擁有政治威望的香港人絕無僅有，各方領袖"平起平坐"、"誰也不服誰"，所以難以通過"眾望所歸"的領導人將"治港"港人凝聚起來，統一行動並形成強大戰鬥力。"治港"港人組織渙散，各自為政的局面難以打破。

可以斷言，香港回歸後碰到的管治和發展的挑戰，主要原因不是反對派的囂張跋扈，反對是擁有管治權力和龐大經濟資源的廣義"愛國愛港"力量缺乏內部團結和統一領導有關。回歸初期，中央奉行"不干預"政策，因此中央在培養、團結和領導"愛國愛港"力量上發揮的作用有限。2003年香港爆發反基本法第23條立法的大型遊行示威後，中央加大了在香港事務上的參與，但在構建以"愛國愛港者"為核心的"管治聯盟"方面則決心和力度仍然有限。在爭取的"統戰"對象時，依然過於偏重那些政治上"可靠"的政治保守分子，無法開拓局面，廣納人才。在維持"愛國愛港"陣營的內部紀律上，中央不但力量有限，而且沒有充分運用其手上的賞罰資源，因此未能徹底改變"愛國愛港"力量的渙散狀態。

總的來說，香港回歸十八年後，有關培訓和組織"愛國愛港"政治人才的工作仍然舉步維艱、成績平平。要達到由"德才兼備"的人才來治理香港的境界路途還是非常遙遠。

反對勢力對"一國兩制"的挑戰

"一國兩制"在回歸後之所以碰到許多困難和險阻，最重要

的原因莫過於各類反對勢力對"一國兩制"的阻撓、抵制、歪曲
和破壞。回歸前,反對勢力在殖民政府的悉心培植下不但有長足
的壯大,甚至在一定程度上成為過渡期內殖民政府的"盟友",擯
除過去的相互猜忌,結成"反共"的"非神聖同盟",共同抵禦來
自中國政府對香港事務的"干預"。回歸後,反對勢力依然借助不
少香港人揮之不去的"反共"和"恐共"情緒來籌集政治資本。

　　香港的反對勢力甚為龐雜,包括反共分子、民主派黨派、
親西方勢力、爭取社會改革的公民團體和壓力團體、部分宗教
界(尤其是天主教和基督教)組織、部分法律界、教育界、社會
福利界、新聞界人士、個別媒體等和大中學生等。他們的核心支
持者來自教育程度較高的中產階層專業和行政人員。香港的反對
勢力的共同點是不接受中國共產黨在中國執政的事實,渴望通過
各種手段來改變這個事實。另一個共同點是抗拒香港回歸中國,
對"一國兩制"作為解決"香港前途問題"的方案只給予半信半
疑、半心半意的支持。還有一個共同點是否定特區行政長官的政
治合法性和認受性,認為他缺乏人民授權,而產生行政長官的辦
法又不是普及選舉。當然,他們的首要目標各有不同,而且行動
的方式也不一致。比較矚目的目標包括結束中國共產黨的"一黨
專政"、推動中國走親西方和仿效西方發展模式的"和平演變"道
路、推動香港朝"獨立政治實體"的方向進行民主改革、在"一
國兩制"下取得最大範圍的自治權力、"奪取"香港特區政權、
改革香港的社會和經濟制度和狀況、在中國爭取公平和公義、促
進人權和自由、推行"本土主義"綱領、提倡"香港獨立"等,
不一而足。

　　反對勢力的政治行動方式亦各異，包括參與議會選舉和以議會為平臺進行鬥爭、結合議會內和議會外力量進行聯動和鬥爭、溫和的集體抗爭行動（遊行、示威、靜坐、記者招待會、請願）、激烈的集體抗爭行動（佔領公共地方、武力衝擊執法人員、以暴力對付政治對手、堵塞道路和交通）、佔領網上平臺、與外國政治勢力串聯、爭取西方媒體的支持、在議會內展現語言和行為的暴力、利用立法會的議事規則提供的機會發動"拉布"和其他阻撓政府施政的行動、利用司法覆核和法律訴訟手段來牽制政府、將一些西方的價值觀轉化為香港的"核心價值"而漠視其他同等重要的傳統中國的價值觀、發動輿論和民意戰、不斷製造事端以挑起香港人與中央和特區政府的衝突、對"一國兩制"和基本法進行"另類詮釋"以求掌握對它們的話語權、利用內地發生的涉及人權、法治和自由的事件來引發香港人對中央的不滿、激化香港的民粹主義和福利主義訴求、將經濟、社會和民生問題政治化、借助反對內地和香港"融合"來推銷"香港人優先"和排擠內地同胞的主張、塑造帶"分離主義"內涵的"新"香港人身份認同、建構突出香港"主體意識"的對香港歷史的"重新編寫"和"重新認識"、宣揚香港人為一個有別於中華民族的獨特"民族"或"族群"、反對任何形式的國民教育、反對香港年輕人到內地交流、反對推廣普通話、在學校內進行滲透和宣傳工作、動員年輕人為政治鬥爭的先鋒、把民間社會引向政治鬥爭路向等。

　　在社會支持基礎上，反對勢力在民意、輿論、媒體、學校和群眾等範疇佔有相當的優勢。在中產階層、知識分子和年輕人之中享有較"愛國愛港"力量更多的認同。反對勢力的組織力和戰鬥力也比較強。在"一國兩制"的詮釋方面,反對派的確比中央和"愛國愛港"力量擁有更多的話語權,使得不少香港人對"一國兩制"和基本法有不少的誤解,尤其是不太明白中央在"一國兩制"下的權力和責任。但在挑起香港人與中央的鬥爭方面,反對派的成績卻非完全如願。反對派的確有能力不時挑起香港人對中央的反感,但香港人一般卻越來越不想和中央對抗,認為那樣做對自己不利。香港人因此反過來約束了反對派的一些過激的對抗行為。

然而,反對勢力的各種各樣的鬥爭言行,無可避免為回歸後的香港帶來不少負面的影響。這些影響包括政治分化和對立、政局混亂和不穩、特區政府無法有效管治、行政和立法經常對立、重大政策難以出臺和執行、施政拖延導致公帑的虛耗和浪費、公務員士氣萎靡、民眾憂心忡忡、營商環境惡化、生活環境劣質化、國際經濟競爭力走低、無法充分掌握國家發展為香港帶來的機遇、社會衝突持續不斷、香港的辦事和運作效率下滑、香港人對香港的前景擔憂、國際社會對香港印象變差、內地同胞對香港人抱怨。更為嚴重的,是反對勢力的衝擊導致"一國兩制"和基本法的落實出現偏差,與鄧小平和其他國家領導人的期望有落差,其中最為明顯的是中央的權力得不到應有的承認和尊重、立法會出現越權的情況和中央對"一國兩制"和基本法的詮釋權和話語權旁落。就算反對勢力不能夠名正言順地奪取特區的政權,但他們卻有相當能力左右或阻礙特區政府的運作。

從另外一個視角看,反對勢力和他們的支持者之所以在回歸後仍然肆無忌憚與中央對港,側面反映了他們相信中央不會以嚴屬手法對付他們。老一輩的香港人的"恐共"心態十分明晰,導致他們害怕捲入政治的漩渦,更懼怕因"得罪"中國共產黨而遭殃,所以避免參與任何挑戰中國共產黨的行動,甚至不敢公開發表反共言論,同時不斷告誡晚輩"遠離"中國共產黨。香港的反對勢力特別是年輕人顯然沒有那種顧慮。雖然這些人還是在不斷批評中國共產黨獨裁和專制,並以之來嚇唬香港人,但他們衝擊和對抗中央的言行卻實際上反映了他們相信中國共產黨在政治上的包容度和開放度比以前已經增加了不少,應該可以容忍他們的行徑。他們也覺得中國共產黨會重視國際輿論和香港民意,因此不會對他們"下狠手"。更重要的是反對派和支持他們的香港人在相當程度上已經認為中央有相當的誠意推行"一國兩制"、"港人治港"和高度自治,絕對不會因為他們對中央和特區政府的逆反心態和衝擊行動而打壓他們,否則各方面對中央的對港政策會失去信心。

所以,回歸後反對派對中央的"有恃無恐"態度其實側面說明在某種意義上"一國兩制"已經成功落實,各方面的"恐共"情緒比回歸前有所減退。部分香港人反過來認為中央對香港寵愛有加,不斷支持香港的發展,並在香港遇到困難時伸出援手。

回歸前,一些我認識的中央官員以為回歸後香港的反對勢力在失去英國人的庇護和在香港人的"恐共"心態下會有所收斂,因此認為反對派不足為慮。反對勢力在回歸後的政治能量和氣勢比回歸前有所上升,對那些中央官員而言是出乎意料的,因此他們承認低估了回歸後香港的政治形勢。而正因為中央對香港的反對勢力錯判,所以也沒有預為之謀及籌措有效應對之道。

重大政治議題爭議不休

回歸後，香港的政治鬥爭不斷，而一些重大政治議題正是引發政治鬥爭的原因。[38] 各種反對勢力之所以在回歸後能夠挑起鬥爭和動員群眾，撩起香港人與中央的衝突，挑動香港人與特區政府的矛盾，並為自己積蓄政治資本，究其實是因為那些政治議題長期懸而未決，長期可資利用，為反對派提供源源不絕的政治彈藥。

上面我講過"一國兩制"和基本法帶有妥協性，而妥協的一個具體表現，是把一些一時間無法解決的分歧束之高閣，讓對問題的不同理解繼續存在，等待以後條件成熟時再處理。內地法律學者強世功提到三方面的妥協。其一是關於"剩餘權力"問題。"剩餘權力"究竟應該屬於中央或特區？"由於這些爭議的存在，基本法中並沒有明文規定'剩餘權力'的歸屬。"[39] 其二，關於憲法與基本法的關係。涉及到憲法在香港的效力的問題。"由於這樣的分歧存在，使得基本法中並沒有明確這個問題，但在基本法附件中以明確列舉的方式載明了哪些內地法律適用於香港，比如國籍法、國旗法等等，其中當然不會包括憲法。這也是一些香港人認為憲法在香港無效的原因。"[40] 其三，關於基本法的解釋權。"香港草委堅持香港的普通法傳統，主張由香港法院行使法

38　可參考郝鐵川：《香港基本法爭議問題述評》（香港：中華書局，2013）。

39　強世功：《中國香港：政治與文化的視野》（北京：生活·讀書·新知三聯書店，2014），頁 250。

40　同上，頁 250-251。

律解釋權；而內地草委堅持內地的傳統，主張基本法作為全國人大制定的法律，理應按照憲法的規定，由全國人大常委行使對基本法的解釋權。最後，雙方都進行了妥協讓步，形成了複雜的基本法解釋機制，即全國人大常委會有權解釋基本法，但授權特區法院對香港自治範圍內的條款自行解釋，對於自治範圍外的條款則由特區終審法院提請人大常委會進行解釋。其初衷是想在‘兩制’之間形成立法與司法、解釋與判決的良性互動。然而，當回歸之後，香港的法律界試圖否定人大常委會的釋法權，由此導致在‘人大釋法’問題上的持久爭議。"[41]

回歸以來，比較重大的政治議題涉及到中央與特區權力的劃分、行政機關與立法會的權力分配、全國人大及其常委會與香港終審法院在解釋基本法上的權力關係、行政長官和立法會的選舉特別是普選辦法、香港的居留權問題等。反對派和部分法律界人士竭力為那些政治議題下定義和作結論，基本出發點是口頭上承認中國對香港的主權，但實際上將香港特別行政區當成為一個"政治獨立實體"，總體目標是否定或削減或擺脫中央對香港的管治權力，擴大香港"高度自治"的範圍和程度。他們對那些議題的理解和詮釋與中央並不一致，甚至在個別議題上南轅北轍。不過，由於中央在回歸後秉持"不干預"政策，很少就那些議題表達中央的立場，甚少作出權威性的結論或看法以收"一錘定音"之效，所以久而久之反對派和一些法律界人士的"另類詮釋"取

41　強世功：《中國香港：政治與文化的視野》（北京：生活·讀書·新知三聯書店，2014），頁 250-253。當中提到的第三點（有關基本法的解釋權問題）來自李後：《回歸的歷程》（香港：三聯書店，1997），頁 155。

得了相當的話語權，使得不少香港人誤解或曲解了"一國兩制"和基本法，因此而使得"一國兩制"不能完全依照中國政府的藍圖來落實。

下面我會就幾個比較重要的政治議題做簡單的論述。

（一）政制改革 [42]

"政治改革"問題其實是指朝普選方向、循序漸進改變行政長官和立法會的選舉辦法。反對派和不少香港人要求以較快的步伐奔向普選，而中央和"愛國愛港"陣營則希望以較穩妥的速度前進。在這一點上彼此的分歧不是原則性的，也不是不可妥協的。

不過，在眾多的具體選舉辦法提議的背後其實主要是兩個截然不同的思路。其中一個思路從一般原則或信念出發，先行確定一些普及選舉必須遵循的標準，然後按照那些標準來設計普選辦法。這些標準雖然是來自西方國家，或者是來一些西方的政治思想和理論，但卻通常被認定或吹捧為代表"國際標準"和"普世價值"。坊間經常提到的"一人、一票、一價值"及"提名權、參選權和選舉權普及而平等"的一些說法最能代表這個思路。在這個思路中，選舉制度和程序至為重要，選舉結果為何反而無所謂，因為任何選舉結果都"必然"是公正和合理的。持有這個思路的人聲稱他們不是一定要讓反對派人士當選，但強調必須讓香港人有足夠的及有意義的選擇。

42　本節的內容主要來自劉兆佳："政改爭議及兩種'一國兩制'理解的'對決'"，《港澳研究》，2015 年第 2 期（總第 7 期），頁 19-28。

　　另外一個思路則是鄧小平擬定和講述的"一國兩制"方針所要達到的戰略目標出發,思考普選作為目標如何與"一國兩制"方針的其他目標互相配合,而普選作為手段又如何協助該方針的落實。抱持這個思路的人強調"一國兩制"方針的主要目標包括維持香港的穩定和繁榮、保持香港原有的資本主義制度、維護投資者的利益、維持香港對國家的經濟價值、促進香港與中央和內地的良好關係及防範香港成為"顛覆"基地等。根據這個立場和出發點,不能抽離地或孤立地來處理香港政制民主化的問題,而必須從香港的歷史背景、中央對香港政策和香港的現實情況來慎重穩妥處理。在這個思路中,普選行政長官和立法會的辦法必須要讓"一國兩制"方針的重要目標能夠達到,起碼不要妨礙它們的達到。

　　導致雙方在"政改"問題上水火不容、劍拔弩張情況出現的主因,是彼此在基本政治立場上的根本分歧,特別是對"一國兩制"的理解南轅北轍,無法調和。反對派的理解迄今在香港的民意與輿論中仍佔優勢的、以香港為"獨立的政治實體"為出發點的對"一國兩制"方針的理解。另一種則是中央一直以來宣示的、由鄧小平制定的以"中央授權下的高度自治"為核心內容的"一國兩制"方針。當然,反對派不是全盤否定"一國兩制"的所有內容,但他們對"一國兩制"的理解在一些核心問題上(特別是在"一國兩制"的目標、香港的政治體制、中央和特區的權力關係和國家安全上)的確與中央的立場相差甚遠。

　　中央的"一國兩制"方針的核心實為"中央授權下的高度自治",當中包含幾個重要的政治原則,那就是國家對香港擁有主權、中央對香港擁有全面管治權、香港的高度自治權力來自中央的授予、香港並不享有"剩餘權力"、高度自治不等於完全自治、香港的政治體制的主導權和決定權屬於中央、特區政府的政治認受性源自基本法和中央的任命、全國人大常委會擁有基本法的解釋權、在"一國兩制"下中央具有確保"一國兩制"方針全面和準確實踐的權力和責任、香港不可以成為"顛覆"中央的基地等。回歸前，中央領導人、官員和內地學者不厭其煩地反復講述這些原則，不少港人大體上也明白這些原則。然而，回歸後，在"不干預"和"不管就是管好"的大前提下，港人再也難以聽到來自中央和內地的聲音。即便反對派不斷否定和歪曲那些原則，中央和內地人士也只是偶爾予以駁斥，但力度不強、效用不大。久而久之，中央便逐步失去了在論述"一國兩制"方針上的話語權。話語權丟失的後果十分惡劣，除了讓"一國兩制"的落實出現偏差，削弱特區政府的管治權威和能力外，也是港人與中央不時發生政治摩擦的根源。更為明顯的，是年青一代只能夠聽到來自反對派對"一國兩制"的詮釋，而對"一國兩制"的歷史淵源則茫然不知。

基本上，香港的反對派雖然口頭上接受"一國兩制"和"尊重"中央的權力，但實際上卻曲解基本法，否定中央的權威、權力和職能，並且認為縱有權力，中央在行使時應該非常慎重和克制，最好是不要行使權力。他們不斷試圖壓縮中央的權力和職能，經常挑起港人與中央的矛盾，目的是要讓香港享有完全或絕對自治，並逐步演變成雖無獨立之名，但卻有獨立之實的"獨立政治實體"。反對派認為，"一國兩制"方針的主要目標是為了保持港人對香港的信心，從而是為香港的利益服務。他們不重視香港對國家的責任和義務。按照這個思路，香港在維護國家安全上的責任有限，而且在履行責任時還要把有效切實保障香港人的人權和自由視為要務。反對派認為特區政府的權力來自香港人，而香港的政治體制尤其是選舉制度應該由香港人來決定。人大釋法被認為是不恰當的行為，因為它會損害香港的法治和破壞香港的"司法獨立"。作為一個擁有西方民主政制和擁抱西方價值觀的"獨立政治實體"，香港甚至可以發揮對內地的示範作用，促使中國走上和平演變的道路，最終成為西方陣營的附庸。要完成"獨立政治實體"的建設，按照反映西方"普世價值"的"民主準則"來進行香港行政長官的普選便是順理成章之事。而在爭取"西方式"普選的過程中，反對派當中部分人甚至不惜樂意接受外部勢力的鼓勵、資助、支持、聲援和配合。

反對派對"一國兩制"的理解，肯定與中央和"愛國愛港"力量的"一國兩制"觀點相衝突。雖然在"行政長官普選"和"一國兩制"問題上，反對派享有較多的話語權，在社會上可以發動一波又一波的針對中央和特區政府的抗爭行動，並且在一定程度上削弱了香港人對"一國兩制"的信心、在中央和香港人之間引發矛盾、打擊了特區政府的管治威信和損害了香港的繁榮、穩定、法治和秩序，但由於香港特區的政權仍然控制在"愛國愛港"力量的手上，建構"獨立政治實體"的努力始終未竟全功，所以必須竭盡全力去動員所有能夠動員的力量來爭取"真普選"，讓反對派得以實現領導特區政權的夙願。

（二）人大釋法

在"一國兩制"下，人大常委會的權力範圍一致在香港引起爭論。"香港回歸以來，在中央對基本法制定權、修改權和解釋權的行使中，如何看待全國人大常委會釋法權以及釋法效力，無論是在香港還是內地，一直是一個充滿爭議的問題。到目前為止，有關的爭議至少涉及以下問題：(1) 全國人大常委會的解釋權是否有所限制。……　(2) 全國人大常委會對於授權特區法院自行解釋的特區自治範圍內條款是否有權解釋。早在對基本法草案徵詢意見時，就有意見認為 '人大常委會進行自我約制，不對基本法中純粹涉及特別行政區內部事務的條款作解釋'。至今這種意見仍然被部分學者所認同。(3) 對於是否屬於提請全國人大常委會的條款的判斷權歸屬。儘管全國人大常委會已經通過釋法的行為表明，全國人大常委會有權判斷這些條款是否屬於應提請全國人大常委會解釋的條款，但是在釋法之前的吳嘉玲案中，香港終審法院認為其是判斷的唯一主體。……　(4) 特區法院的提請是否是全國人大常委會釋法權行使的唯一程序。全國人大常委會已有的釋法行為已經表明，全國人大常委會可以應國務院或委員長會議或香港終審法院的提請行使釋法程序，但在劉港榕案中，香港終審法院認為特區法院提請是唯一程序。……　(5) 全國人大常委會釋法文本的效力。莊豐源案中，香港終審法院認為，全國人大常委會的釋法應視為一份類似於香港法院的司法判決書，分為具有法律效力的部分 …… 和不具有法律效力的部分 ……　[而後者對香港法院沒有約束力，但顯然這不是內地的觀點]。"[43]可以說，上述問題迄今尚無定案。儘管那些問題本質上屬於法律

43　董立坤：《中央管治權與香港特區高度自治權的關係》(北京：法律出版社，2014)，頁 42-44。

問題，但由於夾雜大量政治因素，在各方互信不足的氛圍中，要達成"共識"難於登天。

按照基本法，解釋基本法的權力在全國人大常委會，但人大常委會把部分解釋基本法的權力授予香港的法院，但這不等於全國人大常委會放棄或失去對基本法所有條文的解釋權力。基本法第 158 條對此已有清楚的表述。[44] 毫無疑問，人大釋法是"一國兩制"下香港的法律體制內的一個重要部分，而且是確保香港在回歸後依照中央的構思落實"一國兩制"的不可或缺的部署。作為擁有最權威解釋基本法權力的人大常委會，可以通過主動釋法和被請求下釋法來確立基本法條文的立法原意和正確解讀，又可以藉着釋法來解決香港內部對基本法的爭議，更可以借助釋法來糾正香港法院對基本法的不正確理解。當然，人大釋法不能改變香港法院已經作出的終極判決，因此不會改變香港終審法院的"終審"地位和權力。

然而，回歸後香港的終審法院基本上不願意提請全國人大常委會釋法。我的觀察是終審法院對人大釋法相當抗拒，基本上流露出對全國人大常委會的猜疑、輕蔑和不信任，覺得那個國家最

44　條文是："本法的解釋權屬於全國人民代表大會常務委員會。全國人民代表大會常務委員會授權香港特別行政區法院在審理案件時對本法關於香港特別行政區自治範圍內的條款自行解釋。香港特別行政區法院在審理案件時對本法的其他條款也可解釋。但如香港特別行政區法院在審理案件時需要對本法關於中央人民政府管理的事務或中央和香港特別行政區關係的條款進行解釋，而該條款的解釋又影響到案件的判決，在對該案件作出不可上訴的終局判決前，應由香港特別行政區終審法院請全國人民代表大會常務委員會對有關條款作出解釋。如全國人民代表大會常務委員會作出解釋，香港特別行政區法院在引用該條款時，應以全國人民代表大會常務委員會的解釋為準。但在此以前作出的判決不受影響。全國人民代表大會常務委員會對本法作出解釋前，徵詢其所屬的香港特別行政區基本法委員會的意見。"

高權力機構的常委會的法律修養和水平不高，而且往往將政治考量凌駕法律思考，因此造成政治干預司法的不公不當現象。終審法院的法官又擔心主動提請人大釋法會打擊香港人和國際社會尤其是外國司法界對香港司法制度的信心，不利於建立新生的香港終審法院在世界上的聲譽和威信。同樣地，不少香港的法律界人士和反對派勢力一方面不習慣內地"立法解釋"的制度，又認定全國人大常委會乃一個為中國共產黨政權服務的政治機構，對其司法能力和司法意圖諸多懷疑和攻擊。他們不願意承認人大釋法是香港法律體制中的一個完整部分，認為全國人大常委會已經將解釋基本法內涉及"高度自治"的條款全部下放予香港的法院，因此已經喪失了解釋那些條款的權力。部分人甚至要求全國人大常委會在任何情況下都不要釋法，因為那會破壞香港的法治、損害香港的司法獨立和削弱各方面對"高度自治"的信心。香港人當中認同這個說法的人不少，就算在特區政府之內，贊同這個觀點的人亦所在多有。所以，基於這個看法，加上懼怕民意反彈，特區政府極不願意向中央政府建議提請人大釋法，即便它明明知道香港出現不符合基本法的情況。[45]

　　全國人大常委會和香港法院的釋法權力，其實關係到這兩個機構的司法管轄權。近年來，內地法律學者對這方面的研究有所增加。他們對香港終審法院對人大釋法的消極和負面態度不以為然，覺得終審法院"為我獨尊"，不但刻意貶損全國人大常委會的

---

[45]　鑒於香港反對派和法律界的"主流"觀點在香港廣泛流傳，而且有關的學術和評論材料多如牛毛，我在這裏無需過多論述。相反，內地的觀點直至最近才有明確和系統性的闡述，所以在本書中較多引述。

權力和地位，也不利於正確落實"一國兩制"。

　　內地法律專家董立坤批評說："香港回歸以來，有人不斷挑戰全國人大常委會的解釋基本法的權力，貶損全國人大常委會的釋法效力，試圖以香港法院司法解釋權取代或凌駕於全國人大常委會對基本法的解釋。藉此，損害中央的管治權威。"[46] 他舉例："香港終審法院在莊豐源案中將全國人大常委會釋法分為有法律效力的部分和沒有法律效力的部分，從而限制全國人大常委會的釋法效力。香港終審法院通過其判例限制全國人大常委會的釋法效力，顯然是錯誤的。"[47] 他進一步論述全國人大常委會與香港終審法院的"上下級"關係："如果全國人大常委會作出解釋，香港特別行政區法院在引用該條款時，應以全國人大常委會的解釋為準。基本法沒有規定香港法院可監督全國人大常委會的釋法行為。…… 全國人大常委會釋法與香港法院釋法並非同一性質的釋法，香港法院的釋法應始終受到全國人大常委會的監督。"[48]

　　董立坤對香港的法院作出以下忠告："這裏筆者要明確指出的是，若按照某些人主張的那樣，全國人大常委會釋法、香港法院可尋找釋法中漏洞，在判決中為其創設新的權力，然後中央再作新的釋法，以限制香港法院的權力，這絕非是良性互動，而是地方向中央爭權，是地方司法挑戰國家的主權。如果建立這樣的

46　　董立坤：《中央管治權與香港特區高度自治權》(北京：法律出版社，2014)，頁78。

47　　同上，頁97。

48　　同上，頁98。

全國人大常委會與香港法院的互動關係，那麼，全國人大常委會還有何權威、基本法還有何權威可言？如此，人大常委會釋法更無權威可言。"[49] 又表示："香港法院不能以享有獨立的司法權和終審權為名，超越基本法的規定，行使其不應行使的權力，損害國家的主權地位，這樣一個基本的原則在不斷的爭論中而日趨明確。此次因剛果（金）案產生的爭議，以及全國人大常委會經香港終審法院的請求對基本法相關條文的解釋，使這個問題更加清楚和明確。當然，在實踐中，還會有新的問題出現，筆者相信，香港法院的管轄權可能是一個永恆的話題。"[50]

內地年輕法律學者白晟針對基本法釋法問題做了專門研究，批評香港終審法院對人大常委會缺乏尊重。白晟小心和認真地探究香港終審法院在審理案件時縱然應該但卻依然拒絕提請全國人大常委會解釋基本法的有關條文的原因。他的結論是："即便終審法院提出法理依據，但主要原因恐怕是政治性的，是基於終審法院對人大釋法缺乏信任，也由於它要確保香港法院擁有完全的司法主權。"[51] 他斷言："香港法律界人士反對人大釋法與其說是由於普通法的傳統，不如說是由於內心不願意承認中央的司法主權。…… 這實際上主張香港終審法院應當擁有司法主權。雖然《基本法》明確規定全國人大常委會有權解釋《基本法》，但他們並不準備接受這個條款，而希望通過司法實踐在實

49　董立坤：《中央管治權與香港特區高度自治權》（北京：法律出版社，2014），頁 98。
50　同上，頁 137。
51　白晟：《基本法釋法問題探究：從法理學角度剖析》（香港：商務印書館，2015）。

際中廢止這個條款，使其‘存而不用’”。[52] 其實，“《基本法》同時具備了大陸法和普通法的特徵，同時肯定了中央的司法主權，以及經過授權而使香港法院擁有了相當程度的、但不是完整的司法主權，而給中央保留事實上的最低限度的司法主權。這種制度安排，要求兩種法律解釋傳統之間，要求中央主權與授權地方高度自治之間，在法理學最深層的意義上展開對話。這恰恰是‘一國兩制’對內地與香港法理學提出的挑戰。”[53]“……能不能接受人大釋法，與其說是司法獨立或高度自治問題，不如說是是否承認中央的司法主權問題。[香港法律界人士]認同英國完全的司法主權，但不認同中央擁有最低限度的司法主權；認同英國樞密院司法委員會的日常干預，但不認同全國人大常委會在例外情況下的偶然監督。這顯然並非因為英國樞密院司法委員會的法律解釋比人大釋法更符合法理，更符合自然正義。因此，香港回歸初期，普通法訓練下的香港法律界人士對人大釋法普遍沒有信心，這與其說是對大陸法傳統沒有信心，不如說是對中國法制沒有信心。他們不能接受人大釋法，並不意味着他們能夠接受最高人民法院解釋《基本法》。最根本的就是要觸動‘政治認同’（Political Identity），這才是‘一國兩制’下香港面臨的最大政治。”[54]

可惜的是，終審法院雖有法理上的責任提請人大釋法或遵循人大對基本法條文的解釋但卻沒有那樣做，結果便引起人大常

52　白晟：《基本法釋法問題探究：從法理學角度剖析》（香港：商務印書館，2015），頁 272-273。

53　同上，頁 274。

54　同上，頁 275。

委會對終審法院的判決的不認同。1999 年的"吳嘉玲案"引發人大釋法，2001 年的"莊豐源案"引來人大常委會的異議便是突出例子。諷刺的是，儘管人大的行動引來部分香港法律界人士的責難，但一般香港老百姓卻頗為認同，認為中央比香港的法院更瞭解香港的處境，更願意維護香港的繁榮與穩定。

雖然香港終審法院在 2011 年的"剛果（金）案"中主動提請人大釋法，但此例基本上並沒有改變香港法院不願意見到人大釋法的情況。終審法院之所以這樣做，是因為此案事關重大國家利益，而中央又公開表明中央對此案的立場，因此如果終審法院的判決損害國家利益，人大釋法對此做出糾正便必然發生，而終審法院的權威也必然受到打擊。然而，即便如此，終審法院的法官也只以 3 對 2 的輕微多數同意提請人大釋法。

（三）香港法院的違憲審查權

所謂法院的"違憲審查權"指法院有沒有權力在審案過程中判定某些法律違反了憲法或憲制性文件，因此宣告其無效並予以撤銷。基本法容許香港的法院可以解釋那些與"高度自治"有關的條款。法院如果認為某些條款違反基本法，最簡單的做法是在判決過程中不採用那些法律，但不會宣告其無效並予以撤銷。香港的法院究竟有沒有違憲審查權的問題到目前為止尚未有定案。假如法院有這個權力，則人大常委會固有的違憲審查權力會否受到挑戰？尤其考慮到人大常委會才是最權威解釋基本法的機構。再有，如果香港法院具有違憲審查權，則法院是否實際上取得制定和推翻政府政策的權力，如此一來"行政主導"體會會否被削弱？因此，如何對待香港法院有否違憲審查權問題事關重大。

在本節中我們關注的是香港法院對香港本地的法律有沒有違憲審查權，但在討論這個事情之前，必須提一提 1999 年香港終審法院的言論所觸發的一場政治風暴。當年，在一件有關香港居留權的訴訟中（"吳嘉玲案"），香港終審法院宣稱它"有權按照基本法審查全國人大及其常委會的立法行為是否抵觸基本法，而且有責任在發現有抵觸時，宣佈此等行為無效。"白晟認為，"這已不僅僅是在香港特區內部的憲制架構中大張旗鼓地擴張權力，而且可能導致特區法院的司法權對全國立法機關的過度干預，甚至導致對國家統一性的嚴重危害。"[55] 此舉旋即引發內地法律界對香港終審法院的立場作出猛烈攻擊，最後終審法院被迫收回其"僭越"言論。這個事件確立了人大常委會的決定不容香港法院挑戰。

香港的法院對香港本身的法律有沒有"違憲審查權"？不少香港的法律界人士認為有，因為這符合普通法的傳統，而且非如此不足以維護司法獨立和尊嚴，以及保衛香港的高度自治和原有的制度。

即便在內地，法律專家的立場也不一致。不過，我的感覺是較多人認為香港的法院沒有違憲審查權，因為這個權力是人大常委會專屬的權力。舉例說，王振民贊成香港的法院有違憲審查權。他的看法是："在回歸前，在普通法體系下，香港已經形成了由普通司法機關即法院負責違憲審查的制度，即司法審查

55　白晟：《基本法釋法問題探究：從法理學角度剖析》（香港：商務印書館，2015），頁 80。

（Judicial Review）制度。在這種制度下，香港法院享有違憲審查權。回歸後，根據《基本法》的 [有關] 規定，這種司法審查制度被自然保留下來。…… 從各方面來看，香港特別行政區的法院在香港回歸後應該繼續享有違憲審查權，特別行政區法院行使違憲審查權可以找到一定的《基本法》依據。"[56] "香港以前的終審法院是英國的樞密院司法委員會，…… 香港回歸後，它已經被香港特別行政區的終審法院所代替。這個變化在香港是根本性的，隨着香港特別行政區司法終審權的獲得，它也獲得了相應的違憲審查權。"[57] "關鍵是內地並沒有明確把全國人大或者全國人大常委會定性為違憲審查機構，儘管憲法明確全國人大常委會可以解釋法律，但是我們不得不承認一個事實，在香港澳門回歸事務出現以前，全國人大常委會可以說幾乎沒有解釋過即使是內地的任何一部法律。…… 在這種情況下，如何要求特別行政區終審法院十分高興自然地向一個立法機構請求'釋法'，儘管它是最高國家權力機關？"[58]

另一位內地法律學者董立坤則持不同意見。他強調："香港基本法中並沒有任何香港法院可行使對香港立法機構制定的法律進行審查，並對被審查的法律因違反基本法而宣佈無效的規定；也沒有關於香港法院可審查香港原有法律的規定；香港原有普通法中也沒有關於香港法院有所謂'違憲審查'的權力。但是，香

56　王振民：《中央與特別行政區關係：一種法治結構的解析》（北京：清華大學出版社，2002），頁 362。

57　同上，頁 362-363。

58　同上，頁 375。

港法院在多個判例中為自己創設了對香港特別行政區立法機構制定的法律，以及對香港原有法律進行審查，並對被審查的法律中違反基本法的法律宣佈為無效的權力。香港法院通過判例為自己創設憲制性的權力，是同香港作為中國一個特別行政區的法律地位完全不相符的。"[59] "無論從基本法、香港原有的普通法傳統以及香港遵循先例的規則，都無法推導出香港法院違反基本法審查權力的來源。必須根據基本法的規定，從法律上規範香港法院的違反基本法審查權。"[60] "從終審權和違憲審查權的性質、權能和行使主體來看，終審權和違憲審查權是兩種不同性質、權能和憲制性權力。…… 法院能否同時行使終審權和違憲審查權取決於憲法對法院是否有明確授權。香港基本法只授予香港特區終審權，而將違反基本法審查權規定由全國人大常委會行使。香港終審法院從終審權引申出自身享有違反基本法審查權的判決是對終審權和違反基本法審查權兩種司法權力的混淆，是對全國人大常委會違反基本法審查權的侵犯，也是對基本法授予香港法院終審權許可權範圍的越權行為。"[61]

另一位內地法律學者陳欣新則認為，中央和香港特別行政區均擁有基本法廣義上的"違憲審查權"，但香港法院卻沒有權力"撤銷"那些法院認為與基本法不符的本地法律。"因為決定一項立法是否被廢止、修改或撤銷乃是立法權力的權能範疇，依普通法中嚴格的分權原則，司法機關無權行使屬於立法權範疇的權

59　董立坤：《中央管治權與香港特區高度自治權》（北京：法律出版社，2014），頁 77。

60　同上，頁 167。

61　同上，頁 186-187。

力。至於終審法院對某一立法宣告在案件審理中無效實際上等於撤銷了該立法的問題，乃是由於香港奉行判例法制度，終審法院的判決對所有法院均有約束力的結果，並不是《中華人民共和國憲法》中最高權力機關有權撤銷與憲法相抵觸的法律的規定中的'撤銷'行為。這兩者之間有本質上的差異，後者意味着被撤銷的法律已不能算是法律，任何機關、團體或個人不必受其約束，也不能依其規定採取有效的法律行為。而前者則不影響被宣告為無效的法律的'形式上的法律地位'，該法律的修改仍需依立法程序進行，且任何機關、團體、個人可以依其採取行為；如在法定期間無訴訟提起，則相關行為的法律效力不能再受質疑。"[62]

不同法律學者對香港法院有沒有和有那些"違憲審查權"出現意見不一的情況，正好說明要協調好大陸法系和普通法系的分歧並非一件容易的事。

(四) 基本法第 74 條

為了讓政策制定的主導權、創議權和決定權牢牢掌握在行政長官的手中，基本法只授予立法會否決行政長官提出的法案的權力，卻不賦予它自行制定政策和調撥財政資源的權力，主要目的是要保存香港原有的審慎理財政策和防範福利主義和民粹主義。

基本法第 74 條規定："香港特別行政區立法會議員根據本法規定並依照法定程序提出法律草案，凡不涉及公共開支或政治

62　陳欣新："香港與中央的'違憲審查'協調"，載於陳弘毅與鄒平學主編：《香港基本法面面觀》(香港：三聯書店，2015)，頁 106-122，頁 115-116。

體制或政府運作者,可由立法會議員個別或聯名提出。凡涉及政府政策者,在提出前必須得到行政長官的書面同意。"第 74 條的立法原意是對立法會議員通過提出所謂"私人法案"來達到制定公共政策(包括財政政策)的效果作出嚴密限制,以確保行政長官在政策制定上的權力不會旁落。對於立法會議員提出的"私人法案"是否受到第 74 條的限制,社會各方面沒有分歧。不過,立法會議員提出的對政府法案的修訂案是否受到第 74 條的規限,則至今尚無權威性的定案。事實上,回歸以來,反對派立法會議員不時對政府法案提出各種各樣的修正,目標在於改變政府政策、推翻政府政策或提出新政策和通過"拉布"行動阻撓政府施政,其中大部分的修訂明顯與第 74 條不符。反對派人士當然認為第 74 條不應用在立法會議員提出對政府法案的修訂案,但特區政府卻持相反立場。然而,從基本法的立法意圖看,如果基本法第 74 條的目的是要保障行政長官在政策制定上的主導權、創議權和決定權,尤其在財政政策方面,則很難想像基本法會開"後門"讓立法會議員可以通過對政府法案提出修訂來取得某種政策制定權力。一直以來,特區政府都以政治手段去對付立法會議員的"違法"行為。一種做法是當議員提出一些政府不願意接納的修訂時,政府便乾脆撤回政府法案,讓議員無法得逞,但如此一來政府在推行政策上便難免受阻,一些政策難以實行。另外一種應對辦法是把議員提出的修訂改成為政府"主動"或"自行"提出的修訂,讓它們得以在立法會通過。這種"息事寧人"、避重就輕的做法代表政府願意與立法會妥協以換取政策的通過,當然那些修訂可能損害了原來政策的完整性和增加了政策執行的複雜性，但好處是讓政策基本上得以落實，而政府有時更可以賺取"博採眾議"、"胸襟廣闊"的美譽。[63]

　　然而，最近幾年，立法會內的激進議員不時向政府法案提出數量龐大的、沒有實際意義、瑣碎和無理的修訂，花費大量時間來"辯論"和表決那些修訂案，盡量拖延法案通過的時間，甚至讓一些法案最終因為沒有足夠時間審議而胎死腹中。這些所謂"拉布"行動是反對派用以阻礙特區政府施政的"不合作"運動的核心環節，對政府的管治造成嚴重困難，使"行政主導"無法體現。由此引發出來的問題是究竟基本法第 74 條是否適用於立法會議員對政府法案提出的修訂案，如果不適用，則不少"拉布"行為便是違法行為，應該予以遏止。可惜的是這個問題迄今沒有通過法律途徑得到徹底解決。

　　基本法第 74 條的問題其實涉及到另外一個重要問題，那就是誰有權決定立法會議員提出的"私人法案"和對政府法案的修訂案是否符合基本法。從第 74 條的文字看，這個權力應該由行政長官行使，但理論上根據第 74 條而制定的《立法會議事規則》卻同時讓立法會主席和全體委員會主席享有此項權力。內地法律學者董立坤認為在這方面《立法會議事規則》不符合第 74 條，實際上拿走了行政長官的一項重要權力。"對於此項涉及行政長官和立法會許可權的重要規定，立法會制定的《立法會議事規則》作出了改變。《立法會議事規則》第 31 條規定：'立法會主席或

63　見劉兆佳："行政主導的政治體制：設想與現實"，載於劉兆佳編：《香港二十一世紀藍圖》（香港：中文大學出版社，2000），頁 1-36。

全體委員會主席如認為任何議案或修正案的目的或效力可導致動用香港任何部分政府收入或其他公帑，或須由該等收入或公帑負擔，則該議案或修正案只可由以下人士提出：(a) 行政長官；或 (b) 獲委派官員；或 (c) 任何議員，如行政長官書面同意該提案。'第 51(3) 條規定：'立法會主席如認為任何由立法會議員個別或聯名提出的法案涉及公共開支或政治體制或政府運作，該法案即不得提出。'第 51(4) 條規定：'立法會主席如認為某法案涉及政府政策，則就該法案所作的預告須附有由行政長官對該法案的書面同意。'無疑，《立法會議事規則》上述有關規定，是違反基本法第 74 條規定的，即根據基本法第 74 條的規定，對於法案是否'涉及政府政策應由行政長官作出判斷'的規定，變成了由'立法會主席或全體委員會主席作出判斷'，此項判斷的移轉，將會大大削弱行政長官的權力，並不應有的擴大了立法會主席或全體委員會主席的權力。這種權力改變已引起了行政與立法的衝突，影響香港政制的運作。"[64]

其實，《立法會議事規則》在回歸前由臨時立法會擬定，並在回歸後繼續應用。在回歸前夕，內地法律權威許崇德教授已經向我指出當中有不符合第 74 條的內容。然而，究竟立法會是否可以自行判定其議員提出的"私人法案"和對政府法案提出的修訂案是否符合基本法第 74 條是另一項懸而未決的法律爭議。

這三個問題（立法會議員提出的對政府法案的修訂案是否受到基本法第 74 條的管轄、《立法會議事規則》是否符合基本法及

64　董立坤：《中央管治權與香港特區高度自治權》（北京：法律出版社，2014），頁 73。

判定那些東西是否違反基本法的權力屬誰）一天沒有解決，不但
"拉布"行為無法有效處理，"行政主導"和有效管治也成為"鏡
花水月"。

（五）居留權問題

回歸以來，對香港人來說最切身也最為困擾的爭議莫過於香
港特區的永久居留權問題。回歸前，香港人擔憂大量內地同胞在
回歸後湧到香港來，令香港窮於應付。為了釋除香港人的疑慮，
中央承諾在"一國兩制"下，香港的出入境政策不會改變，即是
說對內地同胞來港定居繼續實行嚴格的規管。在《中英聯合聲
明》內中國政府對香港的基本方針政策的具體説明中，對何謂香
港永久性居民特別作出規定。[65] 基本法第 24 條實際上是將這個規
定"原封不動"放進基本法內，把《聯合聲明》中有關永久居留
權的規定法律化。其中第 24 條第（一）款、第（二）款和第（三）
款尤具"爭議性"。這三項條款對香港特別行政區永久性居民有如
下定義：（一）在香港特別行政區成立以前或以後在香港出生的中
國公民；（二）香港特別行政區成立以前或以後在香港通常居住連
續七年以上的中國公民；（三）第（一）、（二）兩項所列居民在香
港以外所生的中國籍子女。回歸前，我已經聽聞有人覺得以上條

65　其內容為："在香港特別行政區有居留權並有資格按香港特別行政區的法律獲得香
港特別行政區政府簽發的載明此項權利的永久性居民身份證者為：在香港特別行政
區成立以前或以後在當地出生或通常住連續七年以上的中國公民及其在香港以外
所生的中國籍子女；在香港特別行政區成立以前或以後在當地通常居住連續七年以
上並以香港為永久居留地的其他人及其在香港特別行政區成立以前或以後在當地出
生的未滿二十一歲的子女；以及在香港特別行政區成立前只在香港有居留權的其他
人。"

款有模糊之處，可能在回歸後引起誤解，比如非法入境，父母都不具有香港永久性居民身份的中國公民在香港分娩，所生的兒子或女兒按照第（一）款是否應該享有香港永久性居留權。又如果某人在內地出生，出生時其父母都不是香港永久性居民，但其父或母在其出生後卻取得了香港永久居留權。根據第（三）款，這個人是否享有香港永久性居民資格。根據香港回歸前的出入境政策，和中國政府嚴格規限內地同胞來港定居的政策，那些非法入境香港的中國公民在香港所生子女與那些出生時父母都不是香港永久性居民的中國公民的人都不享有香港永久居留權。

可是，基本法起草委員知道，如果基本法中有關永久居留權的文字與《聯合聲明》有差異，容易在香港引起誤解和擔憂，所以決定原封不動把《聯合聲明》中的文字放在基本法內。[66] 香港特區籌備委員會成立後，委員們憂慮回歸後基本法中有關永久性居民的條款會引起誤讀，所以於 1996 年 8 月 10 日特別通過"籌委會關於實踐《中華人民共和國香港特別行政區基本法》第二十四條第二款的意見"，對有關條款的立法原意作出澄清。在籌委會的意見中，有兩項尤為重要。其一，"基本法第二十四條第二款第（一）項規定的在香港出生的中國公民，是指父母雙方或一方合法定居在香港期間所生的子女，不包括非法入境、逾期居留或在香港臨時居留的人在香港期間所生的子女。""其二，基本法第二十四條第二款第（三）項規定的在香港以外出生的中

66　澳門基本法中有關永久居留權的規定，寫得比較清楚，顯然是吸取了香港基本法起草的經驗。澳門基本法第 24 條（二）規定澳門永久性居民為："在澳門特別行政區成立以前或以後在澳門通常居住連續七年以上的中國公民及其成為永久性居民後在澳門以外所生的中國籍子女。"

國籍子女,在本人出生時,其父母雙方或一方是根據基本法第二十四條第二款第(一)項或第(二)項已經取得香港永久性居民身份的人。"

　　籌委會的意見後來得到全國人民代表大會常務委員會的認同,意味着中國最高權力機構肯定籌委會的意見代表基本法有關居留權的條文的立法原意。這是香港剛剛回歸後中國發生的事。[67]

　　然而,在 1999 年的"吳嘉玲案"中,香港終審法院對香港永久性的理解與中央的大異其趣。1999 年 1 月 29 日,香港終審法院對港人在內地所生子女居港權案作出終審判決。終審法院裁定,香港永久性居民在內地所生子女享有香港居留權,不論有關的父母是在子女出生之前或之後成為香港永久性居民。這個判決在香港和內地引起強烈反響,因為它與絕大多數人的理解截然不同,更嚴重的是這個判決將會讓大量內地人士來港定居,對香港教育、房屋、福利和醫療等方面構成沉重壓力。實際上,這個判決推翻了中央在"一國兩制"下對香港人的莊嚴承諾,那就是香港回歸後不會出現大量內地同胞湧到香港來的情況。終審法院的判決,主要是它過分側重對基本法條文在字面上的解讀,及過度考慮人權和平等的標準,輕視基本法的立法原意和中央對港方針政策的精髓,也不考慮香港的承受能力。有趣的是,終審法院不願意採納香港特區籌委會就居留權問題提出的意見,認為由於該意見在基本法頒佈後才提出,因此不能斷定它是否反映基本法的立法原意。

67　見《全國人大常委會關於批准全國人大香港特別行政區籌備委員會結束工作的建議的決定》(1997 年 7 月 3 日第八屆全國人大常委會第二十六次會議通過)。

　　為了解除終審法院判決所帶來的危機，特區政府被迫要求中央政府提請全國人大常委會解釋基本法。中央和全國人大常委會接納了特區政府的請求。1999 年 6 月 26 日，全國人大常委會通過對基本法的解釋，裁定在香港出生的中國籍子女如要取得香港永久居留權，在其出生時，其父母雙方或一方須是（一）在香港特區成立以前或以後在香港出生的中國公民，或是（二）在香港特區成立以前或以後在香港通常居住連續七年以上的中國公民。全國人大常委會的解釋，推翻了香港終審法院的解釋，同時也確認了特區籌委會的意見代表基本法的立法原意。以後終審法院只能以全國人大常委會的解釋為準，不過早前終審法院的裁決不受影響，因此終審法院的終審權依然完整。至此，因香港終審法院的判決所引發的風波告一段落。

　　2001 年在另一宗與居留權有關的案件中，香港終審法院不但再次不理會香港特區籌委會的意見，作出一項令人匪夷所思的判決。2001 年 7 月 20 日，香港終審法院就“莊豐源案”作出判決，一致裁定：在香港出生的中國公民，無論其父母是否香港永久性居民，都可根據基本法即時享有居港權。這個判決完全就基本法的文字來解讀。終審法院的法官們認為有關文字非常清晰，而且按照特區政府的評估，該判決不會帶來嚴重的社會後果。然而，這個判決卻完全背離香港人基於普通常識對基本法的理解。香港人一向以為沒有香港永久居留權的內地同胞在香港誕下的子女不享有香港永久居留權。弔詭的是，全國人大常委會對這次終審法院的“錯誤”判決，只是表明不予苟同，但卻沒有通過釋法或其他方法予以糾正。

2001 年 7 月 22 日，全國人大法工委對終審法院的判決發表談話，認為香港特區終審法院的有關判決，與全國人大常委會 1999 年 6 月 26 日《關於〈中華人民共和國香港特別行政區基本法〉第 22 條第 4 款第 3 項的解釋》不盡一致，對此表示關注。該解釋指出，基本法第 24 條 "其他各項的立法原意"，已體現在 1996 年 8 月 10 日全國人大常委會香港特區籌備委員會關於實踐基本法第 24 條第二款的意見中。該意見認為：基本法第 24 條第二款第 （一） 項規定的在香港出生的中國公民 "是指父母雙方或一方合法定居在香港期間所生子女，不包括非法入境、逾期居留或在香港臨時居留的人在香港期間所生的子女。"

不過，後來事態的發展，卻大大出乎中央、特區政府、終審法院和香港人意料之外。大批沒有香港永久居留權的內地孕婦循不同渠道湧到香港分娩，目的在於讓其子女取得香港的永久居留權。香港的醫療設施因此承受沉重壓力，而香港的孕婦則抱怨難以得到適切的照顧。在群眾的壓力下，特區政府只能採取行政手段，限制香港的醫院接收內地孕婦，同時阻止內地孕婦來港。內地孕婦湧港的問題雖然受到控制，但引發這個問題的終審法院的判決在香港卻依然有效。以此之故，居留權問題仍然是困擾香港的一個嚴重問題。

"釋疑止爭" 的機制效用有限

之所以在回歸後仍然有一些重大政治議題爭論不休，而權威性定論缺位的情況，與 "釋疑止爭" 的機制沒有發揮足夠的效用有關。上文提到的眾多圍繞着中央與特區關係、行政立法關係和居留權的重大政治爭懸而未決，不但阻礙了"一國兩制"的運作、令"一國兩制"的運作出現偏差，更讓反對派勢力可以借助那些爭議來提升政治能量和動員群眾衝擊中央和特區政府。由此而帶出的問題，是為甚麼香港在回歸十八年後，那些重大政治爭議還沒有得到處理並且還在發酵？我看不是因為沒有"釋疑止爭"的機制，而是缺乏堅強的政治意志和解決問題的決心，尤其是對中央而言，因為它是"一國兩制"和基本法能否在香港全面和準確地落實的最大"持份者"和最終負責者。

當然，一些在外國常用的解決憲制性疑難的方法現在不能應用。比如說，國家沒有設立"憲法法庭"，可以經常性地處理有關基本法的訴訟和爭議。又比如說，既然香港是中國的一部分，中國政府不會容許外國或國際仲裁機構介入調解那些涉及"一國兩制"和基本法的政治爭議，以避免香港問題"國際化"。

理論上說，基本法本身就是解決政治爭論的法律手段，但既然那些爭論往往牽涉到對基本法條文的不同理解，所以基本法在"釋義止爭"上起不到作用。行政長官雖有責任確保"一國兩制"和基本法全面和準確實踐，但"底氣不足"和長期處於弱勢的行政長官卻不敢碰那些重大的憲制性爭議。除了 1999 年因為終審法院在"吳嘉玲"居留權案的判決會帶來香港無法承受的人口壓力，因此才不得不"硬着頭皮"提請中央啟動釋法程序外，行政長官基本上不想將那些重大政治議題帶到法院。原因有三：一是怕敗訴而損害特區政府的管治威信。二是怕法院的判決如對政府不利，則最終會引致人大釋法，觸發香港人和法律界人士的反彈，令特區政府成為破壞香港司法獨立的"罪人"。三是如果行政長官直接尋求人大釋法的話，他將要面對嚴峻的政治衝擊。即便人大常委會願意主動釋法，特區政府也擔心會受到牽連。

更甚者，是特區政府在明明知道立法會的《議事規則》和一些立法會議員的行為與基本法不符，或者清楚認定法院的判決與基本法有異，特首和主要官員都不會公開表達和説明自己的立場。對於法院的不符合基本法的判決，特區官員通常以"尊重法庭的裁決"或"接受法庭的判決"作為"被動"和"機械性"的回應。從這個角度看，特區政府不但對不符合"一國兩制"和基本法的東西採取隱忍和"聽之任之"的消極姿態，它其實又同時放棄了它所負有的宣揚和講解"一國兩制"和基本法的重大責任。反對派人士之所以在"一國兩制"和基本法的詮釋上取得較多的話語權，與特首和其官員怯於表明立場及與反對派展開論爭不無關係。

按照基本法的規定而成立的基本法委員會本來可以擔當一定的"釋疑止爭"的職能。可是，回歸後基本法委員會只是低調和被動地運作，只在有需要時接受人大常委會的諮詢。基本法委員會幾乎沒有公開和主動地以集體或機構名義對基本法的爭議表達意見。基本法委員會的個別成員雖然不時公開表達對基本法的意見，但一般只被香港人和媒體視作個人意見，因此受到的重視不足。更麻煩的是基本法委員會委員的意見有些時候並不一致，令人無所適從，使基本法委員會難以成為權威的"仲裁"機構。

因此，剩下來能夠對重大政治爭議起到"一錘定音"作用的機制是全國人大常委會。在國內，人大釋法非常罕有，但香港回歸後，針對香港基本法的人大釋法已有四次。雖然香港的反對派和部分法律界人士視人大釋法為"洪水猛獸"，但到目前為止，香港人對人大釋法卻頗為接受，特別是對居留權問題的釋法，認為人大釋法對解決香港的棘手難題有幫助。即便如此，中央對人大釋法還是疑慮重重、猶豫不決，主要是擔心人大釋法會引起香港人和國際社會的反彈，讓反對派有可乘之機。全國人大常委會對釋法的慎重態度固然值得肯定，但容許那些與"一國兩制"和基本法不符的東西在香港繼續存在，影響到國家和香港的利益，並且擴大反對勢力的活動空間，卻是值得各方面深刻反思的。

必須承認，就算中央對圍繞着"一國兩制"和基本法的爭議作"一錘定音"，香港的反對派和部分香港人也不會欣然接受，反而會負隅頑抗。不過，即使部分香港人不信服，但最低限度香港法院必須要跟從。反對勢力要利用那些政治議題來發動群眾進行鬥爭亦會碰到困難，除非人大的釋法在香港激起民憤。

可以這樣說，在"一國兩制"和基本法下，"釋疑止爭"的機制確實存在，但由於中央和特區政府對啟動那些機制諸多顧慮，所以它們無法發揮應有的效用。說到底，這是關乎政治意志、政治決心和政治膽量的問題。

防範"井水"犯"河水"的機制不健全

在"殖民地"時期，英國政府和殖民政府實際上發揮了一定的防止香港成為對中國大陸的政治和安全威脅的橋頭堡。英國人之所以願意這樣做，是因為在中國有能力可以隨時收回香港的情況下，要保住香港為英國的"殖民地"，一定不能讓香港變成與中國共產黨敵對的"顛覆基地"。

比如說，儘管在冷戰時期，英國和美國是盟友（更精確地說英國是美國在外交和軍事上的"附庸國"），[68] 而美國則借朝鮮戰爭之機，以聯合國名義聯同其他國家對中國進行政治圍堵和經濟封鎖。美國又利用香港作為收集中國大陸的政治和軍事情報及對內地發動政治宣傳的基地。[69] 不過，在配合美國的部署和行動的同時，英國對美國在香港的"顛覆"和"反共"舉動也施加一定的約束，並在香港與內地之間形成某種"屏障"。

旅英香港歷史學者麥志坤（Chi-Kwan Mark）翻閱大量相關的解密檔案後，對英美在香港的關係進行了研究。[70] 作為與美國有"特殊關係"（special relationship）的盟友，為了維繫與美國的良好關係，英國在很多事務上與美國緊密合作，特別重要的是配合以美國為首的、有聯合國撐腰的對中國的經濟禁運行動。香港作為一個素來依靠進出口為生的自由港因而蒙受嚴重的經濟損失和由此引發的社會和民生問題。不過，在一些事情上，為了香港的利益，也為了避免因為開罪中國而陷香港於險境，英國不完全

68　Guy Arnold, *America and Britain: Was There Ever a Special Relationship* (London: Hurst & Co., 2014)。作者認為儘管不少英國領導人和官員經常把英國和美國的"特殊關係"(special relationship) 掛在嘴邊，但其實美國人只把英國當作美國在維護其全球利益上的"特洛伊木馬"（Trojan Horse）和"前哨"（outpost）而已。

69　在 1945 年後，隨着冷戰的來臨，香港成為世界上最重要的間諜活動之都。在 1950 和 1960 年代，美國國務院和五角大樓（美國國防部）都從情報收集角度視香港為英國海外屬地中最為關鍵的地方。"見 Calder Walton, *Empire of Secrets: British Intelligence, the Cold War, and the Twilight of Empire* (New York: The Overlook Press, 2013)，pp. 331-333。

70　Chi-Kwan Mark, *Hong Kong and the Cold War: Anglo-American Relations 1949-1957* (Oxford: Clarendon Press, 2004)。

認同或配合美國的政策和行動。比如，在朝鮮、印度支那半島和臺灣問題上，英國與美國有不同意見，主要是不希望美國的政策產生對香港不利的後果。英國反對美國擴大朝鮮戰爭，在印度支那半島和臺灣問題上不給予美國軍事支援。在中國加入聯合國一事上，英美齟齬不斷。英國的立場有些時候引起美國的不快。美國在香港有大量從事情報收集、間諜活動、策反工作、反共宣傳、"照顧"逃來香港的內地"難民"和"中國研究"的人員。美國也有利用香港在內地搞破壞和顛覆活動的事例。雖然英國無法完全知悉和禁止那些工作或活動，但它也試圖予以約束，尤其是那些秘密和非法的行動，包括情報收集、支援內地的反政府遊擊力量和扶助流亡香港的、同時反對國共兩黨的"第三勢力"。1951年，英國不顧美國的反對，禁止美國之音通過殖民政府的香港電臺在香港廣播，也不讓美國在香港的學校派發政治宣傳的材料。英國最擔憂的，是中國政府視香港為顛覆基地，從而興起進攻或收回香港的念頭。英國也不願意讓中國共產黨有藉口在香港搞針鋒相對的破壞活動。"簡言之，除了朝鮮戰爭期間一段短時間外，美國在香港的活動主要是情報收集，而非針對中國的秘密行動。英國人不會讓'美國的冷戰戰士'（Cold War warriers）把香港變成顛覆基地。"[71] 當然，為了維持英國在冷戰時期對美國的支持，美國也在一定程度上遷就英國不欲在香港問題上刺激或激怒中國的意圖。

此外，除了美國外，英國人也不容許其他國家利用香港幹那些對中國不利的事。蘇聯在香港沒有被批准設立領事館，與中蘇

71　Ibid, pp. 193-194。

關係惡劣不無關係，當然也有東西方冷戰的背景。

新中國成立後，中國國民黨在香港的殘餘勢力（一般稱作右派）仍然不可小覷，經常興風作浪，不時與香港的左派力量較勁。臺灣當局又不時與美國聯手以香港為基地對內地進行騷擾和破壞。為了不觸怒中國，英國人盡力約束和限制臺灣在香港的活動。殖民政府在國民黨和共產黨兩股勢力之間保持"中立"，但絕不容許它們損害香港的治安和秩序，例如不容許他們進入學校進行政治宣傳。殖民政府更擔憂國民黨和共產黨在香港的衝突會導致中國政府強力介入香港事務。一份 1950 年 4 月 3 日的英國內閣文件指出："香港的生存取決於我們不要捲進中國的政治爭議之中、維持不偏不倚的行政管理和堅持法治的必要性。"[72] 在 1950 年代，國共兩黨的勢力在香港摩擦不斷。"夾在兩個敵對政權之間，英國人盡量採取中立姿態，但仍不時顯示不帶挑釁的堅定立場。…… 然而，即便堅持不偏向任何一方的態度，但英國政府對中國共產黨採取較為包容的手法，至少比對中國國民黨多一份同情。"[73]

內地歷史學者孫揚對英國人小心翼翼處理國共兩黨在香港的較勁也有類似的描述。[74] 他認為，殖民政府要維護自己的管治權威，懼怕國民黨和共產黨插手香港事務，伺機煽動民族主義和反殖情緒。殖民政府又不願意看到共產黨和國民黨利用香港對付或顛覆內地政府。殖民政府不願意看到香港內部的矛盾變成中英兩

72　Ibid, p. 86。

73　Ibid, pp.113-114。

74　孫揚：《無果而終：戰後中英香港問題交涉（1945-1949）》（北京：社會科學文獻出版社，2014）。

國之間的衝突及引發內地的反英浪潮。[75] 它盡量在兩黨之間採取"中立"立場，同時竭力約束它們在香港的政治活動。如果它們在政治上"越軌"的話，則殖民政府會以強硬態度對付，當然在採取行動時會考慮到中國政府的態度和可能反應。

我在上面之所以要較詳細講述英國人在"殖民地"時期所發揮的"分隔"香港與內地的作用，是因為在香港回歸後，英國人所擔當的角色迄今尚未能夠被取代。過去，為了不讓中國政府有藉口插手香港事務甚至收回香港，殖民政府竭力不讓香港成為"顛覆基地"。除了不讓外國和外部勢力利用香港對付中國外，也不容許那些會觸怒中國的事情在香港發生，比如不容許個別反共電影在香港上演。

不過，話也得說回來。考慮到香港確實存在不少反共的人，而殖民政府又標榜香港崇尚新聞和言論自由，所以英國人容許眾多反共媒體在香港經營，包括一些有美國和臺灣背景的報紙和雜誌。大體上，在"殖民地"時期，反共言論可以發表，但對中國構成政治威脅的行動則被限制或遏止。

"香港前途問題"塵埃落定後，香港人在政治參與上愈趨活躍，反共和反對勢力不時發動挑戰中國政府的行動。由於即將離開的殖民政府的管治權威和能力走低，它難以像過去般約制那些對中英關係不利的行為。與此同時，為了在餘下的殖民管治中維持自主性、為英國謀取最大的利益和防範中國政府的"干預"，殖

75　其中一個嚴重事件發生在 1948 年初。殖民政府強拆九龍城寨民居引起中英就九龍城寨治權誰屬的外交風波和震驚中外的沙面事件。在廣州沙面的事件中，廣州居民的大遊行失控，民眾燒毀沙面的英國領事館。

民政府其實或明或暗地容許甚至慫恿反共言行以收制衡中國政府之效。殖民政府的香港電臺也一反過去的做法，變身為一個有濃厚反共色彩的官方喉舌。

回歸後，在 "殖民地" 時期日益活躍和頻繁的各類反對中央政府和中國共產黨的言論和行動，在香港特區的寬鬆和自由的政治和法律環境中有所增加。圍繞着 "六四事件"、內地的人權和法治狀況、內地異見分子的遭遇、香港媒體在內地的運作、中央對香港的政策、人大釋法、政制改革等議題不停地讓香港的一些政治和民間組織藉以發動針對中國共產黨的抗爭行動。[76]

英國人下旗歸國後，要防止香港成為 "顛覆基地" 便只能靠在香港和內地的設置的機制。最有力的機制當然是法律，其中基本法第 23 條尤為重要。今天看來，隨着國家面對的傳統和非傳統的安全威脅越來越多，第 23 條所處理的國家安全威脅其實十分狹隘，遠遠不能滿足保衛國家安全的需要。假如將 2015 年全國人大常委會通過的新國家安全法與基本法第 23 條比較，其中的差異可見一斑。[77] 然而，特區政府嘗試在 2003 年對第 23 條進行本地立法，但香港人卻因為懼怕個人的人權和自由受損而反對，反對派又成功策動大規模的抗爭行動，致使立法工作胎死腹

76　可參考 Ho-fung Hung and Lam-chong Ip, "Hong Kong's Democratic Movement and the Making of China's Offshore Civil Society," *Asian Survey*, Vol. 52, No. 3 (2012), pp. 504-527。

77　2015 年 7 月 1 日，十二屆全國人大常委會第十五次會議表決通過了新的《國家安全法》，其中第二十條這樣寫道："國家堅持社會主義先進文化前進方向，推進社會主義核心價值體系建設，加強社會主義核心價值觀教育和宣傳，掌握意識形態領域主導權，繼承和弘揚中華民族優秀傳統文化，防範和抵禦不良文化的滲透，增強文化整體實力和競爭力。"

中，迄今未能恢復。[78] 自第 23 條立法失敗之後，各種各樣挑戰中國政府和反對中國共產黨的言論和行動有上升的趨勢。中央駐港聯絡辦事處更成為不少抗爭行動的衝擊對象。2014 年下半年爆發的為時達 79 天的違法"佔領中環"行動更將對中央鬥爭的行動推向極致。就算那些行動實際上對國家安全的威脅有限，甚至不為香港法律所禁止，但它們卻肯定削弱香港人對國家主權和中央權威的尊重。不少內地同胞對香港人逃避維護國家安全的責任頗有微言，對於那些挑戰中央權威的行徑更是反感，從而降低內地同胞對"一國兩制"的認同。

誠然，即便第 23 條立法成功，究竟它是否有效禁止或處分一些香港常見的挑戰中國政府的抗爭行動比如要求"平反六四"、高喊"結束一黨專政"或物質上和精神上支援內地反政府人士，仍難確定，而香港法院的態度更難預測。

另外一個一般人不太留意的法律手段是兩地逃犯移交的安排。回歸十八年來，香港與內地尚沒有達成互換逃犯協定。原因之一是內地仍然執行死刑，而死刑在香港實際上早已廢除。"依據《中華人民共和國刑法》，主刑的種類包括死刑；而在香港，死刑已被廢除。為了要避免接受較重的刑罰及基於來往兩地的交通方便，犯罪者往往會潛逃到量刑較輕或可以避免刑罰的司法管轄

---

78 見 Ngok Ma, "Civil Society in Self-Defense: the Struggle against National Security Legislation in Hong Kong," *Journal of Contemporary China*, Vol. 14, No. 44 (2005), pp. 465-482; Francis L.F. Lee and Joseph M. Chan, *Media, Social Mobilization, and Mass Protests in Post-Colonial Hong Kong: The Power of a Critical Event* (London: Routledge, 2011); 和 Elaine Chan and Joseph Chan, "Liberal Patriotism in Hong Kong," *Journal of Contemporary China*, Vol. 23, No. 89 (2014), pp. 952-970。

區。若中國內地及香港沒有移交逃犯的協議，便可能為犯罪者製造逃避犯罪責任的天堂。這都不符合兩地的利益。但是，自從發生'張子強'及'李育輝'兩案後，'死刑'問題在達成兩地的移交逃犯協定上，便引起很多關注。"[79] "然而，《逃犯條例》及《刑事事宜相互法律協助條例》仍不適用於香港與中國內地之間的事宜。因此，香港與中國內地在達成移交逃犯或刑事司法互助的協議中有關死刑的問題上仍有談判的空間。"[80] 但是，由於香港的反對派、人權分子和反共人士擔憂，一旦香港與內地達成了移交逃犯的協定，那些逃到香港的內地"異見分子"、"民運人士"和"人權鬥士"會被特區政府遣返，即便那些人有外國國籍或香港永久性居民身份，因此他們對逃犯協定持保留甚至反對的態度。至於香港會否變成內地刑事罪犯的逋逃藪則不在他們關心之列，而他們也不在乎香港的犯罪分子利用內地為藏匿之地，因為他們相信即使沒有協定，內地政府出於對香港的愛護一定會將那些潛入內地的逃犯移交香港。香港與內地之間沒有相互移交逃犯的協議，實際上也使香港在一定程度上成為國家安全的漏洞。[81]

另外一個法律手段是緊急權力的行使，但那些權力只能在極為罕有的緊急狀況下才能動用。基本法第 18 條規定："全國人民大會常務委員會決定宣佈戰爭狀態或因為香港特別行政區內發生

---

[79]　老綺嬋："死刑在中國內地及香港兩地達成移交逃犯協定上的問題研究"，載於蕭蔚雲主編：《香港基本法的成功實踐》（北京：北京大學出版社，2000），頁 172-181。

[80]　同上，頁 173。

[81]　另一方面，香港的廉政公署不斷加強與內地反貪腐機關的合作，以防範香港成為內地貪官的逋逃藪，對內地的肅貪工作有幫助，更有助於內地在港企業改善管治，俾與國際標準接軌。

香港特別行政區政府不能控制的危及國家統一或安全的動亂而決定香港特別行政區進入緊急狀態，中央人民政府可發佈命令將有關全國性法律在香港特別行政區實施。"不過，如果真的要動用緊急權力，其對"一國兩制"的衝擊肯定極為嚴重，更會打擊香港人和國際社會對香港的信心，甚至損害中國的國際形象。緊急權力既然不能在正常情況下防止香港成為"顛覆基地"，則其實際效用有限，只能發揮一些心理上的嚇唬作用。

當然，既然在"一國兩制"下國防和外交等事務屬中央管轄，則中央也可以通過為特區立法或將內地法律引入香港來達到保衛國家安全的目的，不過那些方法也是在非常特殊或緊急的情況下運用才會得到香港人的理解，在一般情況下實在作用有限。

基本法第 48 條第（八）款要求行政長官"執行中央人民政府就本法規定的有關事務發出的指令"，涉及國家安全的事務應該包括在內。這項權力的使用迄今極為罕見，因此也難以承擔保護國家安全的重託。

除了法律手段外，中央和特區政府也具有政治、行政和軍事手段減少香港成為"顛覆基地"的可能性。中國人民解放軍在香港駐軍的最大意義，就是要體現國家對香港的主權，並在必要時出動來消除來自香港對國家安全的威脅。基本法第 14 條寫道："中央人民政府派駐香港特別行政區負責防務的軍隊不干預香港特別行政區的地方事務。香港特別行政區政府在必要時，可向中央人民政府請求駐軍協助維持社會治安和救助災害。"但是駐港解放軍也只會在萬不得已下才出動，因此不能擔負日常的維護國家安全的任務。

香港特區之內能夠用來維持治安和公共秩序的法律其實很多，可以在一定範圍內約制那些在香港發生，挑戰中央權力和對內地政局穩定不利的行為。但為了不致引起民意反彈，特區政府在運用那些法律時戰戰兢兢、小心翼翼，務求不會在法院遇到挑戰和受到人權組織的責難。事實上，回歸後的經驗説明，特區政府的執法行為往往得不到那些以維護普世人權為己任的律政司官員和香港法官的認同。

建構新身份認同的爭鬥

不少殖民地在獨立後，新的國家領導人一般都致力於重塑國內人民的身份認同，主要目的在於在人民的心中建立一種對新國家的認同和效忠，一種全國人民是一個團結的、患難與共的"政治命運共同體"的感覺，一種對自己的傳統和文化的自豪感，一種對掌握自己的民族和國家的命運的自信心。同時，新的領導人又希望通過對殖民統治和西方價值觀的批判，減少人民過去的民族自卑感和對西方事物的盲目崇拜和莫名畏懼。這項重塑國民的身份認同的工作事關國家團結、安全和發展，所以受到新獨立國家的高度重視。一些新國家的**邊界**是過去各帝國主義國家在爭奪殖民地時定下來的，國內有着不同的歷史上不相往來甚至相互敵對的種族和民族。在那些國家中，如何通過構建一個能夠團結各民族的新身份認同便更具政治意義和迫切性。

部分前殖民地在獨立之前，它們的反殖和獨立運動通過思想的建設、政治宣傳和武裝鬥爭已經發揮了一定的團結殖民地人民以至建構一種新的、超越個人、民族和地域的共同身份認同。它們的獨立運動領袖例如印度的甘地和越南的胡志明能夠通過擷取和美化過去的傳統文化、有選擇性地利用宗教信仰、吸取一些西方的反殖思想、接受來自西方的激進主義（特別是社會主義）或營造一套反殖論述為新國家的人民塑造一個新的身份認同。在另外一些殖民地，新的身份認同的建構是在獨立後才開始積極推行，原因是獨立來得很快或者很容易，因此沒有足夠時間和機會在獨立前建構新的身份認同，所以需要在獨立後才加大力度予以推進，新加坡便是很好的例子。[82]

香港的情況頗為特殊。香港沒有獨立或反殖運動，又沒有相關的魅力領袖，因此不能通過那些運動和領袖來塑造新身份認同。英國人雖然在1970年代後有意強化香港人對香港的歸屬感，但政策不清晰、力度不夠、加上殖民統治者對此又有政治顧慮，所以成效不算大。更為重要的是殖民政府刻意弱化香港人對中國的認同，有意無意地把"香港人"與"中國人"區分起來。誠然，由於大部分香港人在1970年後已經視香港為家，是自己和下一代安身立命的地方，逐漸地香港人對香港的歸屬感有所上升，某種香港人的身份認同亦油然而生。不過，直到香港回歸前夕，香港人的身份認同不算十分鮮明和強烈。究竟何謂香港人其實也不十分清晰。在某種程度上，所謂香港人的內涵是通過與內地同胞的對比而得到的，尤其強調那些香港人認為與內地同胞不同的地

82　可參考 Margaret Kohn and Keally McBride, *Political Theories of Decolonization: Postcolonialism and the Problem of Foundations* (New York: Oxford University Press, 2011)。

方。比如説，香港人刻苦耐勞、機智靈活、深受西方先進文化薰陶、具有國際視野、熱愛自由、重視人權法制、崇尚廉潔、不依靠政府、擁護資本主義、以公平競爭定勝負、文明守法、強調制度程序、尊重個人、有公德心等。部分港人甚至以身為 "殖民地" 人民而沾沾自喜，對內地同胞懷抱優越和傲慢心態。不過，大部分人仍然認為自己是中國人，但主要是從種族、血緣、歷史、文化和地理的角度而言。在政治上，他們對中華人民共和國和締建新中國的中國共產黨有抵觸情緒，主要原因是不少香港人是為了逃避中國共產黨的管治而來香港，或因為自己或親人曾在內地遭到政治迫害而對中國共產黨有惡感。

總的來説，在回歸前夕，我覺得所謂香港人的身份認同其實不太清晰，又不算強烈，更談不上香港人自覺是一群有着 "共同命運" 的人或是一個與中華民族有別的 "民族"，基本上只感覺到香港人之間有不少共同點而已。大批香港人在回歸前到外國移民，更多人是因為缺乏移民機會才留在香港。這個移民潮正好反映香港人身份認同不強和對香港的歸屬感不高的最佳寫照。

客觀而言，香港回歸中國意味着香港人的政治身份發生巨變，由 "殖民地臣民"（colonial subjects）或 "香港居民" 變為 "中華人民共和國公民"，理論上應該觸發香港人主觀上或心理上的對個人身份認同的思考。"我們是誰？"（Who are We？）的問題應該被提出，而香港人作為 "中國公民" 與中國和內地同胞的關係，尤其是香港人對國家的責任和義務應該迅速成為各方關注的議題。這些議題的提出和討論對建構新的香港人的身份認同應該有實際效果。然而，除了若干知識分子外，實際上很少香港人對那些議題感到興趣，基本上他們不覺得受到身份認同"問題"的困擾，沒有感受到身份認同的"危機"、對少數知識分子提出的"香港民族論"、"城邦論"、"香港革新論"或"香港主體論"等蓄意分割香港人與內地同胞的"主張"既難以理解亦無法產生共鳴。[83] 很多人壓根不意識到有改變身份認同的需要，只要繼續延續他們在"殖民地"時期的思想和行為便可，而這不正是"五十年不變"的初衷和要義嗎？

事實上，中國政府的"一國兩制"方針也沒有明確提出改變香港人的身份認同的目標，因為這樣不利於穩定人心，而且也沒有實際需要。具體而言，"一國兩制"不要求香港人"愛國"，更沒有"愛黨"的要求。"一國兩制"只要求"治港"的香港人為"愛國者"，但"愛國者"的定義亦相當寬鬆。"一國兩制"基本上要求香港人不要做那些對國家和政權不利的事，包括那些不利於"一國兩制"和基本法在香港落實的事。

從實踐"一國兩制"的角度看，為了維護國家主權、安全和發展利益及實現"愛國者治港"，中國政府理應在回歸後以各種政策和措施大力推動香港人的身份認同的轉變，藉以培養大批"愛國者"政治人才來確保"愛國者治港"得以長期落實，而各種形式的國民教育和愛國教育便應該成為"一國兩制"下的戰略重點。同樣重要的是為了強化香港人的國家觀念和民族意識，應該在思想心態領域開展"去殖民化"。考慮到"愛國者"政治人才在回歸前夕極為短缺，理論上培育"愛國者"的政治人才應該是重

---

83 見周永新：《香港人的身份認同和價值觀》（香港：中華書局，2015）。

中之重。

　　然而，中國政府並沒有將改變香港人的身份認同視為當前急務，結果是不經意地放棄了爭奪重塑香港人身份認同這個戰場，讓反對派勢力得以享有"壟斷"地位。其中有幾個重要原因。首先，正如前述，任何來自中國政府，涉及"思想改造"的意圖和行動，都必然會引起香港人的恐慌，不利於爭取他們對"一國兩制"和香港前途的信心。鑑於香港人的身份認同有深厚的"反共"元素，要改變他們的政治心態委實不易。第二，既然香港的"一制"在"一國兩制"下與內地的"一制"有相當程度的"分隔"，所以只要香港人不做不利於內地"一制"的事，則他們愛國與否實際問題不大。第三，在"一國兩制"下，香港人作為"中國公民"，其權利和義務與內地同胞差異極大，究竟香港人作為"中國公民"的內涵是甚麼一時間難以釐清。鑑於香港人的身份認同中有不少內容是刻意把香港人與內地同胞對立起來的，所以要求香港人覺得自己與內地同胞同屬一個"命運共同體"頗為困難。在那些不利情況下勉強開展國民或愛國教育不會有好結果。第四，在"一國兩制"下，香港擁有高度的自治權，自行管理自己的事情。儘管中國政府負責國防和外交事務，但在相對和平的國際環境下，加上中國的國力日強，香港人不會感受到國家"內憂外患"對香港帶來的危機，因此不會因國難當頭而產生愛國情懷。"一國兩制"在正常運作下，香港人基本上不會感受到國家和中央對自己有太多切身的影響，尤其是內地的政策和法律大體上不在香港應用。第五，中國越來越富強、國際地位和影響力不斷提高、中國人在世界上越來越受尊重，都讓香港人的國家和民族自豪感有所上升，但對於提高香港人對中華人民共和國的認同方面成效卻不是很大。第六，香港人所抱持的價值觀和政治思想始終與內地格格不入，由此而衍生的對內地和中國共產黨的抵觸情緒揮之不去，短期內無疑是建構香港人新身份認同的難以克服的障礙。第七，即便在"一國兩制"下香港與內地的經濟合作和關係愈趨密切，而香港人亦深深感受到國家繁榮昌盛對香港的重要性，從而滋生一些香港與內地乃"經濟命運共同體"的感覺，但經濟層面的頻密互動對改變香港人對中華人民共和國和中國共產黨的態度雖有正面影響，但畢竟程度有限，況且有部分香港人覺得自己是兩地經濟融合的受害者。第八，中國大陸過去突出帶有高度理想主義、浪漫主義，着重平等主義和社會公義的社會主義對不少年輕人有吸引力。改革開放縱然為國家帶來富強和人民生活水平的改善，但崇尚物質回報的社會主義市場經濟和其衍生的唯利是圖、私慾橫流、貧富懸殊、貪污腐化、公德凌夷和道德秩序崩壞等現象卻難以在精神上孕育香港人尤其是年青一代對國家的認同和嚮往。中國內地因此對飽受西方文化薰陶的年輕人缺乏感召力，缺乏吸引他們的理想、抱負和使命感，反而增加他們對國家的疏離感和厭惡感。第九，香港回歸中國後，香港人能夠參與國家事務或通過國家而參與國際事務的機會與渠道極少，這對強化香港人與國家的聯繫不利。內地學者強世功曾對此有所論述。他認為："可是，香港市民不能參軍保家衛國，不能參加內地高考接受國家教育，不能參加國家公務員考試當人民公僕，在內地上學被看作留學生；一個普通市民受到不公平的對待，在國家那裏找不到尋求正義的渠道；一個貧民生活處於絕境，也沒有在國家那裏獲得救濟的渠道。一句話,只要存在着這些法律強制性的公民認同區隔,怎麼能培養起香港人對國家的忠誠?因為公民身份認同不是一個抽象的法律概念,而是由於與自己的生活和命運息息相關而產生的自然情感。國家不是一個抽象的符號,而是人們在日常生活中能夠感受到的實實在在的存在。今天,香港人面臨的'作為中國公民的非公民待遇',可能恰恰是爭取香港人心回歸進展緩慢的一個重要原因。"[84] 當然,直到今天,有意參與國家和國際事務的香港人為數不多,但若果有更多一些香港人在國家、國防、外交和國際事務上擔當重要角色,則香港人應該會覺得因為受到國家的重視而提升他們對中華人民共和國和中國共產黨的好感。

平心而論,中國政府和特區政府並非完全漠視重塑香港人身份認同的重要性,某些形式的"國民教育"尤其是在推動香港與內地年輕人的交流、推廣基本法、派遣奧運得獎運動員到香港訪問、派遣航天精英到香港與香港人見面等。然而,國民教育在學校內因為各種阻力而推動乏力。總之,投入的資源有限,決心和毅力又不足,而效果亦十分有限。

實際上,對"一國兩制"在香港落實帶來更大麻煩的,是在部分香港人之中出現的某種程度的身份認同"危機",具體表現在香港人對過去支撐他們的自豪感和自信心的身份認同開始懷疑,並且開始嘗試另覓新的身份認同。

我在上面說過,香港人的身份認同在不少地方源於放大香港

84　強世功:《中國香港:政治與文化的視野》(北京:生活·讀書·新知三聯書店,2014),頁 198。

人與內地同胞的差異，並以醜詆和貶低對方來提高自己。香港人突出自己的反共意識、對資本主義的認同、對"普世價值"（實際上是西方價值）和傳統中國文化和價值的信奉和踐行，也相信香港擁有比內地更先進、開放、合理、公平和公正的制度、法規、做事方式。所有這些東西不但讓香港人感到自豪和自滿，也讓香港人覺得香港與內地在發展程度和生活水平的差距是自然的而且是永恆不變的。這些東西更支撐着香港人對內地同胞的優越感和傲慢姿態。香港人這種身份認同在戰後逐漸形成，尤其在年輕一代為甚，使得香港人對香港的歸屬感上升，但亦同時增加了他們對內地同胞的疏離感。在這種身份認同中，殖民管治不但不是"罪惡"，甚至是西方給予香港人的"恩寵"，而英國人則是香港人的"啟蒙者"。

內地過去幾十年在"改革開放"的旗幟下在各方面取得長足發展，而且前景燦爛，更為香港的經濟發展提供源源不絕的動力和機會。香港毗鄰內地，又得到中央的厚愛。世界上不少國家和地區對中國趨之若鶩，力求在中國發展中分一杯羹。香港近水樓臺，又有中央的特殊照顧，理論上香港人應該對國家、中央、內地同胞的感情和信任不斷增進。然而，實際情況卻頗為複雜。無疑大多數香港人的確因為國家的成就和國際地位的上升而對國家、中央和"一國兩制"增強了信心，也對內地同胞在多方面的進步感到欣慰。可是，不可否認的，是仍有不少香港人，特別是年輕人，卻因為國家的崛起而陷入某種程度的"身份認同危機"，不但對香港和對自己失去信心和自豪感，覺得失落、無助、憤懣和不平，對國家、中央和內地同胞產生了抵觸情緒，部分人甚至

懷抱敵意。對來港定居的內地"新移民"和到港旅遊和購物的內
地同胞以粗暴言行相向，詈罵他們為"蝗蟲"，極少數人甚至否認
自己是中國人和提出"香港獨立"的偏激主張。

　　國家的崛起、內地經濟競爭力的提高、內地資金和人才湧
港、內地同胞在香港人爭購奢侈品，以至香港對內地的依賴日增
都對香港人的身份認同的核心部分造成衝擊。很明顯，內地經濟
的持續高速增長與香港經濟的緩慢發展及產業結構的單調形成強
烈對比，打擊了香港人對自己的經濟成就的自豪感。內地經濟的
前景光明與香港經濟的陰霾密佈差異明顯。香港在國家經濟體系
中的重要性不斷下降，但卻越來越依靠國家的優惠政策的支持。[85]
內地"大款"在香港消費的"財大氣粗"通過媒體的誇張報導而
深入人心。內地同胞生活水平和素質的提高凸顯了在日惡劣的貧
富懸殊下香港中下層老百姓的困難處境。內地的資金和人才大量
進入香港無可避免形成各種競爭，對部分香港人的利益、生活和
工作都構成壓力和威脅。所有這些都讓香港人對自己、對香港的
資本主義制度、對過去"行之有效"的"積極不干預"經濟政策、
對香港社會的公平性和合理性產生懷疑和不滿。一直以來那些讓
香港人引以為榮並在內地同胞面前炫耀的香港價值、制度和生活
方式在國家崛起中風光不再，而在香港人之中一些自卑感和不安
全感隱約浮現。一些人甚至擔心內地的東西會逐漸取代或破壞香
港原來的東西，尤其是令貪污、人治和特權等不良事物腐蝕香港
人一直珍惜的廉潔、法治和公平的原則。

85　儘管中央給予香港的"惠港"政策其實也對國家的發展有利，是配合國家整體發展
　　策略的舉措，但不少香港人和內地同胞卻視之為中央為香港"送大禮"或"輸血"。

一些香港人尤其是少數知識分子因為對內地同胞的優越感無
以為繼，為了重構香港人的"身份認同"和重新喚起香港人的自
信心和自豪感，搜索枯腸，努力"挖掘"香港新的優勢和特徵。
他們努力的一些結果包括美化香港的"殖民地"過去。殖民管治
得到新的肯定，一些人特別是那些從未經歷殖民管治的年輕人甚
至相信懷柔和"仁慈"的殖民管治乃香港人之"福"，是香港之所
以在多方面比內地優越的源泉。另外一些人則向"非物質"領域
追尋香港的優越性，因此法治、人權、自由、多元、包容等東西
轉眼間被當作為香港一直以來和由來已久的"核心價值"，並以內
地仍然缺乏那些東西而引以為傲。[86]

然而，當部分香港人為了重拾自信而重構香港人的"身份認
同"時，他們的努力卻加劇了香港人與內地同胞的矛盾，亦造成
了香港人內部的分化。既然重構香港人的"身份認同"的目的是
要突出香港人與內地同胞的差異，並以"揚"香港人和"抑"內
地同胞為手段，則必然引起內地同胞對香港人的反感，必然增加
彼此間的矛盾和衝突。在香港內部，以排斥內地同胞和中央政府
為務和以醜化詆毀內地為樂的新的香港人"身份認同"容易異化
為各種"本土主義"甚至"港獨"主張。可是這些"新事物"卻不
為香港主流民意所認同，大部分香港人仍然懷抱強烈的中國情意

---

86 中國的急速崛起，其實所造成的影響絕不限於香港。中國過去的貧窮落後，一直以
來被發達國家的國民瞧不起。中國經濟的持續增長和競爭力的上揚都使得不少發達
國家的人民"心理不平衡"。有關日本和美國的情況，可分別參看 Brad Glosserman
and Scott A. Snyder, *The Japan-South Korea Identity Clash: East Asian Security
and the United States* (New York: Columbia University Press, 2015), pp. 47-48;
Benjamin I. Page, *Living with the Dragon: How the American Public Views the
Rise of China* (New York: Columbia University Press, 2010)。

結,而國家近三十多年來所取得的成就更令他們對內地的事物刮目相看,甚至認為內地的一些東西比如政府的決策和執行能力、經濟規劃和政府關懷弱小的舉措值得香港借鏡。部分人的"本土主義"和"分離意識"既然不為主流民意所接受,那些"逆流"自然會導致香港內部就何謂"香港人"引發爭議、摩擦和對立。更嚴重的,是一些人為了宣洩怨氣、吸引注意和打擊不同意見者,往往訴諸粗暴和不文明的言行,甚至採取違法手段來進行鬥爭。年輕的大學生和中學生在這些方面的表現尤為突出和惡劣。2014 年下半年爆發為時達 79 天的違法"佔領中環"行動堪稱代表作。部分香港人的野蠻和違法行徑,恰恰就是對香港的"包容"、"守法"、"以禮待人"和"和平"等"核心價值"的蔑視和踐踏,進一步增加了廣大香港人對香港現況和前景的擔憂和不安,尤其是對那些過去引以為榮的"核心價值"的崩壞的恐懼。廣大香港人與各式"本土主義"的矛盾,對"本土主義者"的厭惡趨於白熱化,加劇了香港社會的分化和對立。

香港的反對勢力在建構和重塑香港人的"身份認同"過程中一直處於領導的地位。1997-2003 年期間,在中國政府和特區政府漠視"身份認同"問題時,反對派在"身份認同"建構和重塑的"戰場"上可謂"無敵是最寂寞"。他們頗為成功地推動香港人的"身份認同"朝着與國家和同胞"分離"的方向前進,將香港人與中國人和中華民族對立起來。其實,回歸前認同為香港人和認同為中國人的人實際上分別不大,而更重要的是香港人基本上也肯定自己是中國人。[87] 在反對派的"不懈努力"下,回歸後部分自命為"香港人"的人越來越不覺得自己是中國人,甚至對"中國人"在概念上和事實上採取歧視或排斥態度。為了達到目的,反對派義無反顧地反對任何形式的國民教育,醜化它為"洗腦教育"。隨着香港人的"身份認同""危機"的出現,一些反對派黨派更變本加厲,將"本土主義"的一些不滿和訴求納入自己的政治立場之中,進一步強化和發展"本土主義"和香港人的"主體意識"。儘管主要的反對黨派尚沒有贊同"港獨"主張,但它們將香港人尤其是年輕人引向與中央政府和內地同胞對立和對抗的道路上卻是彰彰甚明的。

尤其令人擔憂的,是部分香港人的"新身份認同"出現的時間,正值是內地同胞的愛國情懷、民族自豪感和對西方價值觀和發展模式開始懷疑的時候。國家的崛起和取得的輝煌成就更讓內地同胞對中華文化、價值觀和傳統的尊重、嚮往和信心上升。1990 年代以來,內地大力推行以"勿忘國恥"為主軸的"愛國主義教育"取得了立竿見影的效果,大大改變了年輕人的思想心態,減少了他們對西方的盲目嚮往和提高了他們對中華文明的崇

87　劉兆佳:"'香港人'或'中國人':香港華人的身份認同 1985-1995",《二十一世紀》,第 41 期,43-58。

敬。[88] 內地近年來致力弘揚傳統中華文明,把"文化安全"列為國家安全的有機組成部分,並將之與愛國主義教育連在一起,增加了國人對本國固有文化的認識和推崇。與此同時,西方世界被不少內地同胞視為正處於"沒落"的、不可逆轉的過程中,西方的制度和價值觀在國內受推戴的程度今非昔比。越來越多人同意,鑒於中國的歷史悠久、文化底蘊深厚和國情獨特,中國只能探索一條適合自己的發展道路,而不可以把西方模式在中國生硬複製。內地同胞的民族自信心和自豪感上升也使得他們不會甘心緊隨西方之後走它已經走過但如今則弊端不斷浮現的道路。無論是"中國特色社會主義"、"中國模式"、[89] "北京共識"或"中華民

88　根據留美中國學者汪錚的研究,"過去三十年,中國的開放和國際社會與中國過從甚密的結果,似乎是一整個新一代的反西方的愛國者的誕生。""天安門事件和東歐共產主義崩潰之後,愛國主義和國恥論述在中國佔有突出地位。""愛國主義教育強調中國共產黨領導的國家為中國歷史上爭取民族獨立的骨幹,從而鞏固中國共產黨的權威。""1980 年代的內向的、反腐、反專制的民主運動在 1990 年代轉化為外向的、反西方的民族主義。"見 Zheng Wang,*Never Forget National Humiliation: Historical Memory in Chinese Politics and Foreign Relations* (New York: Columbia University Press, 2012),p. 2, p. 96, p. 100 and p. 116。另一留美中國學者趙穗生也有相同看法,他認為中國共產黨以國家榮譽和利益的捍衛者自居,而民族主義則成為中國的精神支柱。見 Suisheng Zhao, *A Nation-State by Construction: Dynamics of Modern Chinese Nationalism* (Stanford: Stanford University Press, 2004)。

89　潘維:《中國模式:解讀人民共和國的 60 年》(北京:中央編譯出版社,2009)。

族復興中國夢"，[90] 其實都標誌着中國人必須也只能開創自己的發展道路，並通過它來達致國家富強、人民幸福和政治開明。誠然，到目前為止，中國所走的道路究竟應該如何描述，而這條道路對其他國家有多大的借鑒意義，還沒有一套權威性的講法。不過，一些具有中國特色的元素卻已經被各方面所發現。在經濟領域，市場競爭、國有企業和政府的"有形之手"共存是不爭的事實。集體領導和科學決策是另外一個亮點。[91] 中國的政治體制也被形容為"賢人治國"（meritocracy）的制度，與西方的民主政體分庭抗禮、各有千秋，尤其適合那些尚處於發展階段的國家。[92]

90　可參考中央文獻出版社編：《習近平關於實現中華民族偉大復興的中國夢論述摘編》（北京：中央文獻出版社，2013）。習近平在該書的不同段落闡述他對"中國夢"的認識。"全面建設小康社會、建成富強文明和諧的社會主義現代化國家的奮鬥目標，實現中華民族偉大復興的中國夢，就是要實現國家富強、民族振興、人民幸福，既深深體現了今天中國人的理想，也深深反映了我們先人們不懈追求進步的光榮傳統。"（頁 4-5）"實現中華民族偉大復興，是近代以來中國人民最偉大的夢想，我們稱之為'中國夢'，基本內涵是實現國家富強、民族振興、人民幸福。"（頁 5）"在新的歷史時期，中國夢的本質是國家富強、民族振興、人民幸福。我們的奮鬥目標是，到二零二零年國內生產總值和城鄉居民人均收入在二零一零年基礎上翻一番，全面建成小康社會。在本世紀中葉，建成富強民主文明和諧的社會主義現代化國家，實現中華民族偉大復興的中國夢。"（頁 7）"我們的人民是偉大的人民。在漫長的歷史進程中，中國人民依靠自己的勤勞、勇敢、智慧，開創了各民族和睦共處的美好家園，培育了歷久彌新的優秀文化。我們的人民熱愛生活，期盼有更好的教育、更穩定的工作、更滿意的收入、更可靠的社會保障、更高水平的醫療衛生服務、更舒適的居住條件、更優美的環境，期盼孩子們能成長得更好、工作得更好、生活得更好。人民對美好生活的嚮往，就是我們的奮鬥目標。"（頁 13）

91　見胡鞍鋼：《中國集體領導體制探究》（香港：中華書局，2014）；王紹光、樊鵬：《中國式共識型決策："開門"與"磨合"》（北京：中國人民大學出版社，2013）；及 David M. Lampton, *Following the Leader: Ruling China, from Deng Xiaoping to Xi Jinping* (Berkeley and LA: University of California Press, 2014)。

92　見 Daniel A. Bell（貝淡寧），*The China Model：Political Meritocracy and the Limits of Democracy* (Princeton: Princeton University Press, 2015)。根據貝淡寧的分析，中國的"賢人治國"分為三個層面：基層民主、地方與中央政府之間的區間的不斷嘗試和創新及頂層的賢人領導。中國的"模式"確保最高領導人德才兼備，並富有治理經驗。

　　正當內地同胞積極弘揚中華文化並對西方文化疑慮日深之際，部分香港人卻刻意標榜西方價值，而一些人甚至基於逆反心態對殖民主義予以褒揚，由此而來的內地同胞和部分香港人之間的"文化衝突"及彼此對對方的"道德批判"便難以遏止，並在兩地同胞之間產生隔膜、誤解和摩擦，絕對不利於香港與內地的經濟合作和感情溝通。

　　總之，雖然"一國兩制"沒有要求香港人"愛國"和"愛黨"，基本上只期望他們不要與中央和內地對抗，不要把香港變成"顛覆基地"，但中央和內地同胞在香港回歸後希望香港人能夠更多和更積極地關懷自己的國家和民族，應該是合理的期盼，尤其是當香港人得到中央和國家的厚愛、關懷和尊重。因此，香港人的"身份認同"的"異化"，不但沒有因為回歸而注入更多的"中國人"的元素，反而出現與國家和民族"分離"的成分，對國家的安全和利益構成潛在威脅，那肯定不是內地同胞所能容忍的，也必然會導致內地同胞的反感，對贏取內地同胞對"一國兩制"的支持不利。由此以觀，中央和特區政府與香港的各類反對勢力在構建和重塑香港人的"身份認同"上的激烈爭鬥勢難避免。

第四章
過渡期內和回歸以來國內外和
香港環境的變遷

　　經過兩年多的艱苦談判，中英雙方在 1984 年簽署了聯合聲明，英國同意在 1997 年將香港交還中國，中國則承諾在香港實行 "一國兩制"。保持香港原來的制度和生活方式五十年不變的莊嚴承諾是以香港在 1980 年代中期的狀況為準則的，當然政治體制屬於例外，因為中英兩國同意香港的政治體制應該逐步走向民主化。中國政府又承諾以法律方式，通過制定基本法來落實中方在《中英聯合聲明》中宣示的中國政府在回歸後的對港方針和政策。在中國政府的思維中，日後基本法要保證五十年不變的香港狀況也大體上是 1984 年中英聯合聲明簽署時的 "現狀"。當然，1990 年頒佈的基本法有選擇性地接納了一些 1984 年至 1990 年香港出現的 "變化"。至為重要的，這個 "現狀" 包括香港不是與中國政府對抗的 "顛覆基地"。中國政府期望、也要求英方在 1984 年至 1997 年的過渡期內不要改變香港的 "現狀"。假如因為不得已的原因而不得不作出改變，也應該通過中英雙方協商，在雙方同意下才進行。可是，如前所述，基於自身利益和政治考量，英方在中英聯合聲明尚未正式簽署之前，已經有計劃地和預謀地在香港推行各種各樣的政治變革，總體目標是要通過搶先一步為香港回歸後的政治體制和人事佈局"定案",讓英方所屬意的或者說讓"英國版本"的"一國兩制"在 1997 年後實踐。英方的政治盤算和行動在 1989 年北京發生"六四事件"後更為明顯和積極,甚至為求達到目的不惜與中方對抗。英方在過渡期內雖然與中方仍然在不同領域維持合作,但在政治領域英方的種種不合作甚至對抗姿態的確對"一國兩制"在回歸後的落實埋下許多不利的因素,而且在一些方面阻撓和扭曲了"一國兩制"的實踐,其後遺症在今天仍歷歷在目。

對"一國兩制"的實踐影響更大的是《中英聯合聲明》簽署之後,國際形勢風雲變幻,主要反映在東歐變天,蘇聯解體,中國陷入孤立,美國一霸獨大,西方的自由民主和自由市場的思想在世界上一時無兩,社會主義陷入"月暗星稀"之境。在這個單極(unipolar)世界中,美國意圖以政治、軍事和經濟力量按照其"自我形象"(self-image)重塑世界體制和秩序。然而,這些情況很快便發生巨變,證明人類歷史尚未完結,何謂"最終"的人類在社會、政治、經濟和思想的"歸宿"或歷史停頓之處根本無處覓尋,只能說人類歷史只會無止境的向前邁進和演化。不同國家和文明仍然會進行長期的博弈和競爭,不斷互相借鏡和相互促進。

香港回歸中國後的十八年來,對"一國兩制"實踐最關重要的變遷,莫過於中國的快速和全方位的崛起、全球經濟重心的東移、西方屢受金融和經濟危機所困、西方價值體系的吸引力走低和中西方特別是中美之間的日益激烈的博弈。周邊環境的巨變,無可避免引發香港本身的變化,也為香港帶來新的挑戰和困難。

香港與國家，香港與西方的關係同樣地也發生微妙的變化，為
"一國兩制"的實踐帶來新課題和新挑戰。

中國的崛起

香港的前途問題解決後，中國的改革開放戰略以迅猛的步伐
展開，無論在經濟上、政治上、軍事上和外交上都取得了舉世矚
目的赫赫成果。中國的崛起，以建構中國特色社會主義為依託。
中國所走的發展道路有相當的獨特性，它巧妙地將強勢集體政治
領導、市場經濟、經濟和社會規劃、國有企業、私有企業、出口
與內需並重、政府在公共福利與服務提供方面的積極角色揉合在
一起。中國的發展戰略因為其長期持續的經濟增長而受到世人的
稱頌，更被冠以"北京共識"（Beijing consensus）[1] 和"中國模式"
（Chinese model）的稱號。[2] 尤其重要的，是中國的發展戰略的重
心隨着國家的發展不斷變動，其中最醒目的是從"引進來"為主
導向"走出去"為主導過渡。中國的崛起，改變了國際格局、秩
序和遊戲規則。對香港來說，中國的崛起改變了內地和香港的關
係，改變了香港在國家發展過程中的角色，也改變了香港所處身
的國際環境和香港與西方的關係。

---

1 見 Joshua Cooper Ramo, *The Beijing Consensus* (London: Foreign Policy Centre, 2004); Stephen Halper, *The Beijing Consensus: Legitimizing Authoritarianism in Our Time* (New York: Basic Books, 2012)。

2 不是所有人都同意中國的發展模式獨一無二，一些人認為中國只是重複亞洲四小龍的發展路線，頂多是一條巨龍而已。可參考黃亞生：《中國模式到底有多獨特》（香港：中華書局，2014）。

在經濟發展方面，中國的經濟總量在 2011 年已經超過日本，成為僅次於美國的全球第二大經濟體。對於中國經濟自"改革開放"後的歷程，內地學者胡鞍鋼等如此描述："1987 年 4 月，鄧小平第一次完整地闡述了分三步走實現這一戰略目標。第一步是在 80 年代翻一番。以 1980 年為基數，當時人均國民生產總值只有 250 美元，翻一番，達到 500 美元。第二步是到 20 世紀末，再翻一番，人均達到 1000 美元。…… 第三步也是更重要的一步，即在 21 世紀用 30 年到 50 年再翻兩番，大體上達到人均 4000 美元。""2002 年，江澤民同志在黨的十六大報告中明確提出到 2020 年中國全面建設惠及十幾億人口的更高水平的小康社會的宏偉目標。提出到 2020 年，國內生產總值比 2000 年翻兩番，基本實現工業化。當時的具體設想和主要目標是 2020 年人均 GDP 達到 3000 美元以上，大體達到當時中等收入國家水平，城鎮化率超過 50%，農業就業比重降低到 30% 左右。2007 年，胡錦濤同志在黨的十七大報告中進一步提出到 2020 年全面建設小康社會的新要求，有了更清晰完整的 2020 年宏偉藍圖。提出比十六大更高的目標，要求到 2020 年，人均 GDP 比 2000 年翻兩番，達到 4 萬元，即 5000 美元。"[3]

對於中國的經濟成就，內地經濟學者林毅夫如此概括："1979 年中國屬於世界上收入水平最低的國家之一。按照 2000 年不變價計算，人均收入僅 175 美元，還不到世界上最貧窮的撒哈拉以南非洲國家人均收入平均水平的三分之一。2012 年中國人均

3　胡鞍鋼、鄢一龍、魏星執筆：《2030 中國：邁向共同富裕》（北京：中國人民大學出版社，2011），引述來自書中頁 8 和 9。

收入激增到 6000 美元，超過撒哈拉以南國家人均收入的 4 倍。中國經濟的傑出表現幫助 6 億多人脫離了世界銀行所定的人均一天 1.25 美元的貧困線水平。"[4] "只要瞭解如何根據本國不同發展階段的比較優勢充分利用技術創新和結構轉型方面的後發優勢，任何一個發展中國家都有機會加速經濟增長，中國也有可能實現十八大所提出的到 2020 年國內生產總值和人均收入在 2010 年的基礎上翻一番，在建黨 100 周年時全面建成小康社會，以及在新中國成立 100 周年時把中國建設成富強民主文明和諧的社會主義現代化國家的宏偉目標。"[5]

內地經濟學者厲以寧對"改革開放"以來中國經濟的轉型有扼要的描述："從 1979 年起，中國進入了雙重轉型階段。雙重轉型是指體制轉型和發展轉型的結合或重疊。甚麼是體制轉型？就是從計劃經濟體制轉向市場經濟體制。甚麼是發展轉型？就是從傳統的農業社會轉向工業社會。兩種轉型的結合和重疊是沒有前例的，也是傳統的發展經濟學中沒有討論過的。…… 在體制改革轉型中，產權改革是突破口，是主線；在發展轉型中，產權界定和產權清晰是動力源泉。…… 在雙重轉型中，一定要在經濟增長的同時改善民生。改善民生是縮小城鄉居民收入差距和縮小地方收入差別的重要途徑。…… 任何時候都不能忽視就業問題。…… 擴大內需同改善民生是緊密結合在一起的。唯有擴大內需才

4　林毅夫："中國的復興之路：經驗、挑戰與未來的展望"，載於成思危、厲以寧、吳敬璉、林毅夫等：《改革是中國最大的紅利》(北京：人民出版社，2013)，頁 51-72，頁 53-54。

5　同上，頁 68-69。

能使中國經濟增長逐漸轉入良性循環的軌道。…… 城鎮化將是今後若干年內最有潛力的投資機會和擴大內需的機會，能保證中國經濟增長繼續以較高的速度前進。…… 大力發展民營經濟不僅是為了緩解就業壓力，更主要是為了調動民間的積極性，包括調動民間資本的潛力。…… 我們的目標模式是明確的：從體制轉型方面，我們的目標模式是建立完善的社會主義市場經濟體制；從發展轉型方面說，我們的目標模式是實現工業化，建立現代化社會，使全國人民走向富裕，使和諧社會得以實現。改革要深化，發展要再接再厲，不可鬆懈。改革和發展都不可半途而廢。中途停止下來，可能前功盡棄。"[6] 厲以寧又特別警告要防止"職業世襲化"、"城鄉二元體制"拖國家經濟發展的後腿。

國際社會的主流看法是儘管中國經濟面對的困難不少，包括轉變經濟發展方式極為困難而且會帶來經濟震盪、金融不穩、過大的債務負擔和過去經濟發展所產生的既得利益者的阻撓，但多數觀察家仍然認為中國在可預見的將來仍能保持相對高速的經濟增長。[7]

在政治領域，最令西方國家特別是它們國內的反華、反共勢力感到失望、沮喪和不安的是經濟發展、市場競爭、中產階級的出現和與西方的緊密接觸，並沒有驅動中國走向"和平演變"，反而在中國歷史和政治傳統的影響和因應現實環境的需要下，中國

6　　厲以寧：《中國經濟雙重轉型之路》（香港：中華書局，2014），頁 2-6。

7　　見 The World Bank and the Development Research Center of the State Council, the People's Republic of China, *China 2030: Building a Modern, Harmonious, and Creative Society* (New York: The World Bank, 2013)。又見胡鞍鋼等：《十三五大戰略》（杭州：浙江人民出版社，2015）。

逐漸摸索出一條中國特色的政治發展道路。這條道路以中國共產黨長期執政為前提，在這個前提下構建一個具有鮮明特色的政治體制。主要的特色包括：擁有堅實管治權威的強勢政府、政府得到全國人民的廣泛支持和信任、集體商議和決策的領導形態、危機處理出色和有力、結合精英領導與群眾參與的政治格局、和一支能夠從宏觀、歷史、理性、務實和長遠角度擘劃國家發展路向和戰略的領導集體。[8] 在北京任教的美國學者貝淡寧（Bell）甚至為中國的政治模式冠以"賢人治國"（political meritocracy）的美稱。據貝淡寧的分析，中國的"賢人治國"分為三個層面：基層民主、地方與中央政府之間的區間內的不斷嘗試和創新及頂層的賢人領導。中國的"模式"確保最高領導人德才兼備，並富有治理經驗。[9] 雖然貝淡寧也指出"賢人治國"有內在缺陷，也不一定比西方民主優勝，但仍然是一個對中國發展有利、切合中國傳統和國情、擁有一些比西方民主政體優越之處和具有生命力的政治體制。當然，西方人一般依舊詆毀中國政府為獨裁或極權政權，並認為這種政權對世界不利。不過，西方權威民意調查機構在中國所作的民意調查卻發現中國政府是世界上少有的得到人民高度

8　見胡鞍鋼：《中國集體領導體制探究》（香港：中華書局，2014）；王紹光、樊鵬：《中國式共識型決策："開門"與"磨合"》（北京：中國人民大學出版社，2013）；及 David M. Lampton, *Following the Leader: Ruling China, from Deng Xiaoping to Xi Jinping* (Berkeley and LA: University of California Press, 2014)。

9　Daniel A. Bell, *The China Model*：*Political Meritocracy and the Limits of Democracy* (Princeton: Princeton University Press, 2015)。又可參考 John Micklethwait and Adrian Wooldridge, *The Fourth Revolution: The Global Race to Reinvent the State* (New York: Penguin, 2014)。

擁戴的政府。[10] 西方政府其實亦以中國政府為長期的政治對手看待。

最近中國領導人更提出被稱為"第五個現代化"的"國家治理體系和治理能力現代化"，目的在於建構一個與中國作為現代化大國相匹配的國家治理模式和方法，讓中國在治理方面的效率和效能更上一臺階。[11] 按照國家主席習近平的説法："國家治理體系和治理能力是一個國家制度和制度執行能力的集中體現。國家治理體系是在黨領導下管理國家的制度體系，包括經濟、政治、文化、社會、生態文明和黨的建設等各領域體制機制、法律法規安排，也就是一整套緊密相連、相互協調的國家制度；國家治理能力則是運用國家制度管理社會各方面事務的能力，包括改革發展穩定、內政外交國防、治黨治國治軍等各個方面。國家治理體系和治理能力是一個有機整體，相輔相成，有了好的國家治理體系才能提高治理能力，提高國家治理能力才能充分發揮國家治理體系的效能。"[12] "推進國家治理體系和治理能力現代化，就是要適應時代變化，即改革不適應實踐發展要求的體制機制、法律法規，又不斷構建新的體制機制、法律法規，使各方面制度更加科學、更加完善，實現黨、國家、社會各項事務治理制度化、規範化、程序化。要更加注重治理能力建設，增強按制度辦事、依法

10　可參考美國民意調查機構皮尤研究中心 (Pew Research Center) 歷年對各國人民對其政府的信任度的調查。

11　可參考俞可平：《論國家治理現代化》（北京：社會科學文獻出版社，2014）；及胡鞍鋼等：《中國國家治理現代化》（北京：中國人民大學出版社，2014）。

12　中共中央文獻研究室編：《習近平關於全面深化改革論述摘編》（北京：中央文獻出版社，2014），頁 24。

辦事意識，善於運用制度和法律治理國家，把各方面制度優勢轉化為管理國家的效能，提高黨科學執政、民主執政、依法執政水平。"[13]

中國國力的快速增長，為中國積累了龐大的外匯儲備、大量的企業和個人的積累、過剩的產能、巨大的勞動人口和一些在世界上有競爭力的產業（鐵路、能源、建造、通信科技）。國內市場已經不能完全"消化"中國的生產力。近十多年來，因為全球金融海嘯、發達國家對中國出口貨品和服務的需求減少、下一波的貿易全球化進展不順利、保護主義在越來越多的國家抬頭，加上過去依靠出口和投資的經濟發展模式無以為繼，中國迫切需要增加內需來維持高增長和高就業。一直以來中國將大部分的貿易盈餘和對外投資收益轉化為美國國債和其他外國資產。好處當然是維持較低的人民幣的匯價來促進中國的出口，但卻又因為美國和歐洲的"不負責任"的財政政策而蒙受外幣資產貶值的損失。與此同時，過去粗放型和危害環境的經濟增長方式已經不合時宜，亟需改變。中國在能源、資源和糧食方面越來越依靠國外提供。所有這些因素都迫使中國擴大和深化其"走出去"戰略。中國的"走出去"對全球各國的影響越來越大，引起了西方尤其是美國的嚴重關注。[14]

當今中國的"走出去"戰略有幾個重要部分。（一）鑒於國內的資源已經不足以支撐中國的高速發展，中國因此積極到其他國

13　同上，頁 25。

14　David Shambaugh, *China Goes Global: The Partial Power* (New York: Oxford University Press, 2013)。此書對中國的"走出去"戰略提供一個頗為全面的描述。

家特別是發展中國家獲取石油和天然氣、油氣田、礦產、農產品和耕地。[15] 自然地，中國在世界各地獲取資源的行動，在一定程度上帶動全球商品和農產品的價格上揚，在國際社會產生一些怨言。[16] 中國在部分非洲和拉丁美洲收購資源和土地，又引發了一些對中國在發展中國家搞"新殖民主義"的不盡不實的指責。[17]

（二）中國的外匯儲備愈趨豐厚，而國有和民營企業財政和營運能力又不斷提升，國內市場已經不足以滿足國家和企業的投資需要。此外，中國亦需要繼續到國外獲取新知識、新技術、新市場、新產業和先進的管理和行銷的方法。近年來，中國在海外大量收購、合併和入股外國企業，也不斷購買外國的"品牌"。一些國家尤其是西方國家對此"愛恨交織"，但它們卻殷切需要來自中國的資金以提振本國的經濟。

（三）中國人大舉到海外發展。無論是精英人才，還是普通老百姓，都積極利用"改革開放"的機遇，紛紛到外國經商、務農、打工、唸書、旅遊和移民。[18] 中國人的刻苦耐勞，對當地的

15　見 Elizabeth C. Economy and Michael Levi, *By All Means Necessary: How China's Resource Quest is Changing the World* (New York: Oxford University Press, 2014)；Michael T. Klare, *The Race for What's Left: The Global Scramble for the World's Last Resources* (New York: Metropolitan Books, 2012)。

16　當然，反過來説當中國經濟發展放緩，對商品的需求減少，全球商品價格則會下降，同樣對全球經濟增長不利。

17　Deborah Brautigam, *The Dragon's Gift: The Real Story of China in Africa* (New York: Oxford University Press, 2009)。

18　見 Howard W. French, *China's Second Continent: How a Million Migrants Are Building a New Empire in Africa* (New York: Alfred A. Knopf, 2014); Juan Pablo Cardenal and Heriberto Araújo, *China's Silent Army: The Pioneers, Traders, Fixers and Workers Who Are Remaking the World in Beijing's Image* (New York: Crown, 2013)。

經濟發展有利，但也在不同程度上改變了該地的社會生態和民族
關係，引起了一些當地人民的不滿。

（四）一些在世界上有競爭力的內地企業，特別是那些從事
高鐵、建築、基礎設施、發電和通信科技的企業，都勇於到其他
國家開拓市場，並取得不錯的成績。

（五）人民幣走向國際化。戰後美元主導的國際金融秩序是
在美國不顧英國和其他盟友的擔憂和不滿之下強行建立起來的。[19]
這個以服務美國利益為主的金融秩序雖然對戰後西方和部分發展
中國家的經濟發展有利，但隨着美國財政困難惡化、美國外貿的
經常賬（current account）長期出現逆差（deficit）、美國的財政政
策鮮有考慮別國的利益、美元的匯價持續走低等情況的出現，
其他國家因此而蒙受嚴重的損失。1997 年亞洲金融危機和 2008
年爆發的全球金融海嘯，更暴露了美國和美元主導的國際金融
秩序的種種弊端和"新自由主義"（neoliberalism）經濟觀的"破

19　在戰後的布雷頓森林（Bretton Woods）國際會議上，美國決心要將英鎊的地位壓
　　下去，讓美元成為世界上在貿易、投資和儲備上的首要的貨幣的圖謀昭然若揭。美
　　國的目的是要將美元的地位等同於黃金、建立固定的匯率制度、嚴格限制其他國家
　　通過貨幣貶值增加出口、維持世界金融秩序的穩定、推動美國經濟的復蘇和控制
　　別國的財政和金融政策。另外一個隱蔽的目的是讓美國擁有在必要時對其他國家
　　發動貨幣戰爭的武器。見 Benn Steil, *The Battle of Bretton Woods: John Maynard
　　Keynes, Harry Dexter White, and the Making of a New World Order* (Princeton:
　　Princeton University Press, 2013)。又見 Benn Steil and Robert E. Litan, *Financial
　　Statecraft: The Role of Financial Markets in American Foreign Policy* (New Haven:
　　Yale University Press, 2006) 和 James Rickards, *Currency Wars: The Making of
　　the Next Global Crisis* (New York: Portfolio/Penguin, 2011)。

產"。[20] 中國也認為，作為在世界上名列前茅的生產和貿易大國，人民幣應該享有相匹配的國際地位。人民幣國際化肯定會進一步擴大中國在國際上的影響力和軟實力。自從全球金融海嘯後，中國加快了人民幣國際化的步伐。在"全面"開放資本賬（capital account）的條件尚未成熟，而且要嚴防金融風險的發生的考慮下，中國採取了各種促使人民幣走向國際化的措施，包括深化國內金融體系的改革、建立上海自貿區、推動香港成為首要的人民幣離岸金融中心、讓其他地方比如新加坡、倫敦、紐約和法蘭克福等國際金融中心經營更多的人民幣業務、擴大人民幣在國際貿易、投資和儲備上的用途、與越來越多的國家進行貨幣兌換（currency swap）、在對外投資和援助時更多的使用人民幣、容許和鼓勵中國人在外地以人民幣消費和投資、容許境外的人民幣回流中國作投資用途、在釐定人民幣匯價過程中更多地倚重市場因素、謀求將人民幣納入國際貨幣基金組織（International Monetary Fund）的特別提款權（Special Drawing Right，亦稱"紙黃金"）之

20　Gérard Duménil and Dominique Lévy, *The Crisis of Neoliberalism:* (Cambridge,MA: Harvard University Press, 2011); Carmen M. Reinhart and Kenneth S. Rogoff, *This Time is Different: Eight Centuries of Financial Folly* (Princeton: Princeton University Press, 2009); Raghuram G. Rajan, *Fault Lines: How Hidden Fractures Still Threaten the World Economy* (Princeton: Princeton University Press, 2010); Charles W. Calomiris and Stephen H. Haber, *Fragile by Design: The Political Origins of Banking Crisis and Scarce Credit* (Princeton: Princeton University Press, 2014); 及 Alan S. Binder, *After the Music Stopped: The Financial Crisis, the Response, and the Work Ahead* (New York: The Penguin Press, 2009)。

內。[21] 尤為重要的,是強化人民幣在中國積極參與的區域合作組織中的地位和功能。就此而言,人民幣國際化首先是在東南亞和亞洲其他地區開動,並逐步擴大到其他國家和地區。

　　與經濟"走出去"戰略相輔相成的,是中國的源於過去經驗和總結成敗得失之後逐漸形成的國際戰略。內地學者王公龍對這個國際戰略的思想理論有比較全面的介紹:"總之,進入改革開放新時期,集中精力於國家的經濟建設,推進國家的現代化進程,成為中國最重要的戰略目標,營造有利的國際環境始終是中國面對的重大戰略性課題。在中國領導人看來,有利的國際環境主要是指和平穩定的國際環境、睦鄰友好的周邊環境、平等互利的合作環境以及客觀友善的輿論環境。四者是有機統一的整體,構成了中國發展環境的大系統。其中,和平穩定的國際環境是基礎,沒有和平穩定的國際大環境和大背景,中國很難爭取到一個有利的國際環境,即便在短期內與外部世界相安無事,這種局面也難以持久。睦鄰友好的周邊環境是重點,這是中國的地緣政治環境的特殊性所決定的,爭取有利的國際環境,最主要的是積極爭取中國周邊環境的穩定和繁榮發展。平等互利的合作環境是中國實現和發展國家利益的重要途徑,它是中國國際環境系統中不可或缺的組成部分。客觀友善的輿論環境是中國發展的國際環境中分量不斷加重、地位日益上升的部分,因為對正在崛起的大國

21　成思危:《人民幣國際化之路》(北京:中信出版社,2014);Robert Minikin and Kelvin Lau, *The Offshore Renminbi: The Rise of the Chinese Currency and Its Global Future* (Singapore: Wiley & Sons, 2013);Barry Eichengreen and Masahiro Kawai (eds.), *Renminbi Internationalization: Achievements, Prospects, and Challenges* (Tokyo: Asian Development Bank Institute and Washington, D.C.: Brookings Institution Press, 2015)。

而言，中國不僅要維護和發展國家利益，而且要高度重視自己的國際形象塑造。在 30 多年的改革開放實踐中，儘管隨着國際形勢特別是中國與外部世界關係的變化，中國共產黨對中國國際戰略與外交政策的目標不斷做出調整，其關注範圍也從中國自身轉向整個世界，從謀求自身利益轉向合作共贏，但中國始終堅持外交為經濟服務，始終把爭取有利於國家現代化建設的國際環境當作核心的目標。爭取有利的國際環境也因此成為新時期中國國際戰略思想的主題和發展的主線。"[22]

中國的國際策略的具體內容非常豐富，而且隨着國家的外部環境的改變而不斷調校，務使國家主權、安全和發展利益得到最佳的維護。[23] 我在這裏選擇介紹那些與"一國兩制"在香港實踐較有關係的內容。

（一）致力構建更公平合理的國際秩序。當前的國際秩序乃二次大戰後在美國主導下的國際秩序，以美國的利益、價值觀和戰略需要為主導，主要依靠美國和其盟友來維持。[24] 在這個國際秩序中，美國和西方國家居於領導地位，具體反映在那些舉足輕

22　王公龍：《中國特色國際戰略思想體系研究》（北京：人民出版社，2012），頁 110。又 見 Gilbert Rozman, *Chinese Strategic Thought toward Asia* (New York: Palgrave Macmillan, 2010); 及 Bates Gill, *Rising Star: China's New Security Diplomacy* (Washington, DC: Brookings Institution Press, 2007)。

23　可參考國務院新聞辦公廳編：《解讀中國外交新理念》（北京：五洲傳播出版社，2014）；閻學通：《歷史的慣性：未來十年的中國與世界》（北京：中信出版社，2013）；Mark Leonard, *What Does China Think?* (London: Fourth Estate, 2008)；Daniel C. Lynch, *China's Futures: PRC Elites Debate Economics, Politics, and Foreign Policy* (Stanford: Stanford University Press, 2015)。

24　Anne-Marie Slaughter, *A New World Order* (Princeton: Princeton University Press, 2004)；David Ekbladh, *The Great American Mission: Modernization and the Construction of an American World Order* (Princeton: Princeton University Press, 2010)。

重的國際組織的領導人的國籍上，例如國際貨幣基金組織的領導人一定是歐洲人，而世界銀行的領導人一定是美國人。在這個國際秩序中，權力分配和遊戲規則在不少方面對發展中國家不利。中國一方面積極參與國際事務，擔負自己力所能及的國際責任和義務，另方面則盡力爭取國際秩序向對世界各國更公平和合理的方向改革。[25]

（二）在區域和局部範圍內示範新國際秩序的建設。中國希望通過與其他國家的合作，建立一些區域性和局部性的國際合作組織，並借此示範新國際秩序的形態和運作方式。前者的典型例子是上海合作組織和中國與東盟十國組成的"自由貿易區"，後者的最佳示例是"金磚五國"體系。在這些國與國的合作機構中，中國試圖體現公平、互利、共贏、包容、開放、平等的原則。[26]

（三）反對任何改變戰後國際秩序的不合理行為。中國堅持國家主權不可侵犯，反對將人權和人道考慮置於國家主權之上，反對以武力或其他手段改變別國的政權（regime change）、[27] 反對西方國家向他國輸出西方民主、[28] 反對任何國家尤其是日本和美

---

25 可參看 Alastair Iain Johnston, *Social States: China in International Institutions, 1980-2000* (Princeton: Princeton University Press, 2008)。

26 見石澤主編：《中國周邊國家與合作組織》（北京：人民出版社，2014）。

27 Rein Müllerson, *Regime Change: From Democratic Peace Theories to Forcible Regime Change* (Leiden: Martinus Nijhoff, 2013)；Michael MacDonald, *Overreach: Delusions of Regime Change in Iraq* (Cambridge, MA: Harvard University Press, 2014)。

28 William Blum, *America's Deadliest Export: Democracy—The Truth about US Foreign Policy and Everything Else* (London: Zed Books, 2013)；F. William Engdahl, *Full Spectrum Dominance: Totalitarian Democracy in the New World Order* (Joshua Tree: Progressive Press, 2009)。

國違反二次大戰後戰勝國制定的國際協議（尤其是波茨坦宣言
[Potsdam Declaration]），[29] 反對任何大國架空或擺脫聯合國而單方
面侵犯他國的主權。[30]

　　（四）改變美元獨霸的國際金融秩序。人民幣國際化的短中
期目標是在仍然承認美元為貨幣霸主之同時，推動世界走向主要
貨幣多元化的格局，提升歐元和人民幣的國際金融功能。對於
美元的前景，不同學者的看法差異甚大。美國金融學者普拉薩
德（Prasad）斷言，在金融海嘯後，"美元作為首屈一指儲備貨幣
的地位更為鞏固。以美元計價的金融資產特別是美國的國庫債券
仍然是那些意在資產保值的投資者的首選。""二次大戰後的布
雷頓森林（Bretton Woods）體系事實上是一個通過限制各國以競
相將貨幣貶值來刺激貨物與服務出口及國內經濟增長的手段的體
系，其目的在於為國際貿易和金融建立秩序。"布雷頓森林體系
雖然在 1971 年 8 月因為美元與黃金脫鈎而崩潰，但美元的國際
地位依然強固，沒有因為美元長期貶值和因美國和美元引發的金
融危機頻仍而倒下，原因是沒有更好的選擇。歐元受困於歐盟缺
乏統一的財政政策，不利匯率的穩定。即便人民幣具有長期升值
的潛力，又"是一個越來越多在國際交易上被使用，但資本流動

29　中國認為美國將釣魚列島交付日本，及日本擴軍和參與境外的軍事行動都是違反波
　　茨坦宣言的行動。有關釣魚島的爭端，可參考韓結根：《釣魚島歷史真相》（上海：
　　復旦大學出版社，2014）。

30　Robert C. Hilderbrand, *Dumbarton Oaks: The Origins of the United Nations and
　　the Search for Postwar Security* (Chapel Hill: The University of North Carolina
　　Press, 1990); Paul Kennedy, *The Parliament of Man: The Past, Present & Future of
　　the United Nations* (New York: Random House, 2006)。

仍然受到限制的貨幣的最佳例子。"[31]

　　不過，不少學者卻持另類觀點，認為美元的國際地位不可避免會受到其他貨幣特別是人民幣的挑戰，而人民幣是否可以自由兌換和中國的資本賬是否完全開放也無法阻止人民幣走向國際化。美國學者艾肯格林（Eichengreen）毫不諱言美元的國際地位給予美國"超乎尋常的特權"（exorbitant privilege）和由此而來的種種利益，但對其他國家則不時帶來苦難。[32] 因此，世界上不少國家希望有更多的貨幣選擇，從而減少對美元的依賴。

　　古往今來，一個國家的貨幣政策與該國的國內情況和國際環境有密切的關係，因此其貨幣政策與匯率政策與它的內政和外交政策息息相關。[33] 美國學者里卡茲（Rickards）批評美國正通過美元的不斷貶值向全世界發動貨幣戰爭："[大量] 印發美元的效果是全球性的。美國聯邦儲備局的量化寬鬆政策實際上是向全世界發動貨幣戰爭。""[美國] 資深的軍事將領和情報官員應該已經認識到要維繫美國的獨特的軍事優勢，美元必須享有同等的獨特和主導角色。如果美元沉淪，則美國的國家安全也會遭殃。""貨幣戰爭經由各國競相將其貨幣貶值引發，它是國際經濟中最具破

31　Eswar S. Prasad, *The Dollar Trap: How the U.S. Dollar Tightened Its Grip on Global Finance* (Princeton: Princeton University Press, 2014), 引述分別來自 p. xi, 135 and 231. 另外一位美國學者認為美元的地位非歐元和人民幣所能替代，因為只有美元才具備所有建構強大貨幣的政治和經濟資源。見 Benjamin J. Cohen, *Currency Power:Understanding Monetary Rivalry* (Princeton: Princeton University Press, 2015)。

32　Barry Eichengreen, *Exorbitant Privilege: The Rise and Fall of the Dollar and the Future of International Monetary System* (New York: Oxford University Press, 2011)。

33　Jeffry A. Frieden, *Currency Politics: The Political Economy of Exchange Rare Policy* (Princeton: Princeton University Press, 2015)。它是國際經濟中最具破

壞性和最令人懼怕的結局。……無論貨幣危機為時有多久、情況有多嚴重，都會帶來滯脹、通脹、緊縮政策、金融恐慌和其他痛苦的經濟後果。貨幣戰爭完全沒有正面價值。"[34] 他提到歷史上的三場貨幣戰爭：貨幣戰爭 I（1921-1936），貨幣戰爭 II（1967-1987），貨幣戰爭 III（2010-）。最近的"貨幣戰爭 III 是歐元、美元和人民幣之間的、關係到彼此的相對價值的爭奪。這場戰爭對這些貨幣的命運、發行它們的國家的命運和這些國家的夥伴的命運都影響深遠。……今天的風險不單是一個貨幣對另外一個貨幣的貶值或黃金價格的上升，它是整個貨幣系統的崩潰—民眾對紙幣的信心蕩然無存和蜂擁搶購硬資產。"美國的金融意圖早為世界各國所通曉，因此促使其他國家採取自衛行動，包括將本國貨幣貶值、實踐資本管制（capital control）或聯手向美國抗議。另外一類應對辦法則是建立區域性的金融合作機制。

　　1997 年亞洲金融危機後，東亞地區的國家加強了在金融領域的合作，背後的理由是更好的防範和應對金融危機和減少"美元霸權"造成的危害。[35] 對於東亞地區冒起的"金融區域主義"（financial regionalism），美國學者格蘭姆斯（Grimes）有這樣的看法："東亞地區的金融區域主義試圖減少東亞地區的貨幣波動、建構一個能夠妥善應對金融危機的架構和發展區域性的金融市場。""東亞金融區域主義之所以興起，是為了在一定程度上減

34　James Rickards, *Currency Wars: The Making of the Next Global Crisis* (New York: Portfolio/Penguin, 2011)。引述來自 p. xiv, 11，37 and 100。

35　比較矚目的合作安排包括中國與日本、南韓和東亞國家達成的清邁倡議（Chiang Mai Initiative）(2000 年 5 月 6 日）和清邁倡議多邊化 (Chiang Mai Initiative Multilateralization) (2009 年 12 月）。

少美元和美國的經濟政策對區域內國家的經濟的衝擊。”“如果區域貨幣合作取得成效，將對美元的全球角色和美國的國家實力造成嚴重衝擊。…… 東亞金融區域主義的背後，是那個旨在擺脫美國宏觀經濟政策的羈絆和防範全球性金融機構的標準入侵的意圖。”[36] 里卡茲（Rickards）更預言：“區域性的貨幣集團很快便會演化為區域性的貿易集團，導致世界貿易的萎縮。”[37]

美國學者柯什內爾（Kirshner）對中國意圖改革那個一直由美國主導的國際金融秩序的意圖有這樣的描述：“作為一個崛起中的大國，當目前的狀況未能反映其不斷上升的重要地位時，中國會致力於改革現有的國際機構。由於中國在這方面的努力只會得到有限的成果，它也會通過另闢蹊徑來爭取它屬意的國際安排。”2008 年發生的全球金融危機“加快了人民幣國際化的步伐，也同時終止了中國過去謀求與美國接軌的意圖。”“人民幣國際化被視為是締造一個多貨幣體系過程中的必要一步。這個貨幣體系會降低美元的影響力，促進系統性的穩定，擴大中國的聲音和減少美元危機所帶來的危害。”柯什內爾預期中國在亞洲的貨幣與金融合作中將擔當主導角色，而中國亦有計劃去否定美國金融治理模式。該計劃的內容包括：為人民幣的國際化建構有利的基礎設施、推動人民幣在多方面的應用、鼓勵各地的中央銀行將人民幣納入外匯儲備之中，但與此同時仍然維持某些資本管制

36　William W. Grimes, *Currency and Contest in East Asia: The Great Power Politics of Financial Regionalism* (Ithaca: Cornell University Press, 2009), 引述分別來自 p. 2，22 and 119。

37　James Rickards, *Currency Wars: The Making of the Next Global Crisis* (New York: Portfolio/Penguin, 2011)，pp. 228-229。

和其他限制市場的措施。其中一個辦法是與其他國家訂立貨幣互換協定，而中國正在積極推動這方面的工作。""雙邊貨幣互換的安排的好處是讓人民幣被更廣泛使用和更容易獲得，但卻免去多邊談判的困擾和作出全面和深度金融自由化的承諾。""無論其速度為何，一個以北京為中心的亞洲區域性的貨幣體系，而其特徵、運作方法和規範又明顯不同於戰後美國的第二個模式 [指 1971 年美元與黃金脫鈎後的模式]，在未來幾年很有可能出現。"[38]

（五）積極參與全球的治理和創新全球治理的方式。作為一個大國，中國不可避免要更多地參與國際事務，包括維持和平、人道救援、打擊海盜、防止大殺傷力武器擴散、應對全球氣候變化、解決區域衝突、促進貿易自由化、推動全球經濟發展等。事實上，國際社會亦要求中國承擔更多的國際義務和責任，但中國則只願意幹她力所能及的事。近年來中國致力強化在全球金融治理體系內的角色和權力，例如不斷提出要增加中國和其他發展中國家在國際貨幣基金組織和世界銀行的的代表性。中國有份建立的"金磚五國"（BRICS）集團和上海合作組織也有着明顯的創建全球治理新模式的目的。正如里卡茲所說："金磚國家的主要作用是它們以統一的聲音提出對全球治理和國際貨幣體系的未來的看法。金磚國家的領導人開始對五個重要事項發表新的和激進的主張，它們是：國際貨幣基金組織的表決機制、聯合國的表決機

38　Jonathan Kirshner, *American Power after the Financial Crisis* (Ithaca: Cornell University Press, 2014)。引述分別來自 p. 109, 114, 120, 121 and 123。又見 Ronald I. Mckinnon, *The Unloved Dollar Standard: From Bretton Woods to the Rise of China* (Oxford: Oxford University Press, 2013)。

制、多邊援助、發展援助和全球儲備的組成。它們的宣言所提出的要求，不啻是要重新思考或推翻那些二次大戰後在布雷頓森林和舊金山（三藩市）（San Francisco）訂立的安排，而那些安排產生了國際貨幣基金組織、世界銀行和聯合國的原有形式。"[39] 上海合作組織也有意成為可供參考的全球治理模式，尤其是它的功能正愈趨多元化。"地緣政治越來越在國際經濟領域發生，而非在純粹的軍事和外交領域出現。上海合作組織從一個安全聯盟蛻變為一個潛在的軍事地帶乃指日可待之事。"[40]

（六）改變全球貿易和投資的遊戲規則。過去西方國家一直強調要推動全球貿易和投資自由化和市場化，反對國家（the state）、國有企業和那些與國家有密切關聯的企業運用非市場手段謀取利益、破壞公平競爭。然而，實際情況卻是西方國家政府經常運用政治、經濟、財政、外交和軍事手段為本國的企業和商人在他國取得不公平的競爭優勢。美國兩位學者施泰爾（Steil）和利坦（Litan）特別指出"金融治國術"（financial statecraft）的政治威力。"金融治國術"的核心在於通過左右資金的流向來影響其他國家的貿易數量和方向、貨幣匯率和資金的供應，進而衝擊他國的經濟和政治局面，甚至導致政治動盪和政府倒臺。[41]

近年來，中國和部分發展中國家的經濟實力快速增加和國家擁有的資金越來越龐大，國家大力協助本國企業和商人在世界

39　James Rickards, *The Death of Money: The Coming Collapse of the International Monetary System* (London: Portfolio/Penguin, 2014)，p. 147。

40　Ibid, p. 152。

41　Benn Steil and Robert E. Litan, *Financial Statecraft: The Role of Financial Markets in American Foreign Policy* (New Haven: Yale University Press, 2006)。

上爭奪市場、併購企業、獲取資源、競投工程和買賣合同等活動上的實例越來越多。一些外匯儲備較多的國家紛紛成立主權基金（sovereign fund），並在世界各地進行各類型的投資和生產。發展到現在，在國際貿易、生產、行銷、金融和商品舞臺上，國與國之間的競爭和市場競爭同時並存。西方所宣導的開放、平等和公平的，以市場競爭為主的全球經濟秩序已經發生重大變化，那些得不到國家協助的企業、商人和專業人士在日益劇烈的國際競爭中將會處於劣勢。[42]

中國在帶動全球經濟格局蛻變的過程中發揮的作用很大。[43]事實上，這與國有經濟在中國經濟體系中的巨大比重，和國家在經濟事務上的積極角色有密切關係。近年來，西方國家也加大了對本國企業和商人的扶持力度，在改革和營運金融體系上更發揮主導作用。簡言之，中國的崛起推動了一個結合國家參與和市場競爭於一體的全球經濟格局的誕生。

（七）致力維護中國的核心利益。中國的崛起使得中國的國家利益不但遍及全球，而其受到的威脅也在增加。過去"韜光養晦、絕不當頭"的方針不能不調整。不過，縱然利益眾多，但核心利益則有限，然而隨着國家的崛起核心利益的內涵也隨時勢而

42　可參考 Ian Bremmer, *The End of the Free Market: Who Wins the War Between States and Corporation?* (New York: Portfolio, 2010)；Ian Bremmer, *Every Nation for Itself: Winners and Losers in a G-Zero World* (New York: Portfolio/Penguin, 2012)；及 David M. Smick, *The World is Curved: Hidden Dangers to the Global Economy* (New York: Portfolio, 2008)。

43　中國的政策性國有銀行的功能在國際上尤其受到關注。見 Henry Sanderson and Michael Forsythe, *China's Superbank: Debt, Oil and Influence—How China Development Bank Is Rewriting the Rules of Finance* (Singapore: John Wiley & Sons, 2013)。

變。對此美國學者埃可克諾米（Economy）和里維（Levi）有這樣的觀察："隨着時間的推移，中國聲稱的核心利益不斷膨脹。原來，在 2000 年代初，當臺灣的民眾似乎有意走向法律上的獨立時，中國官員指臺灣乃中國的核心利益。到了 2006 年，核心利益延伸到西藏和新疆這兩個有着龐大和不穩的少數民族的地區。在 2010 年，據報導，國務委員戴秉國告知美國國務卿希拉里·克林頓（Hillary Clinton）南中國海也是中國的核心利益。到了 2013 年，中國外交部一名官員強調東海的釣魚島／尖閣諸島也是中國的核心利益。"[44] 近年來，中國維護核心利益的決心越來越大，不但一反過去長期以來只停留於口頭上的"行動"，而且採取積極和主動的外交和軍事手段來保衛核心利益。中國在維護國家在東海和南海的權益的力度和意志可為明證。[45]

（八）抗擊美國和日本在東亞地區的挑戰。美國的"重返亞洲"（return to Asia）和"亞太再平衡"（Asia-Pacific rebalancing）戰略實際上是二十一世紀版本、針對中國的新"圍堵"策略。今

---

[44] Elizabeth C. Economy and Michael Levi, *By All Means Necessary: How China's Resource Quest is Changing the World* (New York: Oxford University Press, 2014), p. 145。

[45] 可參考 David Shambaugh (ed.), *Power Shift: China and Asia's New Dynamics* (Berkeley: University of California Press, 2005)；Denny Roy, *Return of the Dragon: Rising China and Regional Security* (New York: Columbia University Press, 2013)；Toshi Yoshihara and James R. Holmes, *Red Star over the Pacific: China's Rise and the Challenge to U.S. Maritime Strategy* (Annapolis: Naval Institute Press, 2010)；Robert Haddick, *Fire on the Water: China, America, and the Future of the Pacific* (Annapolis: Naval Institute Press, 2014)；Bill Hayton, *The South China Sea: The Struggle for Power in Asia* (New Haven; Yale University Press, 2014)；Robert D. Kaplan, *Asia's Cauldron: The South China Sea and the End of a Stable Pacific*(New York: Random House, 2015); 及 Bret Stephens, *America in Retreat: The New Isolationism and the Coming Global Disorder* (New York: Sentinel, 2014)。

天美國對中國的"圍堵"（"containment"）政策當然不可以與東西方冷戰時期美國圍堵中國的策略相提並論。[46] 當年中美雙方處於敵對狀態，沒有外交和經濟上的來往，與今天中美之間存在不少共同利益的情況差別極大。過去美國的"圍堵"戰略的目標是消滅中共政權，今天美國"圍堵"策略的實際目標不在於要結束中國共產黨的政權或使中國經濟崩潰，而是要遏制中國的崛起，防止中國成為美國的戰略威脅。另外一個目的是迫使中國最終加入美國主導的國際秩序而不是另搞一套。美國的"圍堵"戰略的中心內容是以各種誘因拉攏中國周邊的國家與美國在經貿和安全上合作，共同組成一個包圍中國的經貿和軍事網絡，遏止中國的對外擴張，其中美國和日本的軍事同盟和由美國主導的區域性自由貿易體系則擔當骨幹角色。另外，美國亦調派大量軍力進駐西太平洋區域。有關這些方面的內容下文將會詳細論述。中國的"反圍堵"戰略則集中在與俄羅斯加強戰略合作和積極以經濟為手段爭取周邊國家與中國建立互利關係。迄今為止，美國的"圍堵"戰略除了在強化美日軍事同盟取得成績外，其他方面的效果不算突出。

（九）強化國家在世界上的軟實力。與中國日益龐大的硬實力（軍事和經濟實力）相比，中國作為崛起中的大國所擁有的軟實力（文化、制度和思想的吸引力）明顯滯後。大量中國人在世界各地走動，其中部分人的行為舉止又在外國人眼中留下不良的

46　見 John Lewis Gaddis, *Strategies of Containment: A Critical Appraisal of American National Security Policy during the Cold War* (New York: Oxford University Press, 2005)。

印象，損害了中國的國際形象。中國軟實力不強的後果之一是國際社會對中國的意圖和行為始終存在一些懷疑和擔憂，在一定程度上削弱了中國在世界上的領導和動員能力，也讓世界各地的反華和反共勢力有機可乘。"中國威脅論"（the China threat）在西方的出現，一些發展中國家對"中國新殖民主義"（Chinese neocolonialism）的指控是明顯的事例。西方政治價值觀現時在世界上仍然代表主流價值觀，因此中國的政治制度、人權狀況和法治水平難以得到廣泛的認可。不過，中國的經濟成就、中國的發展模式、國內減貧和扶貧的成績、國家應對自然災害的能力、傳統文化、反對西方霸權主義、對外援助、"和諧世界"的主張在一定程度上受到世人的稱許。[47] 必須承認，中國要讓其軟實力達到與其硬實力相匹配的境界路途遙遠和艱辛。目前中國要與西方國家在軟實力上比拼極不容易，但隨着中國不斷進步、西方制度和價值觀的吸引力下降、西方人的"雙重標準"越來越清晰和西方的經濟困難持續，中西方在軟實力上的差距有望縮小。[48]

（十）"一帶一路"。國家主席習近平 2013 年底倡議的"一帶一路"戰略，可以說是當今中國糅合經濟"走出去"戰略和國際戰略、總攬國內和國外兩個大局及將中國的硬實力和軟實力共冶一爐的最重大的國家發展戰略。"一帶"指"絲綢之路經濟帶"；

47　可參考姚遙：《新中國對外宣傳史：建構現代中國的國際話語權》（北京：清華大學出版社，2014）。

48　中國（宣稱"和平崛起"）和日本（提倡"美麗日本"）在東亞地區進行軟實力的比拼可供參考。見 Jing Sun, *Japan and China as Charm Rivals: Soft Power in Regional Diplomacy* (Ann Arbor: The University of Michigan Press, 2012)。

"一路" 指 "21 世紀海上絲綢之路"。[49] 國家主席習近平對 "一帶
一路" 的戰略目標曾作如下的闡述："絲綢之路經濟帶總人口近
三十億，市場規模和潛力獨一無二。各國在貿易和投資領域合作
潛力巨大。各方應該就貿易和投資便利化問題進行探討並作出適
當安排，消除貿易壁壘，減低貿易和投資成本，提高區域經濟
循環速度和質量，實現互利共贏……　東南亞地區自古以來就
是 '海上絲綢之路' 的重要樞紐，中國願同東盟國家加強海上合
作，使用好中國政府設立的中國—東盟海上合作基金，發展好海
洋合作夥伴關係，共同建設二十一世紀 '海上絲綢之路'。中國
願通過擴大同東盟國家各領域務實合作，互通有無、優勢互補，

49　據王義桅的介紹，"絲綢之路經濟帶" 有三條線路：即以歐亞大陸橋為主的北線（北
　　京—俄羅斯—德國—北歐）、以石油天然氣管道為主的中線（北京—西安—烏魯木齊
　　—阿富汗—哈薩克—匈牙利—巴黎）、以跨國公路為主的南線（北京—南疆—巴基斯
　　坦—伊朗—伊拉克—土耳其—意大利—西班牙）。絲綢之路經濟帶重點暢通中國經
　　中亞、俄羅斯至歐洲（波羅的海）；中國經中亞、西亞至波斯灣、地中海；中國至東
　　南亞、南亞、印度洋。中巴、孟中印緬、新歐亞大陸橋以至中蒙俄等經濟走廊基本
　　構成絲綢之路經濟帶的陸地骨架。其中，中巴經濟走廊注重石油運輸，孟中印緬強
　　調與東盟貿易往來，新歐亞大陸橋是中國直通歐洲的物流主通道，中蒙俄經濟走廊
　　偏重國家安全與能源開發。"21 世紀海上絲綢之路" 重點方向是從中國沿海港口過
　　南海到印度洋，延伸至歐洲；從中國沿海港口過南海到南太平洋。絲綢之路經濟帶
　　是在 "古絲綢之路" 概念基礎上形成的一個新的經濟發展區域。絲綢之路經濟帶首
　　先是一個 "經濟帶" 概念，體現的是經濟帶上各城市集中協調發展的思路。海洋是
　　各國經貿文化交流的天然地帶，共建 "21 世紀海上絲綢之路"，是全球政治、貿易
　　格局不斷變化形勢下，中國連接世界的新型貿易之路，其核心價值是通道價值和戰
　　略安全。尤其在中國成為世界上第二大經濟體、全球政治經濟格局合縱連橫的背景
　　下，"21 世紀海上絲綢之路" 的開闢和拓展無疑將大大增強中國的戰略安全。21 世
　　紀海上絲綢之路和絲綢之路經濟帶、上海自貿區、高鐵戰略等都是基於這個大背景
　　下提出的。見其《一帶一路：機遇與挑戰》（北京：人民出版社 2015），頁 8-9。也
　　可參考張潔主編：《中國周邊安全形勢評估："一帶一路" 與周邊戰略》（北京：社
　　會科學文獻出版社，2015）；鄒磊：《中國 "一帶一路" 戰略的政治經濟學》（上海：
　　人民出版社，2015）；李向陽主編：《亞太地區發展報告（2015）：一帶一路》（北京：
　　社會科學文獻出版社，2015）；趙江林主編：《21 世紀海上絲綢之路》（北京：社會
　　科學文獻出版社，2015）及馮並：《一帶一路：全球發展的中國邏輯》（北京：中
　　國民主法制出版社，2015）。

同東盟國家共用機遇、共迎挑戰，實現共同發展、共同繁榮。"[50]
他又説："要同有關國家共同努力，加快基礎設施互聯互通，建
設好絲綢之路經濟帶、二十一世紀海上絲綢之路。要以周邊為基
礎加快實踐自由貿易區戰略，擴大貿易、投資合作空間，構建區
域經濟一體化新格局。要不斷深化區域金融合作，積極籌建亞洲
基礎設施投資銀行，完善區域金融安全網絡。要加快沿邊地區開
放，深化沿邊省區同周邊國家的互利合作。"[51]

　　"一帶一路"戰略在經濟上是要讓中國經濟得以維持長期和
持續高增長和登上更高的臺階，防止中國跌入"中等收入陷阱"，
讓中國的產業結構朝更均衡、合理和先進的方向轉型和推動人民
幣的國際化。在外交層面，"一帶一路"戰略是要通過與亞非歐
國家分享中國經濟發展的成果，推動她們的發展，讓它們的經濟
與中國的經濟更緊密地連接起來，從而使得她們與中國的關係更
密切和感情更融洽。"一帶一路"更會提升中國的國際地位和軟
實力，提升中國在全球治理上的參與、強化中國制定新的國際遊
戲規則和標準與準則的能力，從而有利於構建一個更公平、合理
和和平的國際秩序，促進全人類的福祉。此外，"一帶一路"也
會讓全球經濟體系得到"再平衡"（rebalancing）[52] 和中美經濟之間

50　中共中央文獻研究室編：《習近平關於全面深化改革論述摘編》（北京：中央文獻出版社，2014），頁 131。

51　同上，頁 133-134。

52　全球經濟體系失衡是引發全球性金融危機的"罪魁禍首"。見 Michael Pettis, *The Great Rebalancing: Trade, Conflict, and the Perilous Road Ahead of the World Economy* (Princeton: Princeton University Press, 2013)。

出現 "再平衡" 的機會,[53] 即是説改變過去一些國家過度儲蓄、享受貿易盈餘和增加外匯儲備,而另外一些國家則過度消費、受困於貿易逆差和負債累累的局面。

內地學者王義桅明確指出,"'一帶一路' 作為中長期最為重要的發展戰略,是要解決中國過剩產能的市場、資源的獲取、戰略縱深的開拓和國家安全的強化這三個重要的戰略問題。"[54]"概言之,為何要建設 '一帶一路'?就是要提升境外直接投資,開闢海外市場,擴大產品出口,消化過剩產能,破除貿易壁壘,最終確立符合我國長遠利益的全球貿易及貨幣體系。"[55]

內地其他學者也從不同角度對 "一帶一路" 戰略作出評釋。張藴嶺認為:"顯然,從對外開放的角度來認識,'一帶一路' 的大戰略設計指導思想超越了自貿區和多邊貿易體制,推進綜合發展環境的構建,也突破了中國以我為主的利益觀,強調共同建設,共同發展。'一帶一路' 的合作項目不是通過談判,而是通過協商,是新型的發展合作方式。""'一帶一路' 應運而生,標誌着中國對與周邊國家關係認識的重大戰略性轉變,新的國家戰略日漸清晰,即推動基於共同發展的我國與周邊國家利益共同體和命運共同體的建設。""通過推動 '一帶一路',周邊國家可以從中國的發展中得到好處,搭上中國發展的便車獲得較快發展,

---

53 在推動本國經濟結構和行為走向合理化和可持續化方面,中國已經比美國取得更大的進展。迄今美國的經濟結構與 2008 金融海嘯前的機構差別不大。見 Stephen Roach, *Unbalanced: The Codependency of America and China* (New Haven: Yale University Press, 2014)。

54 王義桅:《"一帶一路":機遇與挑戰》(北京:人民出版社,2015),頁 9-10。

55 同上,頁 11。

與此同時，中國也會從周邊國家的發展中獲得更多的拓展機會，從而使周邊地區成為中國延伸發展的依託帶。"[56]

朴珠華，劉瀟萌和滕卓攸則這樣看："⋯⋯中國崛起'新常態'的需求，產業升級、國內經濟結構持續調整，需要在更廣闊的市場範圍進行改革。近年來，中國已邁入中等收入國家的行列。首先，母國經濟增長、對外投資提速，為避免陷入'中等收入'陷阱，中國正在也必須加快'走出去'的速度。⋯⋯ 其次，中國現階段傳統產業產能與外匯儲備均嚴重過剩。⋯⋯ 在這種情況下，可利用外匯儲備推動'一帶一路'國家的基礎設施建設，同時扶持中國企業'走出去'。再次，儘管中國經濟總量一直呈上升趨勢，但是東西部地區發展的結構性矛盾仍然存在，發展'絲綢之路經濟帶'可大力拉動西部經濟增長。""⋯⋯ 亞投行的成立為實現'一帶一路'發展戰略提供金融支持，有利於推進'亞歐大陸橋'、'孟中印緬經濟走廊'、'中巴經濟走廊'等示範項目的建設，擴大在沿線國中的影響力。同時，亞投行的成立也標誌着中國已經從單純的產品輸出進入資本輸出階段。"[57]

今天，中國的國際戰略無論在睦鄰友好和反"圍堵"上已經取得一定的成效。特別值得一提的，是 2015 年亞投行成立時，有 57 個來自各大洲的國家成為創始國，一些國家比如英國更是

---

56   張蘊嶺："如何認識'一帶一路'的大戰略設計"，載於張潔主編：《中國周邊安全形勢評估："一帶一路"與周邊戰略》（北京：社會科學文獻出版社，2015），頁 3-11。引述分別來自頁 7，8 和 9。

57   朴珠華，劉瀟萌和滕卓攸："中國對'一帶一路'直接投資環境政治風險分析"，載於張潔主編：《中國周邊安全形勢評估："一帶一路"與周邊戰略》（北京：社會科學文獻出版社，2015），頁 181-201。引述分別來自頁 183-184 和 185。

在美國反對下加入的。2015 年 9 月 3 日，北京舉辦紀念中國人民抗日戰爭暨世界反法西斯戰爭勝利 70 周年的盛大閱兵活動，韓國總統朴槿惠不顧美國和日本的反對毅然出席。種種現象都反映了中國的崛起和國際格局的微妙變化。

國際格局的劇變

"香港前途問題"解決後，國際格局的變化尤其巨大和意想不到。我在第一章説過，"香港前途問題"出現時的國際環境對中英和平和順利解決香港的回歸問題有利，有利於維持西方和國際社會對香港前景的信心，以至對營造香港人對香港前途的樂觀期盼有幫助。這些情況一直維持至 1989 年。1989 年北京爆發"六四事件"，1990 年東歐發生巨變，1991 年蘇聯解體，社會主義事業在全球遭遇沉重打擊。一時間西方"勝利主義"（triumphalism）情緒高漲，不少人認為西方特別是美國所揭櫫和竭力對外輸出的價值觀、民主政體和市場經濟乃人類歷史發展的"終點"和"巔峰"（end of history），不可能再有更好的理想和制度。[58] 蘇聯的解體和東歐社會主義國家的"變天"，大大強化了西方世界在國際上的主導地位。美國的全球霸主地位更形突出，其軍事和經濟硬實力和其價值觀和制度的軟實力在世界上的顯赫地位一時無兩。美國人意氣風發、睥睨一切的傲慢姿態，與他們在 1970 年代的意氣消沉和悲觀情緒形成強烈對比。在勝利

58　在此最典型的著作是 Francis Fukuyama, *The End of History and the Last Man* (New York: Free Press, 1992)。

衝昏頭腦的氛圍下,美國的新保守主義思潮(neo-conservatism)迅速冒起,提出在美國應該利用歷史上罕有的美國"一極獨大"(unipolar)的時刻,充分運用其絕對優勢的軍事力量,依照美國的"自我形象"(self-image)來重塑世界,迫使世界各國採納美國的價值觀和制度進行自我改造,並依照美國建立的國際秩序和遊戲規則來運作。按照美國的新保守主義者的如意算盤,當所有國家都變成美式"民主國家",而國際秩序又是一個以美國為系統設計者的"自由國際秩序"(liberal international order)的話,則世界和平便垂手可得。[59] 美國在伊拉克和阿富汗的軍事行動,正正是這種意識形態主導下的結果。

蘇聯解體和東歐的"變天"的必然結果,是中國對美國、日本和西方世界的重要性和戰略價值急速下降。"六四事件"在西方引起強烈反應,也把中西方在價值觀、制度和發展路線的嚴重分歧暴露無遺。以美國為首的西方陣營馬上對中國實施各種軍事、外交和經濟制裁。一瞬間中國在國際上陷入孤立狀態。與此同時,西方國家在人權和民主問題上向中國施加巨大壓力,希望一舉推翻中國共產黨領導的政權,從而為社會主義在世界和人類歷史上畫上句號。不過,在鄧小平"沉着應對"和"韜光養晦"的方針指引下,中國共產黨不但穩住其政治領導地位,並且在惡劣的國際環境下繼續進行"改革開放"的發展戰略,最後既恢復

59 Murray Friedman, *The Neoconservative Revolution: Jewish Intellectuals and the Shaping of Public Policy* (New York: Cambridge University Press, 2005);Stefan Halper and Jonathan Clarke, *America Alone: The Neo-Conservatives and the Global Order* (New York: Cambridge University Press, 2004); G. John Ikenberry, *Liberal Leviathan: The Origins, Crisis, and Transformation of the American World Order* (Princeton: Princeton University Press, 2011)。

了國家政局的穩定，推動了經濟的轉型和發展，又改變了西方國家對中共政權"行將敗亡"的預期。經過幾年的折騰，中國與西方國家的關係逐步恢復"常態"，在經濟、貿易和金融領域取得了可喜的進展。2001年中國加入世界貿易組織（World Trade Organization）、2008年北京成功主辦奧林匹克運動會和2010年上海主辦世界博覽會等盛事標誌着中國在全世界的地位的重要性和影響力的不斷提升。

　　從"一國兩制"實踐的角度看，中國的崛起徹底改變了國際格局，但世界上其他方面的變化也同樣重要。各種變化交織互動的總體結果，其一是中國國力的迅猛上升和國家利益在地球上無遠弗屆。其二是美國和日本的經濟狀況相對欠佳和國際影響力的下滑，因此對來自中國的威脅耿耿於懷。其三是歐盟作為一個享有相當獨立性的勢力集團的冒起。其四是俄羅斯逐步擺脫頹勢並重新興起為一個擁有戰略地位、但與西方關係緊張和利益衝突的國家。其五是日本經濟自上世紀九零年代初以來的二十年陷入低迷局面。中國、俄羅斯、歐盟、美國和日本在全球特別是在亞洲的競爭不啻為國際政治在過去十多年和為來一段日子的主軸。大國之間的競爭不但在世界上影響深遠，更對"一國兩制"在香港的實踐饒具意義。總體結果是：中國為了應對和反制來自美國和日本的軍事和外交同盟的包圍、制衡和圍堵，積極深化與俄羅斯的戰略夥伴合作，大力推展以中國為中心的"西進""亞洲發展戰略"，爭取個別重要歐洲國家的支持。國家格局的變化，使得香港處身的國際環境變得殊為複雜，難以應對。回歸前香港可以在中西方關係比較融洽的環境中"左右逢源"，但在新的、衝突與合作並存的中西方關係中，香港的處境確實頗為尷尬和困難，尤其是當香港會否變成被西方尤其是美國用以對付中國的棋子並引起中央和內地同胞的關注的時候，香港如何避免成為國家安全的威脅便是國家和香港人都必須面對的課題。此外，亞洲的崛起無可避免也會使香港更深地嵌入亞洲的政治板塊之內，其過去重西方和輕東方的傾向亦必須調整。地緣政治格局的變化，對香港人和特區政府無論在心態上或行為上都提出了新的、但尚未清晰的要求。

美國的對華政策的嬗變

中美建交以來，彼此的關係跌宕起伏，陰晴不定，大體上是"好不到哪裏去，壞不到哪裏去"的狀況。在經貿領域，儘管兩國在不少問題上爭議不斷，但兩國的關係卻越來越密切。直到二十世紀末，美國是中國產品出口的主要市場，也是外來投資的一個重要來源地。中國將其出口收益的相當部分用以購買美國的國庫債券，則讓美國可以長期維持低利率、低失業率和高消費局面。兩國在經濟上的"唇齒相依"關係甚為明顯。不過，在政治領域，臺灣問題、人權問題、南海爭端、地區安全問題等一系列問題卻又是長期困擾兩國關係的議題，當中"六四事件"對兩國關係的損害尤大。

儘管中國的國力不斷上升，但直到 1990 年代中後期，美國和國際社會一直不太重視。它們樂觀地預期，中國的現代化即使取得成就，也不會對西方構成威脅，反而會令中國在制度上和意識形態上與西方靠近，重覆西方過去的發展道路，包括採納西方的自由民主和市場經濟體系。到了二十一世紀初，它們才猛然驚覺到中國崛起不可逆轉，而其所帶來的各種衝擊和影響既深且遠，特別是中國的經濟奇跡所依靠的發展模式並非西方推崇的模式，反而是一個可以讓中國在國際上與西方模式分庭抗禮，而且對部分發展中國家有參考價值的模式。伴隨着中國國力增長的是中國軍事力量的擴張及中國在東亞地區的影響力的膨脹。鑒於亞洲特別是東亞地區未來是世界上經濟活力最強的地區，乃兵家必爭之地，所以美國和其主要盟友日本不得不認真、積極應對來自中國的“威脅”。美國近年來最重大的戰略調整是美國總統奧巴馬（Obama）於 2010 年宣告的、將美國國際戰略的中心由中東轉移到東亞地區的“重返亞洲”或“亞太再平衡”的戰略。[60]

　　二次大戰結束後，美國改變了以往的“孤立主義”的羈絆，轉而強力介入國際事務，為社會主義陣營外的國際社會建構了一個由美國主導和扶持的“自由國際秩序”，以明確的遊戲規則為依歸，崇尚自由貿易開放市場、美元為世界核心貨幣、民主政治和人權保障。更重要的是要為美國的國家利益服務和體現美國的價值觀和立國精神。在這個“自由的國際秩序”中，美國倡議成立的一系列機構和組織乃骨幹支柱，包括聯合國（United Nations）、國際貨幣基金組織（IMF）、世界銀行（World Bank）、亞洲開發銀行（Asian Development Bank）、關稅及貿易協定組織（GATT）

60　為了避免讓中國有過敏反應，最近美國較少用“重返亞洲”的提法。

（1994 年開始由世界貿易組織 [WTO] 取代）等。[61] 與此同時，美國又通過與其在各大洲的盟國建立一系列的集體安全機構或盟約以確保地區安全特別是軍事安全不受社會主義陣營和共產主義擴散的威脅，其中北大西洋公約組織（NATO）和美日軍事同盟最為重要。在那些正式官方組織之外，一大批非政府的跨國組織也在不斷湧現並積極運作。雖然部分非政府組織的目標對那個"自由國際秩序"批判有加，特別是在人權、自由、民主、經濟發展、對外援助、性別平等、種族平等、環境保護、和平、核武、貧窮等問題上，但大部分的非政府組織其實根本上認同了那個"自由國際秩序"，只不過謀求它兌現其宣揚的信念、理想和原則而已。可以説，在"自由國際秩序"內，官方組織和非政府組織大體上相互配合和促進，共同支撐那個秩序體系。[62]

在美國戰後的戰略思維中，有幾點特別重要。首先，美國戰略家相信，世界和平與發展只有在一個由美國主導的"自由國際秩序"下才得以確保，而美國也可以在這個國際秩序達致國家利益和安全的"最大化"（maximalization）。為了讓這個國際秩序能夠有效運作，美國願意單方面付出代價，"無償地"為其盟友和國際社會提供各式"公共產品"（public goods），包括航道的安

61　G. John Ikenberry, "The Illusion of Geopolitics: The Enduring Power of the Liberal Order," *Foreign Affairs*, Vol. 93, No. 3 (May/June 2014), pp. 80-90; James E. Cronin, *Global Rules: America, Britain and a Disordered World* (New Haven: Yale University Press, 2014); Dan Plesch, *America, Hitler and the UN: How the Allies Won World II and Forged a Peace* (London: I.B. Tauris, 2015); Elizabeth Borgwardt, *A New Deal for the World: America's Vision for Human Rights* (Cambridge, MA: The Belknap Press of Harvard University Press, 2005)。

62　見 Anne-Marie Slaughter, *A New World Order* (Princeton: Princeton University Press, 2004)。

全和暢通、地區和平、全球治理、美元作為全球貿易和投資的貨幣、開放的國際市場、人道介入、人權保障等。[63] 美國的保守派戰略家卡根（Kagan）更斷言，"［二次大戰後，］人類得以享受到一個漫長的和平年代，這與大部分力量由一個國家［指美國］控制有關係。"[64]，因此，"與一般人的期望相反，多極化國際體系在歷史上並不特別穩定，也不特別和平。"[65] 結論是，"國際秩序不是逐步演化出來的，而是［由某個力量］強加於其他人之上的。"[66] 在不少美國人的思維中，一個不是由美國設計和領導的國際秩序不能夠為人類帶來和平、發展和福祉。一個多極世界也不會是一個穩定有效的國際政治秩序。

第二，雖然美國早已是美洲的霸主，但從美國的安全和利益角度看，美國不容許另外一個大國主宰其他大洲的命運，尤其是那個人口和資源龐大的歐亞大陸（Eurasia）。曾經擔任美國卡特（Carter）總統的國家安全顧問的布熱津斯基（Brzezinski）強調，"美國的全球霸主地位取決於它是否能夠長期和有效地主導歐亞大陸的事務。…… 歐亞地區是全球面積最大的大陸，在地理上位居要津。那個能夠支配歐亞大陸的大國也同時控制了世界上三個最先進和經濟上最具生產力的區域中的兩個。稍微流覽一下地圖，對歐亞大陸的控制亦意味着非洲的自動臣服，更使得西半

63　Michael Mandelbaum, *The Case for Goliath: How America Acts as the World's Government in the 21st Century* (New York: PublicAffairs, 2005)。

64　Robert Kagan, *The World America Made* (New York: Alfred A. Knopf, 2012)，pp. 4-5。

65　Ibid, p. 83。

66　Ibid, p. 97。

球和大洋洲在地理上變成那個全球中心陸地的邊陲地帶。"[67] 美國
保守戰略學者米爾斯海梅爾（Mearsheimer）也有類似看法。他斷
定，"區域性的霸權一定試圖制約其他區域崛起的霸權，因為它
們擔心假如其他區域出現霸權的話，那些霸權便會成為在自己的
後院興風作浪的強大敵人。任何一個區域霸權都寧願在其他區域
有不少於兩個相鄰的大國，因為它們在地理上的靠近會迫使它們
集中精力對付對方，而無法對付遠方的霸權。"[68] 在此他以歷史
實例舉證，"在 1941 年的夏天，美國開始認真的在軍事上介入亞
洲，原因並非因為美國的領袖決心為那個地區恢復和平，而是他
們害怕日本會與德國聯手擊敗蘇聯，從而讓德國和日本得以分別
在歐洲和東北亞稱霸。美國於 1941 年至 1945 年間在遠東打仗，
目的就是要避免那個局面出現。"[69]

　　第三，根據美國戰略家的研判，美國雖然在國力方面仍然一
枝獨秀，但隨着其他大國的興起，美國的領導地位正不斷受到挑
戰。美國國際政治學者庫普產（Kupchan）指出，"正在冒起的國
際格局是一個力量分散和政治多元化的格局，而並非是一個所有
國家都向西方模式靠攏的格局。…… 二十一世紀既不屬於美國，
也不屬於中國、亞洲或其他地方。它不屬於任何一方。…… 如果
真的出現一個全球性秩序的話，它只會是一個包含了不同政治文
化和眾多相互碰撞的、對國內和國際秩序應如何建構的思路的混

67　Zbigniew Brzezinski, *The Grand Chessboard: American Primacy and Its Geostrategic Imperatives* (New York: Basic Books, 1997), pp. 30-31。

68　John J. Mearsheimer, *The Tragedy of Great Power Politics* (New York: W.W.Norton, 2014), p. 41-42。

69　Ibid, p. 266。

合物。"[70] 所以，"當前 [美國] 的要務不是要引領那些新興強國
進入西方的港口，而是要建立一個經由西方國家和新興國家共同
擬定其基本內容的新國際秩序。在建構一個能夠容納新興力量的
國際秩序時，西方要採取 [與新興大國] 互讓互諒的姿態。"[71] "新
興國家希望修訂而非鞏固那個主要由西方建立起來的國際秩序。
對於政治認受性的基礎、國家主權的性質、國際貿易的規則以至
政府與社會的關係，新興國家都有與西方有別的看法。"[72] 他警
告，"將政治認受性與負責任的管治掛鈎而非與西方的自由民主
掛鈎，在全球治理體系和權力下放到區域政府之間取得平衡，建
構一種受到較多監管和以政府為核心的另類資本主義體系等，
這些都是新世界秩序有可能遵循的原則。"[73] 美國知名政論家扎
卡里阿（Zakaria）則把當前的世界描述為一個 "後美國的世界"
（"post-American world"）。在這個世界中，儘管美國還是國力最
強大的國家，但其他國家也在崛起（rise of the rest）並擁有實力，
因此美國不可能獨行獨斷，而必須要與其他國家合力來處理世界
上日益複雜的熱點難題。[74] 在布熱津斯基近期的著作中也有相同
的觀點，他建議美國應該減少 "單幹"，而應該更多的在日趨複雜
多變的世界中尋求與其他國家的合作和諒解。美國的戰略分析家
布倫默（Bremmer）亦認為過去七國集團（G7）聯手主導國際事

70　Charles A. Kupchan, *No One's World: The West, the Rising Rest, and the Coming Global Turn* (New York: Oxford University Press, 2012), p. 3。

71　Ibid, p. 5。

72　Ibid, p. 7。

73　 Ibid, pp. 11-12。

74　Fareed Zakaria, *The Post-American World* (New York: W.W. Norton & Co., 2011)。

務的時代已經一去不復返，即便 2008 年全球金融海嘯後誕生的
二十國集團（G20）也不能膺此重任，所以他認為當今世界實際
上是處於一個零國（G0）集團主政的局面，也即是說，沒有任何
一個國家可以領導全世界，每一個國家都以自身利益為依歸而與
其他國家展開競爭。[75] 布倫默更斷言，美國戰後一直倡議的自由
市場在世界上的角色正走向式微，世界上的經濟事務越來越由國
家和大企業來主導，因此經濟行為也越來越不受經濟或盈利因素
所左右，反而政治考慮的重要性愈趨重要。[76] 因此，美國應該因
應國際格局的轉變和考慮美國的利益和實力作出明智的決定，擺
脫過去代價昂貴和收效甚微的外交政策。[77] 另一位美國學者戈爾
茨坦（Goldstein）則主張美國應該承認中國為重要對手，尊重其
利益和想法，在諸多領域中部分滿足其需要和要求，務求避免兩
國開戰的災難。[78] 一些其他學者也紛紛從減少中美兩國的分歧和
摩擦的角度來提出建議。[79]

　　第四，美國和西方的政治理論斷言民主國家之間發生戰爭的

75　Ian Bremmer, *Every Nation for Itself: Winners and Losers in a G-Zero World* (New York: Portfolio/Penguin, 2012)。

76　Ian Bremmer, *The End of the Free Market: Who Wins the War Between States and Corporations* (New York: Portfolio, 2010)。

77　Ian Bremmer，*Superpower: Three Choices for America's Role in the World* (New York: Portfolio/Penguin, 2015)。

78　Lyle J. Goldstein, *Meeting China Halfway: How to Defuse the Emerging US-China Rivalry* (Washington, DC: Georgetown University Press, 2015)。

79　Michael Swaine, *America's Challenge: Engaging a Rising China in the 21st Century* (Washington DC: Carnegie Endowment for International Peace, 2011)；James Steinberg and Michael O'Hanlon, *Strategic Reassurance and Resolve: US-China Relations in the 21st Century* (Princeton: Princeton University Press, 2014)；Thomas J. Christensen, *The China Challenge: Shaping the Choices of a Rising China* (New York: W.W. Norton, 2015)。

機會很低，原因之一是民主國家的政府受到人民的制約，而人民一般不會贊成戰爭或對外用武。原因之二是民主國家的政府無需以發動戰爭來鞏固或強化其政治認受性。[80] 按照這項理論，中國既然不是民主國家（起碼西方人是這樣看），而中共政權又是獨裁政權，因此隨着中國日益強大、而中國國內的矛盾卻又愈趨尖銳和嚴重的情況下，[81] 中國發動戰爭或對外窮兵黷武的機會不低。

可是，願意承認和接受"多極世界"最終到來的美國政治精英顯然不多，反而越來越多人認為中美之間的博弈乃"零和遊戲"（zero-sum game），因此難以達致"雙贏"（win-win）[82]。雖然對美國國力的前景持悲觀研判的人不少，[83] 但多數人堅持美國仍有足夠能力主導國際事務而無需與其他大國分享領導地位，而美國更

80　可參考 Spencer R. Weart, *Never at War: Why Democracies Will Not Fight One Another* (New Haven: Yale University Press, 1998)。不過，亦有學者認為情況比較複雜，尤其是新興民主國家在民主化初期參與戰爭的可能性較其他國家為高。見 Edward D. Mansfield and Jack Snyder, *Electing to Fight: Why Emerging Democracies Go to War* (Cambridge,MA: MIT Press, 2005)。

81　可參考 Gerard Lemos, *The End of the Chinese Dream: Why Chinese People Fear the Future* (New Haven: Yale University Press, 2012)；Timothy Beardson, *Stumbling Giant: The Threats to China's Future* (New Haven: Yale University Press, 2013)。

82　Michael D. Swaine, "The Real Challenge in the Pacific: A Response to How to Deter China," *Foreign Affairs*, Vol. 94, No. 3 (May/June 2015), pp. 145-153。

83　這方面的著作不少，可參看 David S. Mason, *The End of the American Century* (Lanham: Rowman & Littlefield, 2009); George Packer, *The Unwinding: An Inner History of the New America* (New York: Farrar, Straus and Giroux, 2013); Alfred W. McCoy, Josep M. Fradera, and Stephen Jacobson (eds.), *Endless Empire: Spain's Retreat, Europe's Eclipse. America's Decline* (Madison: The University of Wisconsin Press, 2012); Lyle J. Goldstein, *Meeting China Halfway: How to Defuse the Emerging US-China Rivalry* (Washington, DC: Georgetown University Press, 2015)；Glenn Hubbard and Tim Kane, *Balance: The Economics of Great Powers from Ancient Rome to Modern America* (New York: Simon & Schuster, 2013)。

應該積極地以各種手段強化其霸主身份。[84] 對那些不願意讓美國
與其他大國共同領導世界的美國戰略研究者來說，中國的崛起是
美國的心腹之患，必須予以遏制，否則美國、其盟友以至全世界
都蒙受其害。在美國著名政治學者亨廷頓（Huntington）的眼中，
西方文明和中國的儒家文明的衝突勢難避免，而衝突的結果關係
到西方文明的存亡斷續，因此以美國為首的西方世界不容有失。
他預言，"不同文明體系之間的勢力均衡正在發生變化。西方文
明的相對影響力正在下降；亞洲文明體系正在擴大它們的經濟、
軍事和政治勢力。"[85] 他預計儒家俗世文化的復蘇會以被世人認
可的亞洲價值觀的姿態出現。一般來說，強大的社會會強調其
[特徵] 具有普世性質（universalistic），可以放諸四海而皆準，而
弱勢的社會則會認為 [其特徵] 只有特殊性（particularistic），只
能在某些地方適用。"東亞地區的自信心迅猛上升已經讓一種亞
洲的普世主義冒出頭來，情況恰似西方過去的一樣。"[86] 亨廷頓
最後提出警告，"中國的霸權主義將會減少東亞地區的不穩和衝
突，它也會削弱美國和西方在該地區的影響力，迫使美國接受那
種它歷史上竭力防止發生的局面，那就是一個至關重要的區域被
另外一個大國 [這裏指中國] 所支配。"[87]

84　Bruce Jones, *Still Ours to Lead: America, Rising Powers, and the Tension Between Rivalry and Restraint* (Washington, D.C.: Brookings Institution Press, 2014)。

85　Samuel P. Huntington, *The Clash of Civilizations and the Remaking of World Order* (New York: Simon & Schuster, 1996), p. 20。

86　Ibid, p. 109。

87　Ibid, p. 237。

　　雖然不少美國的戰略專家都認為中國是美國世界霸主地位的最大威脅，但威脅有多大，最終出現的國際格局又會是怎麼樣，卻言人人殊，莫衷一是。[88] 比如說，美國的“中國通”黎安友（Andrew J. Nathan）便認為中國目前要面對的國內問題已經甚為棘手，根本無暇對外擴張。“中國正窮於應對其國內和周邊的各種安全的挑戰，所以不會對西方構成威脅，除非西方因過度弱化而導致權力真空的出現。…… 中國的外交政策仍然是防守型的。其目的是抵禦來自外部的不穩定因素、避免領土的喪失、舒緩周邊國家的疑慮和建構有利於持續經濟增長的條件。有所改變的，是那些內部和區域性的追求被納入到一個更大的目標之內，那就是尋找一個既能夠服務於國家利益，但又能夠取得其他大國接受的全球性角色（global role）。…… 一言以蔽之，中國的外交政策可以理解為對安全的追求。”[89] 另一位美國的“中國通”沈大偉（David Shambaugh）則提醒西方人不要高估中國在國際上的影響力，因為迄今中國還不能算是一個全面的世界強國，頂多是一個“局部大國”（partial power），特別它在軟實力方面不能與西方相提並論。[90] 沈大偉最近更撰文預言中國會因為內部種種矛盾和困難的壓力下而“垮掉”（crackup）。[91] 提出“軟實力”（soft power）

88　王緝思：《大國關係：中美分道揚鑣，還是殊途同歸？》（北京：中信出版社，2015）。

89　Andrew J. Nathan and Andrew Scobell, *China's Search for Security* (New York: Columbia University Press, 2012), pp. xi-xv。

90　David Shambaugh, *China Goes Global: The Partial Power* (New York: Oxford University Press, 2014)。

91　David Shanmbaugh, "The Coming Chinese Crackup," *The Wall Street Journal*, March 6, 2015。

和"巧實力"（smart power）等著名概念的美國學者奈（Nye）聲言，即便中國的總體經濟實力與美國拉近，中國所擁有的硬實力和軟實力在未來幾十年的差距仍然巨大，所以"美國世紀"（the American Century）仍將延續下去。[92]長期研究中國近代史的芬比（Fenby）和其他學者也斷言中國不可能主宰二十一世紀。[93]

　　少數美國國際關係學者甚至樂觀地推斷中國的崛起並不表示中國要推翻美國主導的"自由國際秩序"，反而會進一步融入那個體系之中，當然中國也會力圖推動它的改革，因為這樣做對中國的好處更大。例如伊肯伯里（Ikenberry）認為："中國雖然在崛起，但它卻沒有一個野心勃勃的全球性議程。它仍然專注於如何維持一黨統治。……　現在中國尋求在國際貨幣基金組織和世界銀行有更大的角色，在二十國集團中有更大的發言權，和人民幣在全世界更為流通。……　在眾多的事務上，中國和俄羅斯的行為更像那些地位穩固的大國而非現狀的修正者。……　中國和俄羅斯沒有建立另外一個國際秩序的宏圖。對它們來說，國際關係的主要用途，是推進貿易和獲取資源、國家主權的保衛和在可能情況下謀求區域性霸權。它們沒有興趣建構自己的國際秩序，甚至不願意在現有的國際秩序中全面承擔責任。對於如何在世界上推動政

92　Joseph S. Nye, Jr., *Is the American Century Over?* (Cambridge: Polity, 2015), pp. 46-70。

93　Jonathan Fenby, *Will China Dominate the 21st Century?* (Cambridge: Polity, 2014)；Josef Joffe, *The Myth of America's Decline: Politics, Economics, and a Half Century of False Prophecies* (New York: Liveright Publishing Corp., 2014); George Friedman, *The Next 100 Years: A Forecast for the 21st Century* (New York: Doubleday, 2009)。

治進步，它們也提不出另類的願景。"[94]

　　然而，美國和西方的主流觀點似乎並非這樣看。相反，"中國威脅論"卻甚囂塵上。西方人斷定中國正在着手構建一個由中國主導的新世界秩序，藉以取代二次大戰後由美國建立起來的現有世界秩序。這個新秩序不但排拒西方的價值觀和制度，也必然會威脅到西方的利益和安全。[95] 美國和日本的對華政策似乎已經認定了中國是它們的強勁對手，因此竭力推行遏制中國崛起的方針。中國政府避免採用"中國和平崛起"的詞匯，改用"中國和平發展"一詞來論述中國與人為善的意圖，但可惜收效不大，未能改變西方對中國"臥薪嘗膽"和"復仇主義"（revanchism）的懷疑。[96]

　　不少美國和西方的戰略家既然斷定中國的"大國崛起"是不可逆轉的趨勢，則如何判斷中國的威脅並籌謀作出應對便是當前急務。雅克（Jacques）的預言最具恫嚇效果，他肯定中國將要"統治"世界，並將其歷史上慣常運用的"朝貢"（tribute）原則和體制強加到其他國家的身上，從而建構一個以中國為中心、其他國家臣服於中國的不平等的國際秩序。結果是：西方過去幾百年建

94　G. John Ikenberry, "The Illusion of Geopolitics: The Enduring Power of the Liberal Order," *Foreign Affairs*, Vol. 93, No. 3 (May/June 2014), pp. 80-90，pp. 88-90。也有學者不認為中國對西方構成威脅。見 Lionel Vairon, *China Threat? The Challenges, Myths, and Realities of China's Rise* (New York: CN Times Books, 2014)。

95　見 David Shambaugh, "Race to the Bottom," *South China Morning Post*, 11 June 2015, p. A15.

96　見鄭必堅：《中國和平發展與構建和諧世界》（北京：人民出版社，2012）和鄭必堅：《中國發展大戰略：論中國的和平崛起與兩岸關係》（臺北：遠見天下文化，2014）。

立起來的國際秩序宣告壽終正寢。[97]

　　美國戰略家一般認為，中國必將成為美國霸主地位的心腹之患，絕對不能掉以輕心。有人甚至認為中國處心積慮，意圖以一百年的時間取代美國成為全球霸主。[98] 這些人覺得中國對美國的威脅是多方面的，包括中國意慾取代美國成為全球霸主、削弱美國在世界上的話語權、在亞洲、非洲以至更廣闊地區與美國爭奪利益和領導地位、人民幣國際化對美元的主導地位的衝擊、中國軍事力量特別是海軍力量的擴張導致西太平洋航道的堵塞、中國主導的區域經濟合作組織對美國的排斥、中國力圖改變國際政治和遊戲規則、中國以傳統的主權和國家安全觀取代西方以人權凌駕於國家主權的立場等。從美國和西方世界的安全和利益出發，中國的崛起必須以各種手段遏制。美國學者斯坦伯格（Steinberg）和奧漢隆（O'Hanlon）有這樣的綜合論述：“隨着中國國力的上升，[美國國內]明顯出現了這樣的一種看法，認為中國的崛起對美國的主導地位構成直接威脅，也因此威脅到美國的安全。所以，美國必須要制約中國的國力。”“從[美國的價值觀]來看，積極支援民主和人權在中國的發展不單與美國的價值觀吻合，更可以推動中國的政治制度走向“和平演變”，從而減少中國的威脅性。持這種看法的人因此鼓吹直接支持中國國內的活

97　Martin Jacques, *When China Rules the World: The End of the Western World and the Birth of a New Global Order* (New York: Penguin, 2009)；又見 Christopher A. Ford, *The Mind of Empire: China's History and Modern Foreign Relations* (Lexington: The University Press of Kentucky, 2010)。

98　Michael Pillsbury, *The Hundred-Year Marathon: China's Secret Strategy to Replace America as the Global Superpower* (New York: Henry Holt and Co., 2015)。

躍分子，包括採取各種措施去破壞中國的信息控制系統，並在國際舞臺對中國的人權政策作出有力的挑戰。""…… 維持臺灣的實際上（而非法理上）的獨立是阻止中國軍事力量越過第一島鏈的主要障礙，因此對維持美國的海上優勢至關重要。"[99]

在下面我引述幾位有影響力的西方專家和學者針對"中國威脅"的言論，旨在反映一些有代表性的立場。 米爾斯海梅爾（Mearsheimer）認為，所有大國都是具有侵略傾向的。一個大國為了提升力量不但會謀求損害他國的利益，它也會試圖挫敗那些為了增殖國力而損害自己力量的他國的圖謀，原因是在國家之上沒有一個中央的權力機構來保護個別國家免受侵略。所有國家都擁有一些攻擊性的軍事力量。所有國家都無法肯定其他國家的意圖。為了繼續成為霸主，任何大國都一定要爭取超越其他國家的力量，好讓自己不受威脅。他悲觀地斷定，"不幸地，[美國]與中國積極互動註定一定失敗。如果中國成為經濟強國，它一定會把它的經濟威力轉化為軍事威力，並以之來主宰東北亞。至於中國是一個民主國家並深深地嵌入全球經濟體系之中，或者是一個專制及閉關自守的國家對它們的行為無關宏旨，因為民主國家和非民主國家都同樣關注安全問題，而霸權則是保證國家安全的最佳辦法。當然，無論是中國的鄰國或美國對中國的力量的增長絕不會坐視不理。相反，它們很有機會會建立一個來平衡中國力量的聯盟來圍堵它。結果是中國和它的對手之間的為着自身安全而

99　James Steinberg and Michael E. O'Hanlon, *Strategic Reassurance and Resolve: U.S.-China Relations in the Twenty-First Century* (Princeton: Princeton University Press, 2014)。引述分別來自 pp. 65-66，p. 68 and p. 70。

展開的競爭會越演越烈，而大國之間的戰爭的危險則揮之不去。簡單說，隨着中國國力的擴張，中美之間必有一戰。"[100] 他相信，區域性的霸權一定試圖制約其他區域崛起的霸權，因為它們擔心假如其他區域出現霸權的話，那些霸權便會成為在自己的後院興風作浪的強大敵人。任何一個區域霸權都寧願在其他區域有不少於兩個相鄰的大國，因為它們在地理上的靠近會迫使它們集中精力於對付對方，而無法對付遠方的霸權。所以，"一個更強大的中國會將美國從亞太地區驅趕出去，就好像美國在十九世紀將歐洲的大國從西半球驅逐出去一樣。" [101] "對付崛起中的中國的最佳策略是圍堵。…… 為了達到目的，美國的決策者會謀求與越多越好中國的鄰國結成平衡中國的聯盟。最終的目標是要建立一個類似北大西洋公約組織的聯盟組織，而該組織在冷戰時期是圍堵蘇聯的有效武器。美國也會致力於維護它主宰世界上各人海洋的地位，使得中國難以將軍力可靠地投射到遙遠地區比如波斯灣和尤其是西半球。"[102]

政治評論家戴爾（Dyer）則確信在二十一世紀發生的世紀之戰必將在中美之間發生。他認為中國有取代美國成為世界霸主的野心。他說，自從美國總統尼克松在 1972 年與毛澤東會談以來，接着下來的四十年是亞洲近代史上最穩定和昌盛的時期。在"中美協議"下，美國認可中國重返國際大家庭，而中國則默認美國

100　John J. Mearsheimer, *The Tragedy of Great Power Politics* (New York: W.W. Norton, 2014), p. 4。

101　Ibid, p.371。

102　Ibid, pp.384-385。

在亞洲的霸主地位。但是，中美之間這個既沒有白紙黑字記錄，也沒有官方公佈的有關美國在亞洲角色的"協定"正在瓦解。中國正意圖改變亞洲地區的軍事和政治格局以恢復中國歷史上在亞洲的主導地位。中美在西太平洋的爭奪將是預料中美兩國如何進行大國鬥爭的最佳測試。他估計，日後有兩種發展的可能。一是中美這兩個大國越來越相互依存，從而彼此在軍事上和其他方面的競爭會受到一定的約束。二是兩國的鬥爭導致世界上出現兩個不同的全球性經濟體系，即是以美國為核心的西方體系和由中國領導和服從於北京利益的體系。談到由美國主力推動的 TPP（Tran-Pacific Partnership Agreement）（跨太平洋夥伴協定）[103] 和 TTIP（Transatlantic Trade and Investment Partnership）（跨大西洋貿易與投資夥伴協議）談判，他相信這兩方面的自由貿易區的談判都具有一個共同的主題，那就是與日本和歐盟聯手抗擊來自中國的"國家資本主義"的威脅。[104] 這兩個協議的議程都包括那些屢受中國刁難和不受"中國模式"重視的議題諸如知識產權保護、政府不補貼企業、外來投資保護和勞工權益等。美國相信，如果

103　見 Jeffrey J. Schott, Barbara Kotschwar, and Julia Muir, *Understanding the Trans-Pacific Partnership* (Washington, D.C.: Peterson Institute for International Economics, January 2013); Peter A. Petri, Michael G. Plummer, and Fan Zhai, *The Trans-Pacific Partnership and Asia-Pacific Integration: A Quantitative Assessment* (Washington, D.C.: Peterson Institute for International Economics, November 2012)。

104　見 Richard Rosecrance, *The Resurgence of the West: How a Transatlantic Union Can Prevent War and Restore the United States and Europe* (New Haven: Yale University Press, 2013)。作者認為，"歐洲和美國的經濟體系的逐步融合會導致一個新的和富有魅力的經濟集團在國際舞臺的誕生，其他人對此會覺得難以抗拒。日本、加拿大、東南亞國家以至最終中國都會被捲入這個大西洋的漩渦之中，因為這會對她們的經濟以至最終政治的進步裨益甚大。"（p. 92）

這兩個自貿區談判成功，而又有不少國家加入的話，則美國便能夠為國際貿易訂立新的和展示更高開放度的遊戲規則，並有力迫使中國認同和遵守那些規則。如此一來，美國作為世界經貿體系的遊戲規則的制定者的地位便得以鞏固，而中國則只能在這個美國主導的體系中尋找生存空間。[105]

英國的國際關係學者科克爾（Coker）也同意中美兩國爆發全面戰爭的可能性不能排除，原因是過去三百年來，所有大國之間的戰爭都是關乎國際體系的規則和規範的。中美兩國都是"與別不同"（"exceptional"）的大國，彼此的價值觀截然不同。北京正在挑戰華盛頓一直視為其囊中物的國際秩序。兩國現在正陷入所謂"修昔底德陷阱"（Thucydidean Trap）之中而難以自拔。所謂"修昔底德陷阱"指一個保守的、維護現狀的大國受到一個新興大國挑戰的局面。這個陷阱導致中美最終難免一戰。[106]

美國戰略學者勒特偉克（Luttwak）估計中國國力在亞洲的擴張必然會引起其周邊國家的恐懼，這便讓美國有機會連同那些國家對中國進行圍堵。他斷言中國不能同時擴張軍力和推進經濟發展，因為前者會因為其他國家對中國的恐懼和聯手反制，終將對中國的經濟發展不利。中國周邊國家其中的一個恐懼是中國利用其越來越大的國力從其鄰國奪走寶貴的海洋資源，所以中國對東沙和南沙的威脅不容忽視。另外一個恐懼是中國會強迫其周邊國

105　Geoff Dyer, *The Contest of the Century: The New Era of Competition with China— and How America Can Win* (New York: Alfred Knopf, 2014)。

106　Christopher Coker, *The Improbable War: China, the United States & the Logic of Great Power Conflict* (New York: Oxford University Press, 2015)。

家與其簽訂那些主要有利於中國的雙邊貿易協定。中國的領導人刻意要追求幾個難以相容的目標：快速的經濟增長和快速的軍力擴張和相應的全球影響力的增加。為了遏制中國的擴張，"自2010年以來，美國國防部和不同軍種一致並有效地支持美國國務院對華政策中的有關"圍堵"中國（containment）的部分。"[107]

　　美國年青的中美關係專家弗里德伯格（Friedberg）的觀點更為極端和露骨，他認為只有推翻中國的中共政權才能徹底解除中國對美國的威脅。他是這樣說的："假如因為粗心大意、失誤或有意的決定我們容許現實狀況的中國支配亞洲，我們的繁榮、安全和促進自由的擴散的願望便會嚴重受損。我們的商人會發現他們無法取得當今世界上最具活力的經濟體中的市場、高科技產品和自然資源，因為那些經濟體會被它們與中國簽訂的貿易協定所限制，而那些貿易協定是為中國度身訂造的。…… 中國如能控制南海和東海海床的豐富的石油和天然氣資源，加上它能從中亞地區和俄羅斯以優惠條件進口能源，來自美國和印度的可能的海軍封鎖所帶來的威脅便大為減少。美國在東亞地區撤出後，中國便可以迫使臺灣就範，更可以制止、抵消或阻止來自日本或南韓的軍事挑戰。在無需擔心來自近岸的威脅後，北京便可以投入更多資源去與它在亞洲大陸的鄰居算賬，它也可以輕易地將軍力投放到世界上其他地方比如中東、非洲和拉丁美洲來保護和促進自己的利益。在與美國進行全球性爭奪之前，北京必須先在自己所屬區域成為最大力量。如果亞洲被專制的中國所支配，則其鄰近

107　Edward N. Luttwak, *The Rise of China vs. the Logic of Strategy* (Cambridge, MA: The Belknap Press of Harvard University Press, 2012), p. 238。

238

的非民主國家的民主改革的前景將會非常暗淡。就算在亞洲已經存在的民主國家也會發現它們不能採取那些拂逆北京的外交政策甚至內政措施。在擁有無遠弗屆的全球性影響力後，中國更可以更有效地支持世界上那些非民主政權，並將它國內的制度作為西方的代替品向外推銷。"[108] "要徹底改變中美關係，必須要改變中國的政權。雖然這樣做初期會導致中國內部的一些不穩定，但民主改革最終會消除或紓緩中美之間的意識形態競爭，提升雙方在不同問題上的合作前景，包括貿易和防止大殺傷力武器擴散，也會減少雙方因為一些爭議而爆發戰爭的風險。"[109] "除去了那些外交套話，美國戰略的最終目標是要加速革命 [在中國] 的發生，即便是和平的革命也無不可，只要是能夠掃除中國的一黨專政政權，並以一個自由民主的政體取而代之。"[110]

一位年輕的德國學者霍爾斯洛格（Holslag）更斷言，中國與一些亞洲國家最終難免一戰，理由是中國的核心利益和大國的訴求與它宣示的"和平發展"的主張在政治複雜的亞洲地區無法相容，中國的"大國崛起"必然會損害其他亞洲國家以至美國的利益和安全。中國是一個奉行"修正主義"（revisionist）的大國，因為它決心要徹底改變現有的國際秩序和權力分配，並讓自己成為新的世界霸主。[111] 此外，一位美國軍事學者納瓦羅（Navarro）

---

108 Aaron L. Friedberg, *A Contest for Supremacy: China, America, and the Struggle for Mastery in Asia* (New York: W.W. Norton, 2011)，pp. 7-8

109 Ibid, p. 57。

110 Ibid, p. 184。

111 Jonathan Holslag, *China's Coming War with Asia* (Cambridge: Polity Press, 2015)。

也認為，隨着中國的軍事裝備技術不斷提升，而美國的國防預算則持續削減，中美戰爭終將爆發。[112]

中美博弈下的新國際格局

綜上所述，美國作為"守成"或"現狀"的大國（status-quo power）與中國作為崛起中的大國在將來展開激烈博弈是不可避免的國際大事。博弈的激烈程度又因為美國對自己的體制和前景信心不足，對中國人有"非我族類、其心必異"的恐懼，而中國的民族主義和愛國主義情緒又在迅速攀升而不斷增強。美國深知已經不像過去可以單憑自身力量來維持霸權，必須拉攏其他國家為同盟國。同樣地，中國雖然拒絕與任何國家締結軍事同盟，但在美國的脅迫和"圍堵"下也難免要與其他國家發展戰略合作關係。

在美國，儘管承認中國對美國構成威脅的人不少，但明確主張與中國開戰或與中國為敵的人不是很多。考慮到中美在經濟和金融上的密不可分的關係、[113] 中國對美國的"報復"和"反制"能力、美國的盟友的利益和顧慮、美國人的厭戰思想和潛在的"孤立主義"（isolationism）傾向和與中國為敵牽涉的代價太大，大部分美國的戰略專家提議美國採取各種手段來平衡或制約中國的

112　Peter Navarro, *Crouching Tiger：What China's Militarism Means for the World* (New York：Prometheus Books, 2015)。

113　Zachary Karbell, *Superfusion: How China and America Became One Economy and Why the World'a Prosperity Depends on It* (New York: Simon & Schuster, 2009); Stephen Roach, *Unbalanced: The Codependency of America and China* (New Haven: Yale University Press, 2014)。

實力，防止中國國力的過度擴張，並營造有利環境和提供適當誘因讓中國接受美國主導的國際秩序及願意在其中謀取國家利益。

奧巴馬就任美國總統的初期，他和他的顧問們希望華盛頓和北京能夠通過合作而成為主理國際事務上一對高級夥伴（所謂 G-2 的安排）。不過很快美國的決策者斷定這種共用領導地位的提法容易被中國人視為美國示弱。他們認為明顯有效的政策應該建基於力量的平衡上，因此需要更有力的外交政策。2009 年 11 月，奧巴馬首次與東盟的領導人會晤。在 2010 年 6 月，奧巴馬同意參加成立不久的東亞高峰會（East Asia Summit），以防止中國主導那個組織。"奧巴馬是冷戰以來憂慮美國的地位被一個對手取代的第一位美國總統。"[114]

2011 年美國總統奧巴馬高調宣佈要"重返亞洲"和推行"再平衡"策略，目標就是要拉攏中國的周邊國家，尤其是東盟十國，強化它們與美國的外交和軍事關係，並鼓勵它們在美國的支持下在東海和南海與中國爭奪利益，包括對島嶼、領海和海底資源的爭奪。其中最重要的目的是弱化中國在東亞地區的影響力和挑撥離間中國和其鄰國的關係。[115] 美國的"再平衡"政策是回應中國在東亞地區挑戰的第一步。"美國國務院的高層官員庫爾特坎貝爾（Kurt Campbell）表明，'再平衡'政策代表美國在未來 30、40 和 50 年在亞太地區謀求主導角色的策略。"[116]

114　Stephen Sestanovich, *Maximalist: America in the World from Truman to Obama* (New York: Alfred A. Knopf, 2014), p. 314。

115　Kurt M. Campbell and Ely Ratner, "Far Eastern Promises: Why Washington Should Focus on Asia," *Foreign Affairs*, Vol. 93, No. 3 (May/June 2014), pp. 106-116。

116　Ibid, p. 314。

　　為了配合"重返亞洲"戰略，美國大幅增強了在西太平洋的軍事力量，將接近一半的海空軍力派駐到該地區。美國更以新型的"空海"聯合作戰（air-sea battle）模式來提升美軍對華作戰的能力，務求將中國的海空力量在限制在第一島鏈之內，防止中國的軍事力量對西太平洋構成更大的威脅。[117]

　　美國倡議建立的跨太平洋夥伴關係協定的目的，是要按照美國屬意的國際貿易準則來建構一個中國難以加入的區域自由貿易體系，強化美國在亞太地區的經濟主導地位和削弱中國的經濟發展動力。美國一些學者明確指出，在中美博弈的格局中，貿易和政治難以區分。"就算是貿易協定，比如美韓自由貿易協定和建議中的跨太平洋夥伴協定（TPP），有時也需要從它們對中美關係的廣泛影響這個角度來檢視。"[118]

117　美國於 1980 年代經歷了"軍事革命"，以先進的科技和機動性創新了陸空 (air-land battle) 聯合作戰的能力以對抗蘇聯。在過去幾年，為了對付中國與日俱增的"軍事威脅"，美國又創新了海空 (air-sea battle) 聯合作戰能力，目的在於應對中國海空力量在質和量上的提升，防止中國有能力迫使美國的軍事力量遠離中國海岸。見 Aaron L. Friedberg, *Beyond Air-Sea Battle: The Debate Over US Military Strategy in Asia* (London: The International Institute for Strategic Studies, 2014)。又見 Cames Lord and Andrew S. Erickson, *Rebalancing U.S. Forces: Basing and Forward Presence in the Asia-Pacific* (Annapolis: Naval Institute Press, 2014)。

118　James Steinberg and Michael E. O'Hanlon, *Strategic Reassurance and Resolve: U.S.-China Relations in the Twenty-First Century* (Princeton: Princeton University Press, 2014), pp. 69-70。Bruce Jones 也有相同的分析："奧巴馬總統分別在 2011 和 2013 宣佈美國會主催兩個重大的 [國際] 貿易新猷。它們是跨太平洋夥伴協議 (TPP) 和跨大西洋貿易和投資夥伴協議 [TTIP]。這兩個新猷都包含兩個邏輯：推動經濟增長和強化核聯盟。"見 Bruce Jones, *Still Ours to Lead: America, Rising Powers, and the Tension Between Rivalry and Restraint* (Washington, D.C.: Brookings Institution Press, 2014)，pp.105-106。又見 Jeffrey A. Bader, *Obama and China's Rise: An Insider's Account of America's Asia Strategy* (Washington, D.C.: Brookings Institute Press, 2012)。

中國的戰略學者對美國的圖謀非常清楚。綦大鵬認為當前世界各國圍繞塑造國際政治經濟秩序展開了空前激烈的發展競爭。首先，這種發展競爭集中體現在自由貿易安排的角逐上。2013年，美國致力於完成"跨太平洋夥伴關係協定"（TPP）談判，並啟動了與歐盟的"跨大西洋貿易和投資夥伴關係協定"（TTIP）。"兩項協定若能達成，將為建成亞太、美歐世界兩大自由貿易區奠定基礎，從而使全球貿易版圖發生重大變化，美國也將再次佔據世界經濟的中心地位。…… 日本基於地緣政治因素的考慮，在啟動中日韓自貿區談判的同時，優先考慮推動 TPP 談判，企圖與美國共同制定下一代的自由貿易規則，迫使中國未來加入時，不得不服從這些規則，從而贏得對中國的發展優勢；而日本與歐盟自貿區談判的啟動，則使日本完成了與東亞、美國與歐洲三個世界主要經濟繁榮地區的自貿戰略佈局。歐盟同樣擁有其自貿區戰略，2013 年其先與加拿大達成了自貿區協定，並與美國、日本、印度、東盟等展開了一系列自貿區談判。西方發達國家在自貿區安排上的重要動向，反映了其面對新興大國的群體性崛起，想要繼續掌控國際貿易規則制定權的企圖。鑒於美國主導的 TPP 可能削弱東盟在東亞合作中的領導地位，並引起內部的分裂，東盟 2013 年啟動了與中、日、韓、澳、新、印的'區域全面經濟夥伴關係'（RCEP）談判。由於 RCEP 之中不包含美國，TPP 與 RCEP 兩個機制已經形成一定的競爭關係。中國則啟動了中韓、中日韓等自貿區談判。而一些中小國家，如韓國、新加坡、越南等國在自貿區安排的競爭上也毫不遜色，充分利用大國競爭帶來的機會，與之簽訂了一系列的自貿區協定。"[119]"表面上，這些貿易安排的競爭不像傳統的大規模戰爭一樣吸引人們的注意，但實質上，卻是新的歷史條件下奠定各國在未來國際體系中地位與權力的關鍵。……長遠來看，這些自由貿易安排的競爭結果，不僅將決定世界經濟秩序的走向，也將影響世界政治與安全秩序的走向。"[120]

　　內地國際關係學者孫哲對美國的亞太戰略有詳細的論述："美國 2011 年以來全方位展現對亞太特別是東南亞地區的'戰略再關注'，是一年前甚至更早時候已定下來的大方針，而中國崛起帶來的地區影響則是制定此方針時的首要考慮。實際上，早在小布什執政時期，美國就在一定程度上為應對中國崛起而進行過兩次較大的亞太戰略調整。第一次是在其剛上任時大幅修改克林頓政府的對華政策，將中國定位為'戰略競爭者'而非'戰略夥伴'，聲稱美國要加強在西太平洋的軍力部署，以'防止再次出現一個新的對手'。這次亞太戰略調整的核心是借助日、韓等盟國力量對中國進行'預防性'遏制。第二次調整是在大約五年之後。根據白宮 2006 年出臺的《國家安全戰略報告》，美國的東亞戰略將從過去的以安全事務為重點轉向安全與經貿並重，尤其要擴大對該地區的貿易和投資加強介入東亞現有的地區組織及外交活動；對中國則強調'負責任的利益攸關方'這一概念，逐漸重

119　綦大鵬："探索國際大變局的歷史走向——本年度國際戰略形勢總論"，載於國防大學研究所：《國際戰略形勢與中國國家安全》（北京：國防大學出版社，2014），頁 2-3。

120　同上，頁 4。

視擴大同中國的合作並對中國的未來走向表示審慎樂觀。此次調整的重點是進一步改善對華關係並加強介入東亞合作特別是經貿一體化。然而，由於大部分戰略力量都被用於伊拉克和阿富汗兩個戰場，美國很難像計劃的那樣全面介入亞太事務。結果，安全議題在美國同亞太國家的合作中仍佔絕對主導地位，而安全合作的主要對象是日、韓、澳等盟國及印尼、菲律賓等對美國反恐戰爭起較大作用的國家。簡言之，直到小布什總統離任，美國參與東亞經貿一體化的力度依舊較弱，對東亞地區整體上仍缺乏重視。2009 年之後，隨着美國面臨的反恐壓力逐漸減輕，特別是由於中國在全球金融危機中展現出巨大的政治和經濟力量，使美國戰略界愈加擔憂美國在未來亞太地緣格局中所處的地位以及中國迅速崛起可能對當前地區局勢產生的衝擊。白宮在 2010 年發佈的《國家安全戰略報告》便以此為主要依據，提出‘重振美國領導世界’戰略並將亞太地區當作未來的關注重點。美國國防部更是在 2011 年 8 月發表的《中國軍力年度報告》中突出強調中國的軍事科技發展速度及‘海上野心’，並再次對‘北京越來越強硬的軍事姿態表示擔心。’”“除了對中國軍力發展表示疑慮外，美國還擔心，隨着中國經濟力量的迅速提升，特別是以東盟為核心的’東盟 +X’機制繼續鞏固，美國有可能在不遠的將來被排擠出逐漸由中國主導的東亞經貿一體化之外。”“美國此輪東南亞戰略調整是否主要針對中國？答案無疑是肯定的。但是要看到，其背後的根本原因並不是政府內部‘知華派’為對華強硬派所取代，也不是所謂‘中國近來在南海問題上的強硬態度’，而是中國迅速崛起對美國在亞太安全及經貿體系中長期主導地位形成的尤其是心理上的挑戰。只有這種心理繼續存在，美國便會根據局勢的發展不斷調整其東南亞及亞太戰略，從而盡量減緩自身實力相對下降的趨勢並繼續扮演地區領導角色。""長遠看，隨着中國的不斷崛起，美國必將繼續以東南亞地區為重點加強對亞太的戰略投入，試圖再次確立在亞太安全與經貿合作事務中的主導權。至於其推進東南亞戰略的主要方式，則會因自身需要及地區局勢的變化而表現為外交、軍事、經貿、價值觀這四種手段的不同組合，其中最重要的當為加強在該地區的軍事部署及安全合作關係。"[121]

內地學者唐永勝和龐宏亮也有相同的觀察。據他們的分析，"中美之間仍存在許多不容忽視的問題。主要表現在美國穩步推進'亞太再平衡'戰略，在軍事上加大力量投入，建立防範中國的戰略預置；在經濟上推廣跨太平洋夥伴協議（TPP），建立一個由美國主導的貿易機制等。…… 在不斷增強美軍太平洋總部的力量的同時，美國還重點加強了與日本的傳統軍事同盟關係。……TPP 是美國打破 FTA [Free Trade Agreement] 傳統貿易模式，精心打造的一種新型貿易模式。它在勞工規範、環境產品、知識產權、政府採購、國有企業等問題上設置了嚴格標準。這些貿易標準是中國在現行政治經濟制度下難以逾越的鴻溝。由此看來，TPP 協議最終將在事實上成為一個將中國排除在外的'高標準'貿易協定。…… 一旦 TPP 協議在上述國家範圍內得以實現，必將削弱東亞地區現有的'10+1''10+3'及中日韓對話機制，從

121　孫哲主編：《亞太戰略變局與中美新型大國關係》（北京：時事出版社，2012），引述分別來自頁 265-267，267，268 和 273。

而削弱中國在亞太地區一體化進程中的作用，甚至可能將中國邊緣化。"[122]

美國的"再平衡"戰略的另一重要部分，是要爭取東南亞國家倒向美國，從而在中國的周邊地區營造防範中國擴張的障礙或屏障。為此，美國鼓勵一些東南亞國家與中國爭奪南海的領土和資源，為它們爭取有利的國際輿論，向它們提供武器，推動與它們在軍事上的合作，派遣美軍進駐它們的戰略要衝和不時譴責中國的"非法"和"侵略行為"。在美國的戰略家眼中，南中國海對中國的戰略價值，與加勒比海對美國的戰略價值不相伯仲。專門研究美國在亞洲的戰略部署的卡普蘭（Kaplan）有這樣的描述："中國在南中國海的地位，等同美國在十九世紀和二十世紀初期在加勒比海的地位。美國承認歐洲國家在加勒比地區的存在和利益，但卻仍然要支配當地的事務。…… 美國是通過對大加勒比海盆（Greater Carribean Basin）的支配才取得對西半球的有效控制，從而讓它得以影響東半球的勢力均衡。中國在二十一世紀的處境亦可能相類似。"[123] 如果南中國海變成了中國的"內湖"，不但海上貿易會因為航道的阻塞而不暢通，也會嚴重威脅到美國在東亞地區的盟友尤其是日本的生存和利益。美國戰略家卡根（Kagan）認為，"事實上，中國正在利用其日益強大的海軍力量去封閉國

122　唐永勝、龐宏亮："中美關係評析"，載於國防大學戰略研究所：《國際戰略形勢與中國國家安全》（北京：國防大學出版社，2014），頁 16-33，頁 27-29。

123　Robert D. Kaplan, *Asia's Cauldron: The South China Sea and the End of a Stable Pacific* (New York: Random House, 2014), p. 13. 他進一步認為，在不久的將來，中美在南亞的博弈也會展開。見 Robert D. Kaplan, *Monsoon: The Indian Ocean and the Future of American Power* (New York: Random House, 2010)。

際水域而非開放之，這讓人們看到一個當美國海軍不再強大的情況。…… 就算出現了一個由幾個大國共同維持海洋秩序的格局，並取代了目前由美國主導的局面，也不等於說現在的自由經濟秩序得以強化，反而是更多的競爭和衝突的來臨。"[124]

中國戰略學者趙毅對美國在東南亞的部署有這樣的論述："自美國 2010 年宣佈'重返亞洲'以來，東盟成為美國戰略調整的主要着眼點，2013 年，受中日關係惡化的影響，東盟又深受日本的青睞。雙重因素的作用使東盟的地緣重要性明顯提高，可以說 2013 年是美、日拉攏東盟年。為了恢復在西太平洋地區的影響力，在戰略調整的大框架下，美國在亞太地區除了強化與傳統盟友的關係外，把爭取和拉攏東盟作為重要目標，通過在軍事上擴大在東南亞的軍事存在，經濟上拉攏東南亞國家加入'跨太平洋夥伴關係（TPP）'，政治上繼續以民主和人權為藉口，通過官方和非政府途徑在東南亞和印支半島地區輸出西方價值觀，已經取得了明顯的效果，從而是東南亞多數國家近年來在整體對美國的向心力顯著加強。…… 美、日兩國對東盟的拉攏，給西太平洋地區的地緣戰略形勢帶來了明顯的變化。冷戰結束後，東盟的地位一直處於上升趨勢，隨着大國對東盟的重視程度增加，東盟的地緣重要性更加提高，主要表現有兩點，一是除了中、日、美、俄、印、澳、加等區域內力量密切與東盟的聯繫之外，區域外的國家和組織也高度重視與東盟的合作。"[125]

124　Robert Kagan, *The World America Made* (New York: Alfred A. Knopf, 2012), p. 77。

125　趙毅："東盟內外關係走向評估"，載於國防大學戰略研究所：《國際戰略形勢與中國國家安全》（北京：國防大學出版社，2014），引述分別來自頁 69-87 和頁 69-74。

　　早在美國宣佈"重返亞洲"之前，中國已經努力爭取與周邊國家特別是東南亞國家改善關係和強化經貿和金融往來，並且取得良好的成績。即便彼此有領海和海底資源之爭，而中國近年來更銳意以實際行動包括軍事行動宣示中國在南海和東海的主權，但除了日本外，東亞和東南亞國家與中國仍能維持合理關係，而且在安全問題上也能進行某種合作，縱使部分與中國有領海紛爭的國家與中國的關係存在隱憂。為了應對美國的挑戰，中國勢將進一步強化它與周邊國家的關係。中國經濟力量的上升，加上中國願意從"睦鄰友好"和"互利共贏"出發，樂意讓其他國家分享中國發展的紅利，中國與美國在東亞和東南亞地區的博弈絕不過分處於下風。中國的周邊國家銳意經濟發展，絕對不想捲入戰爭，因此它們在中美之間傾向保持"中立"，致使美國與那些國家結成"反中"聯盟的企圖難以得逞。即便在 TPP 的談判中，美國的經濟困難和國內保護主義的隱約顯現，都使得談判過程艱巨，前景仍然模糊。對此國際關係學者史提夫陳（Steve Chan）有以下的分析："所有東亞地區的精英們都以 [改善國家的] 經濟表現上作為促進其認受性和保證其所領導的政權的生存的策略，而非依靠民族主義、軍事擴張或意識形態宣傳。""我認為東亞地區的管治精英越來越把認受性和政權安全與經濟表現掛鈎。這種決定對於促使他們在區域關係上採取合作策略有巨大影響力。""東亞國家的執政者充分明白擴軍和結盟牽涉不少機會成本，所以他們的行為不受勢力均衡理論的左右。考慮到將來的不確定性，他們傾向放棄平衡 [其他國家實力] 策略，反而注重合作。他們希望通過自我約束來建立一系列緊密相扣的國際和國內的交易，並以之來鞏固東亞地區的穩定和合作。這些交易能夠延續越久，則繼續合作的前景則越寬。"[126] 內地戰略學者劉亞明也有類似看法："在構建地區秩序的過程中，東亞地區各國的主觀能動性最大限度地體現為它們致力於建立地區內權力穩定平衡的政策實踐。……自 20 世紀 90 年代起，東亞國家普遍選擇了'兩面下注'策略來應對國際體系中權力對比的變化。它們不是單單選擇與某個大國結盟或是排除某個大國，而是努力將所有的大國都包括進所有的地區事務之中，目的是通過建立更加緊密的經濟和政治關係，吸納這些大國與東亞國家一起形成一個整體來建構新的地區秩序，從而反映權力變化的現實。以這種方式，大國將加深對地區安全與繁榮的責任，更加有興趣通過政治與外交方式說明維持地區穩定。而中小國家的相關性也得到最大尊重。也就是說，東亞國家既反對一種一國獨大的地區秩序，也不贊成一個分散中小國家力量於不同大國領導集團之中的所謂'力量均勢'的秩序，而是要既包含主要的大國，讓主要大國能夠'相互監督'從而在行動上相互制止冒險主義，同時確保小國在地區體系中發揮着獨到的平衡作用。"[127]

　　美國在亞洲最重要的政治和軍事盟友非日本莫屬。中國的崛起、中日在歷史上的恩怨、日本民族主義抬頭、右翼勢力冒起、日本對中國的恐懼、日本愈趨依賴美國來抗衡中國和日本意圖再

126　Steve Chan, *Looking for Balance: China, the United States, and Power Balancing in East Asia* (Stanford: Stanford University Press, 2012)。引述分別來自 p. 4，13 and 17。又見孫哲主編：《亞太戰略變局與中美新型大國關係》（北京：時事出版社，2012）。

127　劉阿明：《變動中的東亞與中美關係》（北京：知識產權出版社，2012），頁 29-30。

次成為在國際上舉足輕重的"正常國家"（normal country）在在都是日本在近年來倒向美國的原因。從另一個歷史角度看，過去中國、日本和美國面對來自蘇聯的共同威脅，蘇聯的解體解除了那個威脅，大大弱化了它們之間的戰略合作關係。[128] 美國為了應對中國的崛起，積極拉攏日本，締結美日軍事同盟，[129] 要求日本在東亞地區加強與美國配合，承擔更多的維護區內（包括臺灣）"安全"與"和平"的責任。美國與日本在軍事上加強合作以抗衡中國，並在中日的領土爭議中偏袒日本，都加劇了中日關係的緊張。與此同時，日本又加緊拉攏東南亞國家，意圖強化它對那些國家的影響力，無可避免地激化了中日在東南亞的博弈。[130]

過去十多年來，中日之間在一些具體問題上摩擦不斷，其中較為嚴重的包括日本對歷史的態度、日本政要參拜供奉甲級戰犯的靖國神社、含毒餃子事件、釣魚島（日本稱作尖閣諸島）主權和東海海底資源。[131] 新的日美安保條約的簽訂和日本修改國內法律讓日本可以進一步擴張軍事力量和派遣軍隊到境外配合美國的

128　Thomas J. Christensen, *Worse than a Monolith: Alliance Politics and Problems of Coercive Diplomacy in Asia* (Princeton: Princeton University Press, 2011)。

129　Michael J. Green and Zack Cooper (eds.), *Strategic Japan: New Approaches to Foreign Policy and the U.S.-Japan Alliance* (Lanham: Center for Strategic & International Studies, 2015)。

130　喬林生：《日本對外政策與東盟》（北京：人民出版社，2006）。

131　見 Sheila A. Smith, *Intimate Rivals: Japanese Domestic Politics and a Rising China* (New York: Columbia University Press, 2015)。又可參看 Richard C. Bush, *The Perils of Proximity: China-Japan Security Relations* (Washington, DC: Brookings Institution Press, 2010)；及 Claude Meyer, *China or Japan: Which Will Lead Asia* (New York: Columbia University Press, 2011)。

軍事行動。[132] 總之，種種事態的發展，都使中日關係雪上加霜。

對於演變中的中日關係，內地學者劉江永有此看法："1945 年日本戰敗後才開始在外力作用下完成國家模式轉型，制定了《日本國憲法》，走上和平發展道路，並通過詩人首相吉田茂推行的'輕軍備優先發展經濟'的貿易立國模式，取得了令世界矚目的經濟成就。從 20 世紀 80 年代起，中曾根康弘等日本當政者則又開始謀求國家模式的轉型，對內謀求修改憲法，放棄經濟優先，對外開始利用美國支持謀求成為'政治大國'，改變戰後秩序。""日本對華戰略從 20 世紀 80 年代以經濟合作為主，已轉向目前安倍內閣的以安全領域抗衡為主。日本國家發展模式正朝向更右的方向轉型。…… 在東亞則有一種值得警惕的傾向：一方面針對朝鮮半島的多邊聯合軍演仍在繼續；另一方面日本政府在竭力謀求突破戰後禁區，行使'集體自衛權'，最終目的是以所謂'自衛'為名在海外使用軍事力量，與美國等國聯合作戰。安倍內閣一方面提出所謂'積極的和平主義'，一面仰仗美國，與菲律賓相互利用，試圖形成聯手抗衡中國的東亞戰略格局，甚至企圖與北約建立安全合作關係，實質上是準備以日美同盟為核心，為在東亞推行'暴力的多邊主義'做鋪墊。…… 中日矛盾伴隨日本政治右傾化及國家模式轉型可能更為突出，歷史問題、釣魚島問

132　Kent E. Calder, *Pacific Alliance: Reviving U.S.-Japan Relations* (New Haven: Yale University Press, 2009)；Richard J. Samuels, *Securing Japan: Tokyo's Grand Strategy and the Future of East Asia* (Ithaca: Cornell University Press, 2007)。

題、臺灣問題仍會困擾中日兩國。"[133]

當前，按照美國學者羅伊（Roy）的看法，對日本和美國來說，"中國不單是一個崛起中的大國，它還是一個'捲土重來'的大國，這是歷史上的首次。"[134]"捲土重來"的大國可能懷有湔雪前恥的報復心態，因此特別危險。"從東京的角度看，中國正在篡奪日本過去在東南亞的地位。中日兩國與東南亞國家競相簽訂自由貿易協定不單是為了擴寬經濟機遇，還有就是政治領導地位的爭奪。""不少退休的和非官方的日本戰略家都認為假如臺灣落到中國手上，則臺灣便成為一艘橫亙在那條為日本供應大部分能源的航道上的不沉的航空母艦，無疑對日本構成威脅。""控制了臺灣之後，中國便擁有一個可以為其海軍和空軍提供基地的龐大平臺。臺灣可以讓中國的海岸線向東延伸 250 英里，並讓中國可以從臺灣的東岸不受限制地進入太平洋。這便會讓中國人民解放軍有一個戰略據點去控制西太平洋，並會威脅到美國在沖繩的基地或者那些從東邊而來的美國海軍艦隊。"[135]

除了東亞和東南亞地區外，中美在中亞地區的博弈正在急速升溫。不少該地區的國家在蘇聯解體後才出現，部分國家尚處於政局不穩的狀態。然而，中亞地區不但戰略地位重要，而且油氣和自然資源豐富。中美在中亞地區的博弈既包含合作成分，又

133　劉江永："中日關係正迎來新甲子大變局"，載於國防大學戰略研究所：《國際戰略形勢與中國國家安全》（北京：國防大學出版社，2014），引述分別來自頁 34-52 和頁 42-45。

134　Denny Roy, *Return of the Dragon: Rising China and Regional Security* (New York: Columbia University Press, 2013), p. 3。

135　Ibid, 引述分別來自 p. 89，p. 95 and p. 78。

包含競爭元素。中亞國家則依照其國家或統治者的利益與中美兩國周旋。"中國在中亞的利益主要涉及經濟領域，其次是建設睦鄰安全帶。在地理上，中亞是中國遠出俄羅斯和烏克蘭、通向歐洲。跨越裏海、進入外高加索地區，連接伊朗、進入中東波斯灣地區的交通樞紐，也是中國獲得資源供給和戰略支撐的穩定後方。"[136] 雖然美國視中國為競爭對手，但為了穩定該區的局勢，美國也願意中國在中亞地區發揮作用。"為了避免中亞地區再次變成俄羅斯的勢力範圍，美國鼓勵更多力量在中亞地區展開競爭。歐盟、日本、韓國、土耳其等國積極採取多種形式在中亞國家建立自己的影響。美國還希望中國在阿富汗、中亞地區擔負更大的安全責任，以維護中亞地區的穩定，並牽制俄羅斯。"[137] 美國學者庫利（Cooley）認為，中亞地區已經成為全球性大國博弈的縮影，由此可以窺探將來國際政治格局的走勢。"中亞細亞已經成為觀察一個多極世界如何運作的自然實驗室，其中包含美國勢力的衰退、[俄羅斯、中國和中亞國家]對西方推動民主化和人權的意圖的反擊、和中國作為外來的捐贈者和區域領導者的崛起。"[138]

中國的"一帶一路"戰略實際上將中美在全球的博弈提升到一個更全面、多元和激烈的層面。當前而言，這個戰略在某程

136　楊雷："中亞戰略形勢與上海合作組織作用評估"，載於國防大學戰略研究所：《國際戰略形勢與中國國家安全》（2013-2014）（北京：國防大學出版社，2014），頁125-145，頁139。

137　同上，頁137。

138　Alexander Cooley, *Great Games, Local Rules: The New Great Power Contest in Central Asia* (New York: Oxford University Press, 2012)，p. xiv。

度上可以說是對美國"重返亞洲"和"圍堵中國"策略的積極回應，具有"反圍堵"和"轉守為攻"的戰略意義。有趣的是，中國的"一帶一路"戰略實在是一種"西進"的國際戰略，與美國的"東進"戰略（即"重返亞洲"或"亞洲支點"["pivot to Asia"]或"亞太再平衡"）分庭抗禮、互相輝映。中國一直致力推進周邊地區的區域經濟合作，首要的是與東盟十國中國的合作，再其次是與南韓和日本的合作，與東盟的合作成果尤其矚目。[139] "西進"戰略其實是得益於美國不自量力在中東和中亞地區的冒進（overreach）和失敗，引致美國在中東和中亞地區的戰略利益遭受沉重損失。[140] 美國過去在中東和中亞地區過度軍事和政治介入，為當地人民造成無可彌補的災難，也傷害了當地人民的感情，但卻讓中國有一個較佳的國際環境，在少受美國干擾下和平崛起。美國在中東和中亞地區的窘境，正好為中國的"西進"戰略提供契機和條件。正如美國學者納西爾（Nasr）所言："美國錯誤認為美國行將與中國進行的地緣政治不會發生在太平洋的舞臺，為此美國將要付出代價。重要的博弈也會發生在中東地區，兩國激鬥的後果將對全球有巨大影響。我們最好對此有足夠的準備。…… 正如我們向東建立支點（pivot），中國也在往西地方建

139　見 Alice D. Ba, *[Re]Negotiating East and Southeast Asia: Region, Regionalism, and the Association of Southeast Asian Nations* (Stanford: Stanford University Press, 2009)；Gilbert Rozman, *Northeast Asia's Stunted Regionalism: Bilateral Distrust in the Shadow of Globalization* (Cambridge: Cambridge University Press, 2004)。

140　見 Michael MacDonald, *Overreach: Delusions of Regime Change in Iraq* (Cambridge, MA: Harvard University Press, 2014)。麥克唐納（MacDonald）認為，美國揮兵伊拉克推翻了薩達姆政權，但卻換來一個親伊朗的什葉派新政權，使美國在中東的地緣政治處境更為惡劣。

立支點。中國是通過它與阿拉伯世界、巴基斯坦、伊朗和土耳其建立緊密和不斷強化的經濟和外交關係來建立支點的。"[141]

儘管中國的"一帶一路"的"東進"戰略面對不少困難，其成敗得失目前難以預料，但肯定會讓美國及其盟友寢食難安、如芒在背。美國一定會認為中國的大戰略意圖是要主導歐亞事務，成為歐亞大陸板塊的"霸主"。美國一直以來的戰略目標，是要防止任何一個大國主宰歐亞大陸，中國的"一帶一路"戰略難免會成為美國的戰略噩夢，從而激化中美在全世界的博弈。

為了與美國進行全球性的博弈，並對美國的"圍堵"戰略作出反制，中國與重新崛起的俄羅斯開展新的戰略合作。新中國建立後，除了在冷戰初期一段短時期內中國與蘇聯締結軍事聯盟外，中國一直奉行獨立外交路線。中蘇關係長時期處於敵對狀態，直到蘇聯解體前夕才開始出現轉機。導致中俄關係改善的契機同時來自美國和中國。"[因為美國和其盟友出兵阿富汗而出現的] 西方勢力長期進駐中亞地區、伊拉克戰爭、美國的政治和思想影響力在世界上的倒退、石油價格的飆升讓俄羅斯得以重振聲威、與中國的輝煌崛起並駕齊驅。"而"真正的轉變發生在 1986年 7 月，反映在戈爾巴喬夫（Gorbachev）在蘇聯東部港口城市符拉迪沃斯托克（海參崴）（Vladivostok）—— 蘇聯海軍太平洋艦隊的基地—— 發表的講話。…… 符拉迪沃斯托克講話標誌着蘇

---

141 Vali Nasr, *The Indispensable Nation: American Foreign Policy in Retreat* (New York: Doubleday, 2013), pp. 3-4。有關中美兩國在中亞地區的博弈，見 Alexander Cooley, *Great Games, Local Rules: The New Great Power Contest in Central Asia* (New York: Oxford University Press, 2012)。

聯的對華政策的轉變，由圍堵改為對話。"[142]

　　蘇聯解體後，大體上與中國維持友好關係，但俄羅斯原本希望強化與西方的關係並借助西方來重振國家。可惜的是西方沒有把俄羅斯當作"盟友"，反而進行一系列被俄羅斯視為不友好和帶威脅性的打壓和"圍堵"行動。

　　俄羅斯總統普京（Putin）和俄羅斯民眾對美國和西方怨尤很多，包括北約東擴、把俄羅斯排除在歐洲—大西洋的集體安全性群組織之外、俄羅斯無奈地與北約在巴爾幹戰爭中合作、西方對俄羅斯對車臣用兵的責難、西方扶助俄羅斯國內的反對勢力、西方試圖減少歐洲國家對俄羅斯石油和天然氣的依賴、西方在俄羅斯周邊國家（烏克蘭、格魯吉亞和中東國家）搞"顏色革命"、西方鼓勵個別俄羅斯周邊國家對其作出挑釁行為等。俄羅斯又不贊同西方提出的國際社會有權出兵他國以保護其人民免受"人道災難"的踐踏的責任（responsibility to protect）及"人道介入"（humanitarian intervention），堅持那些古典的於十九世紀形成的絕對國家主權論和國與國之間互不干涉原則。從俄羅斯人的角度看，美國沒有平等對待俄羅斯，反而視之為冷戰的戰敗國。普京上臺以來便決意扭轉1990年代的屈辱、保衛俄羅斯的領土完整、重塑俄羅斯的大國地位、強化俄羅斯在其旁邊的前蘇聯加盟共和國的影響力、加強聯合國及其安全理事會在國際事務上的決策角色、保存冷戰時期蘇聯與美國簽訂的雙邊軍備控制協定和架構

142　Bobo Lo, *Axis of Convenience: Moscow, Beijing, and the New Geopolitics* (Washington, DC: Brookings Institution Press, 2008)。引述分別來自頁 15 和頁 27-28。

等。所有這些行動的目的都是要確保俄羅斯的世界大國的地位。
2002 年之後，美俄關係愈趨緊張，特別是西方國家以武力入侵科
索沃以達到政權轉變（regime change）的目的和西方在沒有聯合
國授權下對塞爾維亞動武。普京於 2007 年 2 月在德國慕尼黑舉
行的國際安全會議上的講話把俄羅斯與西方的關係推到一個新階
段。他的講話實際上是向西方表明俄羅斯不會接受由美國設定的
國際事務議題。為了抗衡西方的威脅，俄羅斯銳意建立由它主導
的歐亞聯盟（Eurasian Union），並加強與中國的戰略合作。最令
西方震驚的是 2008 年俄羅斯入侵格魯吉亞（Georgia）和 2014 年
出兵吞併了克里米亞（Crimea），嚴重衝擊了現有的國際格局，為
國際政治帶來了不確定的因素。[143]

西方對俄羅斯施加的經濟制裁和外交擠兌的後果，是強化
了中俄的戰略合作，尤其是在經濟和貿易上的合作。中俄的戰略
合作並非軍事聯盟，更非以西方為敵人，主要是抵禦西方的"圍
堵"和防止西方主宰國際事務。上海合作組織和金磚五國集團是
兩國重要的合作平臺。不過，中俄更緊密的戰略合作難免引起
西方的嚴重關切和疑慮。[144] 一些西方學者斷定中俄兩國的真正
意圖是要根本上改變現行的國際格局。美國國際政治學者米德

143　Angela E. Stent, *The Limits of Partnership: U.S.-Russia Relations in the Twen-ty-First Century* (Princeton: Princeton University Press, 2014)；及 Jeffrey Mankoff, "Russia's Latest Land Grab: How Putin Won Crimea and Lost Ukraine," *Foreign Affairs*, Vol. 93, No. 3 (May/June 2014), pp. 60-68。

144　Gibert Rozman, *The Sino-Russian Challenge to the World Order: National Iden-tities, Bilateral Relations, and East Versus West in the 2010s* (Washington, DC: Woodrow Wilson Center Press, 2014)；又 見 Ivan Krastev and Mark Leonard, "Europe's Shattered Dream of Order: How Putin Is Disrupting the Atlantic Alliance," *Foreign Affairs*, Vol. 94, No. 3 (May/June 2015), pp. 48-58。

（Mead）這樣分析：“中國、伊朗和俄羅斯從來都不接受冷戰以來出現的地緣政治協議，並且企圖用越來越有力的手段推翻它。這個過程絕不會以和平方式進行。這些意圖改變現狀的國家最終是否成功仍難確定，但它們的努力已經動搖了目前的力量均勢，也改變了國際政治的動態。”“在歐洲，後冷戰協議包括德國的統一、蘇聯的解體和前華沙公約國家與波羅的海的共和國併入北大西洋公約組織和歐盟之內。在中東，它體現在中東地區由那些與美國結盟的遜尼派國家（沙特阿拉伯、波斯灣的美國盟友、埃及和土耳其）所支配及對伊朗和伊拉克的雙重圍堵。在亞洲，這個協議容許美國成為不容挑戰的霸主，而這個霸主地位則置身於一系列美國和日本、南韓、澳大利亞、印尼等盟友訂立的安全協議之內。”[145] 另外兩位美國學者也有相同分析。舍恩（Schoen）和凱蘭（Kaylan）認為，“俄羅斯與中國正進行前所未有的，在政治、軍事、經濟領域的緊密合作和相互配合，而它們的合作毫無疑問帶有明顯的反美和反西方的眾多後果。…… 在美國的缺位下，俄羅斯和中國分別在東、中歐和整個亞洲越來越來勢洶洶和積極進取，甚至霸氣十足，無視奧巴馬政府的‘以亞洲為戰略支點’的政策。”[146]

德國在統一後逐漸走一條“獨立自主”的國際戰略，不像過去那麼依附美國，有些時候更在外交政策上與美國劃清界線。德

145　Walter Russell Mead, "The Return of Geopolitics: The Revenge of the Revisionist Powers," *Foreign Affairs*, Vol. 93, No. 3 (May/June 2014), pp. 69-79。引述分別來自頁 69-70 和頁 70。

146　Douglas E. Schoen and Melik Kaylan, *The Russia-China Axis: The New Cold War and America's Crisis of Leadership* (New York: Encounter Books, 2014)，p. 3。

國之所以能夠這樣做，是因為國力日漸強大、國家利益與美國的國家利益出現分歧及歐盟與美國在一些重大問題上不一致。從地緣政治考慮，德國有需要強化與俄羅斯的關係。從經濟"優勢互補"的角度出發，德國有需要加強與中國的經貿聯繫。德國近年來積極改善與俄羅斯和中國的關係是新的國際格局的另一發展，為中國突破美國的"圍堵"提供"缺口"。[147]

內地國際政治學者閻學通對新的國際形勢下中國全方位的國際戰略有這樣的概括描述："未來十年，隨着中國在兩極化趨勢中的一極地位日益顯著，中美結構性矛盾將進入一個有激化危險的時期。到 2023 年，中國的對外戰略將完成從地區大國戰略向全球性大國戰略的轉型。第一個特徵是增強對外戰略的主動性，外交策略將從應對型轉變為塑造型。第二個特徵將會是引領性增強，中國將承擔更多的國際安全責任，提倡新型國際規範，推動全球性國際合作。第三個特徵將會是中國對外戰略表現為政治導向型，注重提高國際戰略信譽，並可能恢復結盟原則。

世界中心向東亞移動，將促使中國對不同地區做出不同的戰略選擇。身處東亞地區，中國將需要以東亞為核心競爭區，對東亞政策需要依據友好程度將國家進行分類，結盟友邦，團結中立者，孤立對手；通過劃分敵友，拓展戰略合作對象。為了建設安全的大後方，中國將把俄羅斯、中亞和南亞作為戰略緩衝區，依

---

147 見 Hans Kundnani, *The Paradox of German Power* (New York: Oxford University Press, 2015)；Hans Kundnani and Jonas Parello-Plesner, "China and Germany: Why the Emerging Special Relationship Matters for Europe", European Council on Foreign Relations Policy Brief, May 2012； 及 Stephen F. Szabo, *Germany, Russia, and the Rise of Geo-Economics* (London: Bloomsbury Academic, 2015)。

靠上合組織深化戰略合作關係，開展南亞次區域經濟合作並穩固戰略關係，從而減少崛起過程中的國際體系壓力。由於中國與歐美大國戰略利益矛盾大於共同利益，因此中國需要將歐洲和北美視為戰略衝突預防區，防止利益衝突激化和升級。在歐洲，中國需要培育重點友好國家，以確保歐盟的中立。非洲、拉美和中東遠離中國，沒有重大戰略利益衝突也缺乏重大共同利益，因此為戰略對象團結區。對非洲政策需要採取政治導向，對拉美政策需要側重地區大國，對中東政策需要堅持經濟導向。對北美洲和大洋洲的政策應分別側重美國和澳大利亞。未來十年，由於地區內部衝突加劇將是一種主流趨勢，因此中國的地區戰略將需要以雙邊為主、多邊為輔。

在兩極的國際格局中，中美之間的戰略競爭無可避免，因此中國雙邊政策的重點依然是對美政策。對美政策的核心將是確保和平競賽，外交政策的核心是爭取更多和更高質量的戰略友好關係。對俄政策的目標將是深化戰略合作，爭取結盟。對日採取‘接觸’政策，促使日本放棄對抗，在中美之間採取平衡立場。對德目標是把德國發展為戰略經濟合作夥伴，為此需要加強中德人權對話，以減少政治因素的負面影響。對法政策需要尊重法國的國際地位，加強在全球事務上的協商，促使法國珍惜對話關係，確保法國在中美競爭中保持中立。對印度需要採取政經分離政策，從而促使印度不介入中美在東亞的戰略競爭。鑒於英國對外政策的中庸特點，中國的對英政策可無為而治。”148

148　閻學通：《歷史的慣性：未來十年的中國與世界》（北京：中信出版社，2013），頁214-215。

簡言之，全球經濟重心東移、美國"重返亞洲"、美日軍事聯盟的強化、中國急速崛起、俄羅斯重新走強、中俄戰略合作的提升、中美在亞洲不同地區的戰略博弈及西方的硬實力和軟實力下降是造成國際格局近二十多年來發生巨變的主要原因。國際格局的變化無可避免會改變香港的國際處境，並為"一國兩制"的實踐帶來新的情況。

香港的國際處境的改變

我之所以要不厭其煩、連篇累牘講述當前的國際形勢和中國的國際處境，目的是要讓那些缺乏國際視野的香港人能夠全面和深刻瞭解香港所面對的不斷變化的國際環境。在急劇變化的國際形勢下，香港要清晰和適當地為自己在國際環境和國家發展中定位，因為這關係到香港的長遠利益、生存和發展，絕不可以掉以輕心。我在前面曾經說過，1980 年代初期，當"香港前途問題"出現時，國際政治格局對香港十分有利。中國、美國、日本和西方進行戰略合作，共同抵禦蘇聯的軍事和外交擴張。相反，中國與蘇聯的關係仍然處於緊張狀態，因此迫切需要西方的支援。中國與西方的相對友好的關係促成了香港的順利回歸，同時西方各國又承諾繼續支持回歸後香港的發展，因為這樣做對促進西方在香港的巨大經濟利益有利。當然，美國和西方真誠希望香港在回歸後發揮引領中國走"親西方"的"和平演變"道路，最後促成中國共產黨結束在中國的統治。當時香港在中西方之間"左右逢源"，可謂"如魚得水"。

從國際處境的角度分析，即便其他情況不變，香港在回歸後與西方的關係實際上不可避免會出現質變。回歸前香港無論在政治上或經濟上都是西方陣營的一部分，在相當程度上為西方的對華政策服務。香港回歸祖國以後，雖然與西方國家仍然保持密切關係，但從西方的角度而言，在政治上香港已經脫離了西方陣營而成為中國的一部分，所以必須對中國效忠，以中國的安全和利益為重。無論香港人如何看或如何渴望，西方人肯定不會視香港為政治盟友，更不會在香港遇到困難時"伸出援手"。

當中西方發生摩擦時，香港別無選擇，只能站在中國一方。不過，在"一國兩制"下，西方勢力在香港依然可以利用香港的開放、自由和寬鬆的環境對中國內地進行政治滲透、意識形態宣傳、支援內地的反政府勢力和各種帶"顛覆"性質的活動。當然，中美關係如果良好，則美國會繼續支持香港的繁榮、穩定和發展，並會減少在香港從事對華不友善的活動，不過相反亦然。

回歸後，香港在經濟上與中國內地的關係越來越密切，內地經濟對香港經濟的影響比西方又越來越大，因此可以說隨着兩地的經濟融合和香港越來越積極參與國家的五年規劃，香港在經濟上也已經在相當意義上屬於中國的一部分。

總的來說，回歸後香港對西方的戰略重要性不斷下降。[149] 香港是強大的中國的不可分割的部分，中國政府又堅決反對外國干預香港事務，並視之為插手中國內政的不友好行為。西方承認在

149　過去幾年來我閱讀了大量有關中美關係的材料。到目前為止，沒有任何一位美國的專家學者在中美博弈的研究中提到香港，側面反映香港在美國對華戰略中不算重要。

香港的影響力有限，對香港的關注也持續走低。西方媒體對香港的報導有下降趨勢，過去頌揚香港而貶抑新加坡的情況隨着香港的回歸而逆轉。由於新加坡與美國的戰略合作關係有所強化，西方媒體"抑（香）港揚新（加坡）"的態度愈趨明顯。

　　西方勢力充分明白香港的管治權絕對不會落到西方屬意的那些認同西方價值觀的反對勢力的手中，更不想因為支持香港的反對派而與中國政府交惡，因此不會對反對派過度進行"政治投資"。不過，這不等於說西方勢力不會給反對派任何支持。當香港仍然是西方陣營一分子時，西方勢力幾乎沒有在香港策動香港人反對或衝擊殖民政府的先例，因為在英國人的統治下，香港的繁榮穩定符合西方的戰略利益。然而，自從香港回歸後，香港的反對派在挑戰和衝擊中央或特區政府時，卻往往得到西方勢力特別是西方政府、政客、媒體及半官方與非政府組織的精神上和物質上的支持。西方勢力之所以這樣做，原因之一是西方人老是覺得他們有道義上和宗教上的責任到其他地方宣揚他們的"普世價值"，特別是民主政治。原因之二是既然香港已經是中國的一部分，則香港是否有效管治和政局穩定對西方的重要性不比從前。原因之三是中國既然已經下定決心走"中國特色社會主義"的道路，則香港在促進中國走"和平演變"道路的角色便變得無關宏旨。相反，如果香港在中國"和平崛起"過程中對中國作出貢獻，而在中西方博弈越來越激烈的時候，香港的繁榮穩定便不一定完全合乎西方的戰略利益。原因之四是儘管香港的反對派沒有奪取政權的可能，起碼他們可以通過鬥爭行動為中國政府製造政治麻煩，讓中國領導人窮於應對，消耗他們的時間和精力，從而拖慢中國的崛起速度。原因之五是假如"一國兩制"在香港的實踐因為反對派的干擾而遇到困難，則香港對臺灣的示範作用亦將消失，中國的統一進程亦會受阻，臺灣成為中國的"不沉的航空母艦"的日子便遙遙無期。原因之六是如果反對派發動的政治鬥爭最終迫使中央以強硬甚至武力手段來平息，則中國的國際形象和軟實力必會受損，這在中西方在全球博弈中對中國不利。2014年下半年香港爆發的為時達 79 天之久的"佔領中環"行動，對香港和中國和國際聲譽造成傷害，而西方勢力在其中的推波助瀾角色頗為明顯。我個人無法精確量度西方勢力在"佔領行動"中的角色，但從我與內地朋友的接觸得知，中央深信西方勢力在其中的角色絕對不可小覷。在國與國交鋒過程中，任何一個國家都不會假設其他國家對自己懷抱好意，反而會傾向從最壞角度出發保衛自己的安全和利益。當前中國正受到美國的"圍堵"政策的威脅，要求中央相信美國和其他外部勢力對香港懷抱善意恐怕十分困難。中央目前正假設美國和其他外部勢力有意將香港納入它們的對華"圍堵"戰略之中，並認為香港越來越成為中美博弈的其中一個場地。因此，"國家安全"越來越是中央制定對港政策時的一項重要考慮。[150]

　　中央對香港的方針政策，一直以來與中國的國際戰略有密切關係。中央的"一國兩制"在相當程度上是中國的國際戰略調

150　一位對中央對港政策有影響力的內地朋友嚴肅的對我說，目前和今後香港都會是中美博弈的戰場，因此國家安全問題愈益成為中央對港政策的一項重要考量。

整的一個重要部分。[151] 當前新的國際格局的主要內容，是美國和日本為首的陣營與中國和俄羅斯為首的陣營的全球性博弈愈趨激烈，而東亞和東南亞地區尤為兵家必爭之地。[152] 中國的新國際戰略的要旨，是要堅決在東亞和東南亞地區維護國家主權、安全和發展利益，建構一個對國家發展有利的穩定、公平與和平的政治、安全、經濟和金融新秩序，以及提升中國在東亞地區的影響力和領導地位。具體的目標包括保衛中國在東海和南海的領海、領土和海洋權益，保護從東非至中國的運輸航道的安全和暢通，保證中國的能源和資源的供應。美國的"重返亞洲"政策，意在阻撓中國的國際戰略的推進，從而遏制中國在東亞地區的崛起。在這個新國際戰略中，中央要求香港發揮支持和配合國家的新國際戰略的作用，同時致力維護國家安全，是自然不過的。國家會利用香港的特殊地位和優勢加強中國與周邊國家和地區的關係，特別是貿易和金融關係，協助國家在東亞地區建立新秩序，而當前尤以東南亞地區為關鍵。所以，國家在香港的投入和利益會愈來愈多、愈來愈多樣化，也愈來愈具戰略價值。任何導致香港偏離"一國兩制"的軌道，甚至導致香港成為"獨立政治實體"的改變，都構成對中國的國際戰略的實踐的障礙，更嚴重的是形成對國家政治和金融安全的威脅。中國目前正面對嚴峻的國際形勢，

---

151 見劉兆佳："香港在中國國際戰略中的角色"，載於劉兆佳：《回歸後的香港政治》（香港：商務印書館，2013），頁 77-109。

152 可參考 Bruce Gilley and Andrew O'Neil (eds.), *Middle Powers and the Rise of China* (Washington, DC: Georgetown University Press, 2014) 和 Parag Khanna, *The Second World: Empires and Influence in the New Global Order* (New York: Random House, 2008)。

中央絕對不會容許香港成為不斷挑戰中央權威的地方，香港更不能蛻變為外國勢力藉以衝擊中國的"顛覆基地"。任何被中央視為"勾結外部勢力"的行為都會惹來中央的介入。至關重要的，是香港特區的政權不能落到反共和反華勢力的手裏。

中國崛起和中美角力也改變了中美兩國對香港的看法。中央懷疑美國不再顧慮其在香港的利益而讓香港成為對中共政權不利的因素。基於國家安全的需要，2015 年全國人大常委會通過的新版《國家安全法》，更在兩處地方提到香港在國家安全上的義務和責任。該法的第十一條規定："中國的主權和領土完整不容分割，維護國家主權、統一和領土完整是包括港澳同胞和臺灣同胞在內的全體中國人民的共同義務。"第 36 條則要求"香港特別行政區、澳門特別行政區應當履行維護國家安全的責任。"香港迄今尚未完成基本法第 23 條的立法工作，在目前中國面對嚴峻國際環境下，中央向香港提出維護國家安全的要求意義重大，表明中央不會容許香港成為國家安全的威脅。

假如中國為了確保香港不會構成國家安全威脅而採取一些保衛國家安全的措施，比如將內地有關國家安全的法律引入香港，以目前中國的國力，它也無需過於擔憂美國和其他西方國家對香港的懲罰和報復，因為那對中國所造成的打擊是國家可以承受的。再者，傷害香港也不完全符合美國和西方的利益，畢竟香港對它們來說還有一些剩餘的經濟和戰略價值。

在新的國際格局中，香港無可避免要向國家傾斜，否則香港人將難容於中央和內地同胞。與此同時，美國和西方對香港的意圖也會越來越難捉摸，但估計它們傾向更多地介入香港事務。

過去外部勢力一向支持主流的反對黨派，主要是那些意圖利用香港來影響內地的政局的黨派。今後外部勢力對近年來湧現的各式各樣的"本土主義"和"分離主義"勢力也會加以留意，並予以鼓勵和支援。如此一來，中國和西方尤其是美國在香港的較量將會越來越多。過去兩年，西方的政治人物和官員多次表達他們對行政長官普選的看法，對香港的反對派"傳授"鬥爭策略，並對中央施加政治壓力，可以看作是西方勢力積極介入香港政治的事例。

今後，香港與西方的關係會變得越來越複雜。作為國際大都會，香港如何在肩負維護國家安全的責任時與西方維持適當的關係對香港人特別是特區政府將是重大的考驗。一方面香港希望保持與西方的緊密經貿聯繫，而且繼續受到西方文化的薰陶，但卻反對西方干預香港內政和在香港製造政治混亂，尤其是不願意見到西方利用香港做對中國不利的事。我估計圍繞着香港問題中國政府與西方的交涉和角力日後會有所增加，中國政府會不時對西方國家發出不要干預中國內政的警告。香港特區政府也會在中央的指導下偶爾與西方國家"較勁"。

中西方在香港的較量肯定會在香港社會造成政治分化。畢竟，幾乎所有香港的反對勢力都認同西方的信仰、依仗西方的支持和保持反共心態，任何來自中央或特區政府的意在排拒西方插手香港事務的行為都會引起香港反對派的不滿和反彈。相反，"愛國愛港"力量則肯定會站在中央和特區政府的一方。雙方原來的政治分歧會因為中西方的角力而加劇。反對派與"愛國愛港"力量在這方面的衝突又必然會加深反對派與中央的芥蒂。

　　香港會愈來愈整合於中國主導的東亞和東南亞區域經濟合作框架之內。"一帶一路"戰略的開展，也會促使香港與整個亞洲地區的關係愈趨密切。對大部分香港人來說，這是一個難以適應的趨勢。畢竟，戰後以來，香港人慣於向西方世界靠攏，對近在咫尺的亞洲認識不多，甚至在"崇洋媚外"的普遍心態下對亞洲有鄙夷之情。香港人知道世界的經濟重心正在向東移動，也明白到香港未來的發展會更加倚重亞洲。[153] 然而，要香港建立與亞洲各國更緊密的關係，很多重要的配套條件尚未具備，包括交通與通信網絡不足、語言與文字上溝通困難、熟悉亞洲事務的人才短缺、特區政府與亞洲各國政府之間的聯繫有限、亞洲國家對香港的認識不夠等。如何好好地利用"一國兩制"給予香港的外事權去發展與亞洲各國的廣泛聯繫將是香港日後的一大挑戰。香港如果能夠順利克服這個挑戰，將大大提升香港對國家的戰略價值，並為"一國兩制"在香港的實踐注入新動力。此外，香港如果能夠轉型為亞洲地區的樞紐，為亞洲以至亞歐的經濟整合提供各種重要的服務和聯繫，香港回歸後日漸低落的國際地位也會獲得新的提升。

153　Wendy Dobson, *Gravity Shift: How Asia's New Economic Powerhouses Will Shape the 21st Century* (Toronto: University of Toronto Press, 2009)。

第五章
"一國兩制"實踐的關鍵時刻

在國際社會、中國政府、內地同胞、香港人和海外華人的眼中，過去十八年的經驗說明，"一國兩制"在香港的實踐大體上是成功的。事實雄辯地證明鄧小平提出的"一國兩制"方針政策有利於和平解決"香港前途問題"、保持了香港的繁榮穩定和保存了香港對國家的經濟價值。毋庸諱言，香港在回歸後經歷了不少風風雨雨，而它的前景也是荊棘滿途，但究竟香港在回歸後碰到的困難與"一國兩制"有多少關係，又或者香港如果繼續是英國的"殖民地"的話是否會發展得更好，這些問題一直未有人作深入研究，更遑論提出具說服力的答案。

為了"釐清"哪些問題與"一國兩制"有關，哪些與"一國兩制"無關，我在這裏嘗試就一些沒有成為事實的現象作若干猜測（speculation），也就是說做一點社會學者有時候會做的"反事實分析"（counterfactual analysis）。我的出發點是：假如香港沒有回歸中國，仍然是英國的"殖民地"，那麼香港過去十八年會發生甚麼事情呢？我的目的是要弄清楚，現在不少人覺得是由"一國兩制"造成的情況究竟是不是真的由"一國兩制"造成的呢？進一步說，那些香港過去十八年經歷的變遷才真正是與"一國兩制"有關呢？

我的看法是，即使香港沒有回歸中國，依舊是英國的"殖民地"，以下的現象還一定會出現：

（一）貿易和金融全球化會削弱香港的國際競爭力。

（二）作為一個成熟的經濟體，香港的經濟只會有中等速度的增長。

（三）香港的經濟和金融的波動性會比以往厲害。

（四）香港的製造業會繼續北移，工業空洞化難以避免。

（五）中國的"改革開放"戰略不斷推展和深化。

（六）中國崛起的勢頭不可阻擋。

（七）香港與中國內地的經濟關係越來越密切。

（八）中國越來越利用香港來貫徹它的發展戰略。

（九）香港的經濟發展越來越依靠中國的發展

（十）香港繼續擔當聯繫中國與世界的角色。

（十一）中國內地與香港的收入和生活水平的差距減少。

（十二）香港的財富不斷集中、貧富差距持續擴大、社會流動機會滿足不了中產階層人士和年輕人的要求。

（十三）香港人對社會不公和產業過於單一產生不滿。

（十四）各類深層次矛盾突出。

（十六）殖民政府會盡量在社會福利、土地房屋和公共服務方面有所作為，其意在於紓緩各類社會矛盾。

（十七）殖民政府會維持其一貫的盡少干預經濟的方針，不會試圖以政府之力讓香港的產業結構多元化。

（十八）社會上對香港的發展路向、政府在經濟和社會發展中的角色以至重大的公共政策的共識走向剝落。

（十九）香港人對香港的經濟前景不樂觀。

（二十）英國人不會啟動民主改革，頂多開放多一些政治參與渠道來部分回應那些教育程度較高的香港人的政治訴求。香港的政治權力依然牢牢掌握在殖民政府的手上。

（二十一）中國的快速經濟增長、內地同胞生活水平顯著提高、國有企業和民營企業大舉到香港投資、有能力的內地同胞紛紛到香港置業、購物、旅遊、就學、工作。以上種種都會挫傷香港人相對於內地同胞的優越感，削弱香港人的自信心、並引發香港人的“身份認同危機”和兩地同胞的摩擦。

（二十二）在充分利用香港之餘，中國不會將香港納入國家的發展戰略之內。英國人也不會容許香港這樣做。

（二十三）某種排拒內地同胞的“本土意識”會逐漸形成。部分香港人會通過頌揚殖民管治和把一些西方的價值觀轉化為香港的“核心價值”來重建一種能讓香港人提升自豪感和自信心的“新身份認同”。

（二十四）英國人為了維持與中國政府的良好關係仍然會盡力約束那些試圖挑戰、衝擊和觸怒中國共產黨和中國政府的行動。

（二十五）殖民政府在各類不滿交織下面對日益嚴重的管治困難。

（二十六）香港在政治上仍然是西方陣營的一部分，但在經濟上與中國的關係卻愈趨密切。西方勢力會繼續利用香港來影響中國的發展，縱使那些影響的效用越來越有限。

按照我的猜測，當前不少令香港人不滿的政治、經濟、社會和民生狀況其實與香港回歸和“一國兩制”沒有必然的關係，主要原因應該是中國的快速崛起產生的對香港的衝擊波。我認為假如英國人繼續管治香港，他們所要處理的棘手問題與特區政府比較不遑多讓。此外，既然香港仍然是英國的“殖民地”，中國政府也不會花盡心思去扶助香港。

我進一步猜測，香港回歸和“一國兩制”為香港帶來了以下的一些主要是政治的轉變，而造成“一國兩制”實踐的障礙的其實也是政治因素：

（一）儘管在“一國兩制”下中央仍然保留相當的權力，但香港人卻在中央授權下得到前所未有的自治權力。

（二）香港的民主發展不斷向前推進，逐步由“精英式”政治向“群眾式”政治過渡，但在過渡期內兩種政治發生猛烈碰撞，造成政局的不穩定。

（三）特區新政權的組建舉步維艱，特區領導人的政治智慧、經驗、能力和應對危機的才幹不足，香港人對那個被視為“親北京”的特區政府的信任和支持有限，反對勢力的不斷挑戰等因素都是造成特區管治困難的主因。

（四）"行政主導" 在立法會和司法機關的制衡和挑戰下名實不符。行政長官難以擔負中央的重託，無法切實保護國家的安全、中央的利益和確保 "一國兩制" 和基本法的成功落實。

（五）香港的資產階級在 "一國兩制" 下獲得了在 "殖民地" 時期從來沒有的政治權力，並利用那些權力保障自己的利益，在一定程度上阻礙了特區政府推動經濟轉型、改善民生狀況、縮窄貧富差距和重整土地和房屋政策的工作，從而激化了香港人對 "官商勾結" 的擔憂、對富人的怨氣和對特區政府的不滿。

（六）一系列源於對 "一國兩制" 和基本法的不同理解、而且具有 "爆炸性" 的政治議題冒現，引發激烈政治衝突和帶來政局不穩。

（七）無論喜歡與否，香港人究竟應該如何理解和處理其作為 "中華人民共和國公民" 的前所未有的身份必然會引起思考和憂慮。要繼續維持過去那種淡薄和模糊的 "中國人" 身份，或是要建構一種與內地同胞 "分離" 的 "香港人" 身份，還是要認真嚴肅面對與中華人民共和國和內地同胞的關係，在香港是一個突出的政治裂縫（cleavage），也是政治衝突的來源。

（八）作為中國的一部分，中國政府願意給予香港的經濟發展更大力度的支持，甚至對香港作慷慨的 "讓利"，當然有關舉措也符合國家的發展利益。

（九）中央將香港深切地納入國家的發展戰略之內，讓香港成為國家發展中的重要部分，也讓香港更多地享受國家發展帶來的紅利。

（十）兩地在中央的推動下更廣泛和頻密的經濟往來卻又引起兩地同胞更多的矛盾和摩擦，並催化了"本土意識"和香港人"新身份認同"的出現。雖然那些現象在香港沒有回歸中國的情況下也會發生，但程度應該較低。

（十一）英國人撤退後，過去由殖民政府"壓制"着或駕馭着的各種社會矛盾徹底暴露出來，並藉着民主化而激化，引發出大量的政治衝突。英國人在回歸前扶植反對派、分化建制勢力和"分而治之"（divide and rule）的政治手段製造出更多的政治衝突，為日後特區的管治增添困難。

（十二）部分香港人尤其是反對派和反共人士覺得作為中國公民，他們有責任和權利更多、積極和直接地介入內地的政治，包括結束"一黨專政"、推動中國"和平演變"、支援內地的反共和反政府分子、讓香港為中國的民主發展"垂範"、聯同外部勢力攻擊中國的人權和法治狀況等。香港回歸意味着他們可以利用"一國兩制"給予香港人的眾多特殊權利去介入、干預和改變內地的政治狀況，從而改變過去"井水不犯河水"的"規條"。

（十三）英國人離開後，香港失去了一道防範香港成為"反共基地"或"顛覆基地"的屏障。來自香港對中央的衝擊和挑戰難以遏制，引起中央與香港人的正面交鋒和摩擦。

（十四）英國人過去在一定程度上限制了中國政府介入香港政治的空間。英國人的離去、香港的反共和反對勢力對"一國兩制"和基本法的不認同、和持續對中央發動衝擊，最終導致中央要出手來保衛國家的安全、維護中央的權力和促使"一國兩制"按照原來的藍圖落實。

（十五）英國人的撤退又騰出空間讓一些國際組織、外國勢力和臺灣勢力介入香港政治，部分外部勢力與香港的反共和反對勢力串聯，更加深中央的疑慮和增加中央介入香港事務的需要。

（十六）西方世界認為香港在政治上已經脫離了西方陣營，而在經濟上又越來越融入中國，香港對西方世界的意義和重要性因此出現微妙的變化。西方人一直希望香港能夠引導中國走"和平演變"的道路，但如今中國卻走一條對西方構成政治和經濟威脅的"中國特色社會主義"道路，所以香港對西方的"用途"已經下降。如果西方覺得香港對"中國特色社會主義"的發展有利，而對西方的戰略利益不利，則香港的繁榮穩定便不一定符合西方利益。西方應該如何對待香港，香港在中西方的戰略博弈中的角色為何，中國又如何在中西方衝突中理解香港的作用都是當前"一國兩制"無法迴避的新的和重大課題。

在我看來，雖說"一國兩制"的目的在於保持香港在1990年代中期的"現狀"，但"一國兩制"卻難免會為香港帶來長遠和深刻的變化。這些變化主要是發生在政治領域的變化，涉及香港在國際和國內地位的改變、中央與特區關係的變動、香港內部政治生態的蛻變和香港人身份認同的重塑。我在第三章中對那些變化已經作了較為詳盡的分析。與此同時，那些變化和它們所衍生的矛盾和問題又是造成"一國兩制"實踐的現實與"理想形態"產生差異的主要原因。簡言之，導致"一國兩制"在一些方面偏離原來的"設計藍圖"的主因是政治性的。因為政治問題沒有好好的解決，尤其是特區新政權的建設尚未成功、若干重大政治爭議尚未解決及中央的權力尚未有效運用，"一國兩制"尚未能全面和準確地落實。

其實，中央和香港的反對派都對"一國兩制"在香港的實踐有不滿的地方，而雙方都認為目前的"困局"不能繼續下去，必須盡快打破。事實上，圍繞着行政長官普選的政治鬥爭正好反映了雙方都迫切地謀求按照自己對"一國兩制"的理解來開拓新局面。可以說，當前香港面對關鍵時刻，中央和反對勢力處於"攤牌"和"對決"格局。香港日後何去何從，將取決於中央或反對派的激烈博弈。如前所述，中央和香港的反對派對"一國兩制"和基本法有截然不同的詮釋，他們對"一國兩制"實踐的結果不滿是因為那些結果沒有達到他們的設想和目的。中央的不滿是因為"一國兩制"沒有完全按照原來的"藍圖"落實、國家主權、安全和發展利益沒有得到切實的維護、中央的權力和責任在香港得不到應有的認識和尊重，中央對"一國兩制"和基本法的理解遇到反對派和其支持者的質疑和否定，和反對派"逢中必反"
和"逢特區政府必反"的非理性鬥爭心態。反對派之所以不滿，
是因為他們從香港乃"獨立政治實體"出發，認為中央行使那些
他們認為中央沒有的權力、履行一些它沒有的責任、偏幫"愛國
愛港"力量、干預香港內政、阻礙香港的民主發展、破壞香港的
高度自治和通過特區政府毀壞香港原有的制度、做事方式、程序
公義、"核心價值"和社會團結。在最近幾年，中央和反對派都
加大力度來改變香港的情況，目的在於讓香港按照自己所理解的
"一國兩制"發展和調整。在這種情況下，中央與反對勢力的鬥
爭和對抗便難以避免。

中央的對策和部署

自從 2003 年中香港爆發反對基本法第 23 條立法的大型遊行
示威，導致立法工作失敗後，中央已經開始認為過去"不干預"
或"不管便是管好"的立場不能再堅持下去，否則"一國兩制"
在香港會走上歪路，連帶國家和中央的安全和利益都會蒙受其
害。中央開始意識到"一國兩制"在香港要成功落實所需要的配
套條件尚未完備、特區政府的管治威信和能力不強、反對勢力在
回歸後依然強悍及香港人對中央和國家的抵觸情緒仍然不少。再
者，內地的國有企業和民營企業在香港的投資和利益不斷增加，
比如說在香港交易所上市的內地企業越來越多，其市值的總和已
經佔了全港上市企業市值的一半以上。中國的"走出去"戰略以
更快步伐向廣度和深度挺進，香港作為中國"走出去"的一個重

要平臺肯定與國家利益的關係越來越密切。中西方尤其是中美之間的戰略博弈愈趨熾熱，美國對香港的戰略意圖究竟如何，亦會是中國政府關注的焦點。凡此種種都會促使中央更多地留意和介入香港的政治，目的不單是為國家着想，也是為香港着想。因此，繼續以"撒手不管"的手法處理香港事務已經不合時宜。

在回歸後的頭六年，中央確實嚴格甚至是過度嚴格執行對港事務的"不干預"政策，最能反映這項政策的現象是中央官員和內地人士幾乎絕口不提香港、很少與香港各界社會人士接觸、而內地研究香港事務的機構紛紛被裁撤。剩下來可以說是中央介入香港事務的明顯例子是中央繼續在多方面支持"愛國愛港"力量，尤其在特首和議會選舉期間，原因是不讓與中央對抗的反對勢力有機會主導香港的政局，從而避免"一國兩制"脫軌。"不干預"政策背後是中央對回歸後香港的政治和經濟情況有過於樂觀的估計和高估了特區政府的管治和政治才幹，尤其嚴重低估了各種反對勢力的政治能量和挑戰中央的意圖。中央當然也擔心介入香港事務會引來批評，削弱各方面尚未鞏固的對中央、香港和"一國兩制"的信心。同樣重要的，是中央知道內地缺乏熟悉香港事務的人才及對香港的情況和發展的研究不足，中央所以掌握和駕馭香港局勢的自信心不強。

毋庸諱言，中央雖然為解決"香港前途問題"而制定了"一國兩制"方針政策，但對於"一國兩制"將會帶來的各種轉變卻心中沒底。因此，在香港回歸後應該憑藉哪些詳細和具體行動和措施讓"一國兩制"能夠成功落實，在落實過程中將會碰到哪些困難和挑戰，以至應該如何克服哪些困難和挑戰，都不是"一國兩制"創始人能夠預早洞見和早作籌謀的,最好的應對方法無疑是以開放、務實、靈活和不斷學習的態度對"一國兩制"作出適當的調校。"不干預"本來就是"一國兩制"對中央作出的規定或要求,除非香港出現異乎尋常的情況,中央不會隨便改變"不干預"政策。再者,要改變一項重大國策更不是一蹴而就的事,必須經過反覆論證和周密部署。因此,回歸後中央在香港面對不少困難時仍然"按兵不動"便不難理解。

過去十年左右,明顯地由 2003 年的大型遊行示威行動所觸發,中央對港政策一步一步地從"不干預"向"不干預、但有所作為"轉變。最近幾年則對該政策作進一步作出修訂,大意是"不干預、要善於作為"。簡單來說,中央已經擺脫了過去怯於介入港事的猶豫狀態,轉為勇於運用中央的權力來履行中央的責任。國家利益和"一國兩制"的貫徹執行的重要性凌駕於香港人的觀感之上。畢竟,中央相信國家、中央和香港人的利益在"一國兩制"下是一致的,只是部分香港人因為種種思想和心理障礙一時間看不清而已。

正在發展中的中央對港政策的主要目的,是要糾正香港在實踐"一國兩制"過程中出現的偏差,解決"一國兩制"實踐中出現的矛盾和問題,尤其是政治矛盾和問題,並營造有利於"一國兩制"成功落實的條件。中央尤其注意到有不少香港人受到反對派對"一國兩制"的基本法的"另類詮釋"的荼毒,對中央的對港方針政策的理解有偏差。《白皮書》對這個情況如此描述:"'一國兩制'在香港的實踐也遇到了新情況新問題,香港社會還有一些人沒有完全適應這一重大歷史轉折,特別是對'一國兩制’方針政策和基本法有模糊認識和片面理解。目前香港出現的一些在經濟社會和政制發展問題上的不正確觀點都與此有關。因此，要把‘一國兩制’在香港特別行政區的實踐繼續推向前進，必須從維護國家主權、安全、發展利益，保持香港長期繁榮穩定的根本宗旨出發，全面準確理解和貫徹‘一國兩制’方針政策，把堅持一國原則和尊重兩制差異、維護中央權力和保障特別行政區高度自治權、發揮祖國內地堅強後盾作用和提高香港自身競爭力有機結合起來，任何時候都不能偏廢。”[1]

在新形勢下，中央的基本思路是不能完全依靠特區政府和“愛國愛港”力量來確保國家的利益和“一國兩制”在香港的落實，並且認識到中央必須在關鍵時刻“挺身而出”，切實履行其責任和適當運用其權力，與特區政府和“愛國愛港”力量一道讓“一國兩制”事業能夠大功告成。

中央對港政策的新思路已經醞釀經年，逐漸趨於成熟，並可以陸續付諸實施。概括來說，新的對港政策有幾個方面：[2]

(一) 與“愛國愛港”人士一起，加大力度向香港人講解“一國兩制”和基本法出臺時的歷史背景、國內外形勢、香港局勢和主要目標，特別突出“一國兩制”和基本法是同時兼顧國家、香港和西方利益，謀求“眾利多贏”的重大國策。2014 年 6 月中華人民共和國國務院新聞辦公室發表的《“一國兩制”在香港特別行政區

1　《白皮書》，頁 30。

2　下面論述的部分內容來自劉兆佳：《回歸後的香港政治》(香港：商務印書館，2013)，頁 2-76。

的實踐》的白皮書（簡稱《白皮書》）在當前的政治氛圍中有極為重大的意義。雖然《白皮書》內的行文用字與回歸前中國領導人有些不同，但基本內容一致。《白皮書》的發表與近年來國家領導人和內地專家學者對"一國兩制"和基本法的頻密講解，目的在於提升中央在香港對"一國兩制"的話語權。尤其強調的是中央繼續肯定香港對國家發展的重要性，表明中央決心全力支持香港特區的繁榮、穩定和發展。這些論述有助於消除香港社會上一些"妄自菲薄"的言論，那些言論旨在散播香港對國家的價值正在迅速消失的信息，並意圖打擊香港人的自信心和激化他們對中央、特區政府和香港社會的不滿。

（二）樹立"一國"觀念。考慮到不少香港人長期突出"兩制"而忽視"一國"，中央會大力講解"一國"和"兩制"的主從關係，其中的內涵包括國家先於香港特區、內地的社會主義先於香港的資本主義、中央先於特區政府、中國憲法先於香港的基本法。《白皮書》開宗明義說明："'一國'是實行'兩制'的前提和基礎，'兩制'從屬和派生於'一國'，並統一於'一國'之內。'一國'之內的'兩制'並非等量齊觀，國家的主體必須實行社會主義制度，是不會改變的。"[3]中央希望香港人能夠從國家的主權、安全和發展利益出

3　《白皮書》，頁31。

發，以大局為重，樹立國家民族觀念，並時刻以此來思考香港的利益、處境和前景。香港人如果能夠更好地理解國家發展對香港發展的重要性，並且知悉中央一直以來對香港發展的關懷、支持和協助，國家在香港人眼中的重要性和關聯性會強化。

（三）中央致力闡明在"一國兩制"下中央擁有的權力和負有的責任。為了抗擊反對派對"一國兩制"下中央所擁有的權力的歪曲和否定，過去幾年來國家領導人、中央官員與內地專家學者已經開始不厭其煩地向香港人講解中央在"一國兩制"下的權力和責任。在我看來，中央發表《白皮書》的主要目的就是要讓香港人能夠從"一國"的角度出發，清楚知道並尊重中央的權力和責任。《白皮書》開宗明義強調："憲法和香港基本法規定的特別行政區制度是國家對某些區域採取的特殊管理制度。在這一制度下，中央擁有對香港特別行政區的全面管治權，既包括中央直接行使的權力，也包括授權香港特別行政區依法實行高度自治。對於香港特別行政區的高度自治權，中央具有監督權力。"[4] 可以預期，今後中央將對中央在"一國兩制"下的權力和責任在香港和內地廣泛進行宣傳，為中央日後積極和主動運用權力來匡正"一國兩制"的航道一事上，預先為香港人和內地同胞作好思想的鋪墊，

4　《白皮書》，頁 7。

減少在權力運用時碰到的障礙。

（四）莊嚴申明中央在當前香港新形勢下的對港政策。在
2014 年 10 月 23 日中國共產黨第十八屆中央委員會第
四次會議上通過的《中共中央關於全面推進依法治國
若干重大問題的決定》是一份極為重要的政策文件，
當中有一段關於港澳兩個特區的重要政策宣示："依
法保障'一國兩制'實踐和推進祖國統一。堅持憲法
的最高法律地位和最高法律效力，全面準確貫徹'一
國兩制'、'港人治港'、'澳人治澳'、高度自治的方
針，嚴格按照憲法和基本法辦事，完善與基本法實踐
相關的制度和機制，依法行使中央權力，依法保障高
度自治，支持特別行政區行政長官和政府依法施政，
保障內地與香港、澳門經貿關係發展和各領域交流合
作，防範和反對外部勢力干預港澳事務，保持香港、
澳門長期繁榮穩定。"值得注意的是國家主席習近平
2014 年 12 月 20 日在慶祝澳門回歸祖國 15 周年大會
暨澳門特別行政區第四屆政府就職典禮上的講話。習
主席的講話雖然針對澳門，但其實對香港有更重要的
實際意義。他說："我們高興地看到，'一國兩制'、
'澳人治澳'、高度自治方針和澳門特別行政區基本法
在澳門社會廣泛深入人心、得到切實貫徹落實，憲法
和基本法規定的澳門特別行政區的憲制秩序得到尊重
和維護，中央全面管治權有效行使，特別行政區享有
的高度自治權受到充分保障。"又說："'一國兩制'

是國家的一項基本國策。牢牢堅持這項基本國策,是實現香港、澳門長期繁榮穩定的必然要求,也是實現中華民族偉大復興中國夢的重要組成部分,符合國家和民族根本利益,符合香港、澳門整體和長遠利益,符合外來投資者利益。繼續推進'一國兩制'事業,必須牢牢把握'一國兩制'的根本宗旨,共同維護國家主權、安全、發展利益,保持香港、澳門長期繁榮穩定;必須堅持依法治港、依法治澳,依法保障'一國兩制'實踐;必須把堅持一國原則和尊重兩制差異、維護中央權力和保障特別行政區高度自治權、發揮祖國內地堅強後盾作用和提高港澳自身競爭力有機結合起來,任何時候都不能偏廢。只有這樣,才能把路走對了走穩了,否則就會左腳穿着右腳鞋——錯打錯處來。"以上的政策申述的主旨,是要突出中央在"一國兩制"下的權責,並表明中央會認真對待其權責。中央決心主要依靠自己來維護國家安全和利益。

(五)堅持管治香港的人一定要是"愛國愛港"的人。因應香港最近兩年就行政長官普選的激烈鬥爭,國家領導人和中央官員不斷重申"愛國愛港者"對"一國兩制"能否成功落實的重要性。《白皮書》這樣説:"愛國者治港也是具有法律依據的。憲法和香港基本法規定設立香港特別行政區,就是為了維護國家的統一和領土完整,保持香港長期繁榮穩定。"[5]《白皮書》又説:愛國

---

5   《白皮書》,頁 35。

是對治港者主體的基本政治要求。如果治港者不是以愛國者為主體，或者説治港者主體不能效忠於國家和香港特別行政區，'一國兩制'在香港特別行政區的實踐就會偏離正確方向，不僅國家主權、安全、發展利益難以得到切實維護，而且香港的繁榮穩定和廣大香港人的福祉也將受到威脅和損害。"[6] 基本法委員會主任李飛對此的闡述最為坦率和到位："香港社會圍繞普選問題的爭論，如果從 1986 年 '88 直選'的爭論算起，已經有 28 年的時間，如果從香港回歸算起，也有 17 年，可以説，是一個困擾香港近三十年的重大政治問題。這個問題的實質是甚麼呢？就當前來説，正如常委會組成人員在審議行政長官報告和決定（草案）時所指出的，這個問題本質上不是要不要普選、要不要民主的問題，而是香港特別行政區的管治權之爭，是香港長期以來存在的各種政治問題的集中反映。香港社會有少數人從香港過渡時期開始，直至香港回歸祖國十七年後的今天，仍然不願意接受中國對香港恢復行使主權的事實，不願意接受中央對香港的管治權，對'一國兩制'和香港基本法的規定進行'另類詮釋'，借助外部勢力，不斷地挑起政治紛爭，把矛頭指向中央政府，企圖把香港變成一個獨立的政治實體。在普選問題上，他們的主張和訴求概括起來就是一句話，要允許他們的代表人物擔任行政長官。這當然是

不能允許的。因為如果讓他們擔任行政長官，必然損害中央對香港特別行政區的管治權，必然會損害國家的主權、安全和發展利益，損害香港的繁榮穩定，我們將難以向無數為香港回歸祖國而奮鬥的先輩交代，難以向包括愛國愛港的廣大香港市民在內的全國人民交代，也難以向子孫後代交代。因此，香港社會有些人希望中央對香港少數人的主張作出妥協，他們的願望和出發點是好的，但如果認清普選問題的政治實質，就可以看到普選問題爭議涉及重大原則問題，是不能妥協的。這次全國人大常委會的決定，其核心精神還是已經講了一年多的兩句話：第一句話是，普選制度必須符合香港基本法和全國人大常委會的決定；第二句話是，行政長官必須由愛國愛香港人士擔任，與中央對抗的人不能擔任行政長官。圍繞着兩句話，對行政長官普選制度的核心問題，也是香港社會爭論最大的問題作出了明確的規定，説白了，就是要明確告訴香港的一些人，如果堅持與中央對抗的立場，無論是過去，現在，還是將來，都絕無可能擔任行政長官。這聽起來很‘硬’，但包含着一個很殷切的期望，這就是希望那些持有不切實際想法的人回到愛國愛港的立場上來，走上正途，不要把自己的一生貢獻給馬路，給香港一份安寧，給社會增添一點正能量。"[7]

7　　李飛："人大常委會決定的政治和法律內涵——在香港特別行政區政府高級官員簡介會上的講話"，2014 年 9 月 1 日。

（六）把重大政治課題"收歸中央"，由中央作出決定，中長期而言將那些課題從香港搬走，中央對行政長官普選辦法的"一錘定音"是最佳例子。另外一個好的例子是中央肯定香港特區政治體制乃"以行政長官為核心的行政主導"的體制，否定反對派將之描述為"三權分立"政體的不正確觀點。在重大政治課題"收歸中央"後，香港便只需要和能夠處理那些政治爭議性比較小的實務性問題。民主派再也不能以"火爆"政治議題為難特區政府，他們動員群眾衝擊中央的能力也會下降。當重大的政治議題"收歸中央"後，建制勢力反而有更多的機會在實務問題上與反對派合作，並借此減少彼此的猜疑。誠然，要建立一套穩定合理的"兩制"關係的準則不可能一蹴而就，需要經過一段漫長的時間。"最後"的一套準則也不一定令雙方滿意，但對維持恰當關係、促進良性互動和減少衝突的發生應該有一定的作用。

（七）積極和認真行使中央在"一國兩制"下的權力，並將權力行使方式"制度化"，當中包括"法制化"、"程序化"、"透明化"和"具體化"。正因為中央決心運用手上權力來確保"一國兩制"按照原來的"藍圖"運行，所以才需要將權力行使過程納入制度軌道。《白皮書》內有幾個段落對權力制度化有所論述。"全國人大常委會依法行使基本法解釋權是維護'一國兩制'和香港法治的應有之義，即是對特別行政區執行基本法的監督，也是對特別行政區實行高度自治的保障。"[8] 這意味着中央改變了過去怯於釋法的桎梏，將會積極利用人大釋法來糾正不符合基本法的情況。人大釋法"常態化"將會成為趨勢。《白皮書》又提到："完善與香港基本法實踐相關的制度和機制，有利於更好地維護香港基本法的權威。……隨着'一國兩制'實踐不斷發展，香港基本法實踐不斷深入，必然要求繼續完善與基本法實踐相關的制度和機制，特別是要着眼香港的長治久安，把香港基本法規定的屬於中央的權力行使好，使中央與香港特別行政區的關係切實納入法制化、規範化軌道運行。"[9] 其中重中之重的無疑是中央對行政長官和立法會的監督權力。

（八）強化中央在香港政策研究、制定和執行上的領導能力。中央要更好地運用手上權力和更有效地履行職責，它便需要更好的理解香港的"一制"的性質、形態、運作方式、制度架構和香港人的思想和價值觀。中央也需要更好地掌握和駕馭香港的形勢。再者，既然中央不可避免要更多地參與港務，則它對香港的政策便應該有更高的明確性、透明度、制度性、可預測性、合理性和科學性。在制定政策的過程中，中央需要更多的與香港人商量，也需要開成佈公地向國際

8　《白皮書》，頁34。

9　同上，頁34。

社會解釋,藉以強化國際社會對香港和國家的信心。中央也有需要建立一些與香港社會各界廣泛溝通的機制,而不能完全假手於特區政府,這樣做肯定對提升香港人的國家認同和擴大香港的"愛國愛港"力量有利。要做好上述各項工作,中央迫切需要強大的對香港進行研究的人才隊伍、機構和能力。2013 年底全國港澳研究會在中央的支持下成立,致力於推動內地和香港專家學者對香港問題進行有針對性的研究,並提出政策建議。研究會除了擔當中央對港政策的智庫功能外,也竭力培養內地對香港研究的骨幹力量。

(九) 進一步推動香港經濟與內地經濟的整合,尤其注重讓各階層的香港人都享受得到兩地經濟合作的紅利。為此香港在國家發展過程中需要科學和準確作出定位,並在這個基礎上制定對各階層和各方面有利的發展戰略。《白皮書》肯定香港在國家新時期的發展中的地位和角色。"香港通過繼續鞏固、提升既有優勢,可以進一步發揮作為國家引進外資、人才,吸收借鑒國際先進技術和管理經驗的窗口作用,國家實踐'走出去'戰略的橋樑作用,對內地加快轉變經濟發展方式的助推作用,以及對內地創新經濟社會管理方式的借鑒作用。"[10]

(十) 協助處理香港的社會矛盾。"一國兩制"的各種潛在

---

10 《白皮書》,頁 38。

矛盾的紓緩和解決,中央的作用不可或缺,特別在協調各類利益、克服和抵消香港的保守勢力的阻礙等方面。事實上,"一國兩制"內的各種矛盾和難題最終必然會讓中央無法避免參與和介入香港事務,目的是要匡正香港的內部不穩、社會矛盾和管治困難。中央對香港的資本主義制度經過多年的觀察和研究已經加深了認識,瞭解到要維持香港的繁榮和穩定,特區的管治仍然需要着重營造一個良好的營商環境,但不等於要過分照顧資本家的利益,反而需要更好的兼顧和協調不同社會階層的利益。同樣重要的,特區政府需要與資產階級保持一定距離,並在政治上享有相當的自主性(autonomy)。當然,要大幅改變香港的政治體制,容許中產階層和勞動階層有更多的政治影響力,在可預見的將來難以成事,原因是中央還要集中精力對付香港的反對勢力。所以,最可行的辦法是中央要求和支持特區政府調校施政路向,特別是在經濟發展、土地、房屋、福利和勞工等政策範疇,更好的照顧中產、勞工、年輕人和弱勢社群的利益,減少社會矛盾和不穩定因素。在貫徹那些推動"社會公義"的政策時,中央協助特區政府克服來自資產階級和保守勢力的反對和阻撓,促使資本家和既得利益者以大局為重、承擔更大的社會責任和作出一定的"犧牲"來換取更多的政治穩定和有效管治。此外,隨着國家的崛起,中央對香港的資產階級的依賴正在不斷下降。

回歸前，"撤資"是香港資本家拿來"嚇唬"中國政府的最犀利武器。現在，中央對"撤資"只會泰然處之，一來資金大規模從香港撤走的機會不大，而且相當部分"撤退"的資金很可能是"撤退"到內地去。二來國家目前擁有龐大的外匯儲備和財政資源，對來自香港的資金的依賴程度不高。因此，香港的資本家"越過"特區政府直接到中央"告御狀"、企圖改變特區政策的能力不如從前。特區政府相對於資產階級的"自主性"比前有所提升。另一個重要的發展，是內地的國有企業和民營企業在香港經濟上的比重越來越大，但在中央"不干預"的政策下其政治影響力則非常少。中央要在香港推動更多的社會公平和公義，內地企業尤其是國有企業可以在中央的鼓勵下擔當積極角色，特別在參與公益慈善工作、國民教育、教育和人才培訓、為香港年輕人提供就業機會、協助香港人利用國家發展帶來的發展機遇、紓緩香港的一些行業壟斷情況等。可以想像，內地企業在香港的社會和經濟發展如能發揮積極作用，對爭取香港人對國家的歸屬感一定有正面意義。

（十一）加強"愛國愛港"力量的建設。為了確保愛國者治港，中央便不能被動地等待愛國者的出現，而必須與特區政府一起通過各種政策和措施培養"愛國愛港者"。《白皮書》提出："中央政府將繼續鼓勵和支持香港社會各界發揚包容共濟、尊重法治、維護秩序的優良傳統，以國家的根本利益和香港的整體利益、長遠利益為依歸，求同存異、互諒互助，在愛國愛港的旗幟下實現最廣泛的團結，不斷鞏固社會和諧穩定。"[11] 培植"愛國愛港者"的最重要渠道是把社會各界推薦和在社會上冒起的人才送進議會、特區政府、各類獨立機構和諮詢組織，好讓他們通過實戰鍛煉而成為"治港"的幹才。[12]

（十二）強化對特區政府和"愛國愛港"力量的領導和指導。加強領導和指導特區政府，確保它在中央的領導和指導下與中央緊密合作，共同擔負全面和正確在香港落實"一國兩制"的重任。認真運用中央向行政長官進行指導和發出行政命令的制度，確保國家安全和利益在香港得到照顧。謹慎挑選特首和主要官員，完善行政長官和主要官員對中央負責的制度安排。《白皮書》提出，"行政長官每年向中央政府述職，報告基本法貫徹執行情況等須向中央政府負責的事項，國家領導人就貫徹落實基本法的重大事項對行政長官予以指導。"[13] 要求香港高層公務員充分瞭解中央的"一國兩制"方針政策。明確香港公務員的最終效忠對象為國家和中央。確保高層公務員心無二志，堅定支持中

11　《白皮書》，頁 37-38。

12　見劉兆佳："構建管治聯盟芻議"和"關於香港的新政治主張"分別載於劉兆佳：《回歸後的香港政治》（香港：商務印書館，2013），頁 330-354 和頁 355-363。

13　《白皮書》，頁 8。又見劉兆佳："中央對特區主要官員的實質任免權和監督權將成為新常態"，《港澳研究》，2015 年第 2 期（總第 7 期），頁 15-16。

央的"一國兩制",忠誠支持行政長官的施政方針和理
念,不能以"殖民地"時期得未曾有的"政治中立"
為由砌詞推搪、逃避責任。更不能接受的是高層公務
員與反對派暗通款曲,在管治上拖特區政府的後腿。

(十三) 加強香港人特別是年輕人對國家的認識和尊重。近
年來香港不少年輕人對國家、民族和中央的逆反情緒
高漲,更是各種激烈行動的策劃者和參與者。2014 年
的"佔領中環"行動的中堅分子赫然就是年輕學生,
尤其諷刺的是那些"老牌"反對派頭頭竟然被年輕學
生逼上激進路線。鑒於反對派正面對流失群眾的窘
境,他們尤其是"本土主義"和"分離主義"的推手
更以年輕人為重點爭取和培育的對象。學校尤其是大
學成為新的政治抗爭的基地。過去十多年來,中央
一直把年輕人問題視為重點問題,並希望通過國民教
育來增進年輕人的國家和民族意識,但在反對派、教
師和學生的抵制下,加上特區政府推行不力和手法笨
拙,國民教育始終舉步維艱。[14] 在重新評估情況後,
中央仍然視國民教育為處理年輕人問題的重要手段,
但認識到必須從更廣闊的角度審視國民教育,而且對
國民教育可能達到的目標有更現實的認識。中央也意
識到年輕人對國家和中央的不滿的成因甚多,包括年
輕人對自己的生存和發展條件不滿和擔憂、對特區政

14　見劉兆佳:"回歸後中央政府對港政策的發展",載於劉兆佳:《回歸後的香港政治》
　　(香港:商務印書館,2013),頁 39-42。

府尤其對梁振英特首有抵觸情緒、年輕人感到自己的利益因為香港與內地關係愈趨密切而受損、年輕人擔心香港原來擁有的"優異"的制度和文化受到中央和內地的摧殘、年輕人較多受到來自國外和香港反對派的"民粹主義"、反權威意識和鬥爭"哲學"的荼毒等。我的看法是，中央對香港年輕人的政策的目標應該在於加深他們對"一國兩制"的歷史背景和戰略目的的認識、強化他們對內地和香港的唇齒相依關係和對"命運共同體"概念的理解。中央也希望年輕人充分明白到與國家和中央對抗的後果，特別是香港和他們自己將要付出的高昂代價。中央也清楚知道國民教育的推行需要依靠不同的手段和方式、不能期望一蹴而就、更不能完全依賴學校和教師。中央、內地、特區政府和香港社會各界各有角色，必須協調行動，才能取得成果。此外，學校、教師和公開考試固然對推動國民教育不可或缺，但如何推動香港的經濟發展、讓年輕人能夠更好的分享經濟發展和兩地經濟融合所帶來的好處、減少香港的不平等和不公義的現象和穩定有序地讓年輕人有更多的參與公共事務的機會、公共政策對年輕人有更多的關顧等也是必不可少。

（十四）與反對勢力進行"決戰"。對於香港反對勢力對"一國兩制"和中央的愈趨激烈的衝擊和挑戰，中央將會以更強硬和果斷的手法回應和反制。一方面中央對激進的反對勢力採取絕不姑息、強力遏制和果斷執法的策略。另方面中央則盡力爭取"溫和"的反對派人士改弦易轍，逐步轉化為能夠與中央合作的、承認國家和香港的政治體制的"忠誠反對派"。未來一段日子是中央與反對派"對決"的關鍵時刻，對此中央抱持必勝的決心。當國務院港澳辦主任王光亞在表明中央不會容許與中央對抗的人出任特區行政長官的立場時，也表露了中央對處理反對派的立場。他説："我在不同的場合都説過，'泛民'有兩類：一類是極少數別有用心的人。他們打着'民主'的幌子，把香港視為獨立政治實體，肆意曲解基本法，阻撓特區政府施政，頑固對抗中央管治，甚至勾結外部勢力，鼓吹和支援'港獨'等分裂勢力妄圖顛覆中國憲法確立的中國共產黨的執政地位和社會主義制度。他們的言行實際上早已超出所謂'言論自由'、'爭取民主'的界限。他們雖然人數不多，但危害不少。他們不僅是'反對派'，而且是'死硬派'、'頑固派'。對這部分人，中央的立場堅定而明確，就是堅決鬥爭，絕不含糊。具體到行政長官普選制度設計，就是要把這些人排除在外，不僅要限制他們'入閘'、阻止他們'出閘'，即便他們僥倖當選，中央也會堅決不予任命。否則，既非香港之福，更是國家之患。在這一點上，中央的原則立場是堅定不移的。另一類是大多數的'泛民'朋友。他們很多人關心國家發展和香港前途，贊成國家對香港恢復行使主權，擁護'一國兩制’方針和憲法確定的國家政治體制。他們中一些人的某些政見與我們可能有所不同，在民主的理念、實現的方式等方面與我們的看法也可能不一致，但他們認同‘一國兩制’、認同憲法和基本法，認同國家體制和制度。我希望與這部分‘泛民’朋友能夠有更多的機會進行溝通，在共同的政治基礎上就任何問題深入交換意見。”[15] 將重大政治爭議問題“收歸中央”，從反對派手上奪走他們賴以發動抗爭行動的“利器”，可謂是中央反制反對派的“釜底抽薪”之道。中央在行政長官普選問題上明確表明立場而且堅守立場，就是要把這個重大政治問題“收歸中央”，讓香港人對這個問題不再有“幻想”，不再受反對派的教唆和動員，從而引領香港社會重新聚焦在社會和經濟問題上。王光亞下面的講話其實包含了這個意思：“香港目前面臨的最大問題是，少數人以普選為議題，不斷製造社會紛爭，把社會的主要精力吸引到政治爭拗上，阻礙了經濟發展，妨礙了民生改善。我曾經對香港工商界的朋友、經濟方面的專家教授講，你們的主要精力應當放在怎麼推動香港經濟進一步發展，為香港下一代提供更好的發展機會，但很對不起，現在香港政治情況迫使你們花費大量的時間精力來參與一些無謂的政治爭議，資源錯配了；我也曾經對泛民主派的一些基

15　國務院港澳辦主任王光亞 2015 年 5 月 31 日在深圳會見香港立法會議員時的講話。

層朋友講，我很理解你們關心和解決基層民生問題的
迫切心情，你們的人文關懷讓人深受感動，但很對不
起，你們把所有問題都歸結到政治體制，尤其是兩個
產生辦法上，以為普選是解決一切問題的靈丹妙藥，
開錯藥方了。在我接觸到的朋友中，普遍希望能夠結
束普選爭議，用他們的話說，有結果好過沒結果，因
為無休止的政治爭議，不僅已經影響到香港社會和
諧，而且已經嚴重影響到經濟發展、民生改善。全國
人大常委會的決定，顯示了中央下大決心解開困擾香
港的這個重大難題，最根本的目的還是要促使香港社
會回到正常軌道，使社會各界把主要精力放在發展問
題上，在給年輕的一代提供更好的發展機會的同時，
促進香港繼續保持領先發展的優勢，創造更加美好的
未來。"[16] 這段講話表明，中央銳意將長期困擾香港
並經常被反對派利用的政治議題"收歸中央"，促使香
港各界集中爭論那些非政治議題。

（十五）嚴防外部和內部勢力將香港變成"顛覆基地"。一
直以來，中央對西方國家尤其是美國對香港的意圖和
政策保持高度的警惕。近年來，隨着美國逐漸以"圍
堵"戰略來遏制中國的崛起，中美關係愈趨緊張。外
部勢力會否加緊行動將香港變成"顛覆基地"更是中
央時刻不能掉以輕心的事情。外部勢力在 2014 年的

16　國務院港澳辦主任王光亞 2015 年 5 月 31 日在深圳會見香港立法會議員時的講話。

"佔領中環"行動中若隱若現，加深了中央對美國和
其他外部勢力對香港的用心有極大的疑懼。最近中央
對外部勢力的態度已經從"反對"外部勢力干預香港
事務提升到"遏制"的層次。《白皮書》明確示警：
"要始終警惕外部勢力利用香港干預中國內政的圖
謀，防範和遏制極少數人勾結外部勢力干擾破壞'一
國兩制'在香港的實踐。"[17] "防範和遏制外部勢力干
預香港事務。香港事務是中國內政，針對個別國家的
干預言行，中央政府及時通過外交渠道進行交涉。"[18]
2003 年基本法第 23 條在香港的本地立法工作失敗，
使得香港在回歸十八年後仍然是國家安全的隱患。隨
着中國面對的國際形勢惡化，而科技發展又日新月
異，中國當前所面臨的國家安全威脅的嚴重性和多樣
性已非基本法第 23 條所能應付。更麻煩的是，在可
預見的將來香港特區政府還沒有足夠的政治決心和能
量順利地完成第 23 條的立法工作。中央因此對香港
構成國家安全威脅的焦慮日深。為了應對日後可能出
現的、由內部和外部勢力策動、來自香港的國家安全
威脅，中央肯定不會坐以待斃，一定會預為之謀。其
實，對香港尚未就第 23 條立法下中央應如何確保國
家安全一事，內地已經進行相關的研究。據內地法律

18　同上，頁 10。

專家饒戈平透露："內地學者就 [基本法 23 條立法] 問題是有多方面研究的，考慮過很多種形式來落實基本法 23 條立法。""一種方式也是最好的方式，就是香港本身按照 [基本法第] 23 條的規定在香港積極推進。如果立法的政治環境不理想，持續的拖延，這個問題就恐怕不能任由其拖下去，就不排除採用其他的方式，比如說可以提議特區政府，把以往的一些有關涉及到國家安全的法律匯總起來，在這個基礎上面增加一些新的內容，形成一個類似 23 條的法律，這是一種方式。另外，可以借鑒一下其他國家的安全法來進行制定，當然還要遵行中國的憲法作為指導。這些是依靠香港自身來解決 23 條立法問題。如果這些都做不到的話，那只有採取其他方式來推進了。比如，在香港遲遲不能將 23 條立法開展的情況下，為了不使國家的權益受到損害，可以暫時把內地的國家安全法，在香港暫時的試用，或者由中央來制定一個暫時的適應香港的安全法，一直到香港能依 23 條立法為止。我講的這些都不是中央的意思，都是我們學界在討論中的各種方案，……。"[19] 此外，鑒於中央在 "一國兩制" 下負責香港的國防和外交事務，假設香港出現危害國家安全的事態，中央也可以依照基本法的規定向香港行政長官發出行政命令，責成特首採取適當

19　饒戈平："23 條立法是全面實踐基本法的一部分"，《紫荊》雜誌，2014 年 4 月號，總第 282 期，第 6-8 頁，頁 8。

措施解除國家安全的威脅。2015 年初全國港澳研究會專門成立了有關國家安全的研究小組，也清楚反映中央對香港與國家安全的關係的重視。

香港人對"一國兩制"實踐的不同意見

香港回歸以來，"一國兩制"在實踐過程中產生的矛盾、碰到的困難和遇到的新挑戰早已為香港各方面所關注，並且對它們的成因、內容、嚴重性和變化趨勢進行研判和提出對策。

特區政府和"愛國愛港"力量

特區政府和"愛國愛港"力量的主流觀點認為那些問題源於結構性和歷史性因素，主要原因來自不少香港人對"回歸祖國"和中國共產黨懷有揮之不去的抵觸情緒、對內地同胞抱持傲慢和鄙夷之情及對英國的殖民管治依戀緬懷，從而讓各種各樣的反對勢力在幾乎所有社會和政治領域（行政機關、立法機關、司法機關、政治組織、社會群體、媒體、互聯網、民意、學校、議會選舉）中都存在着，而且盤根錯節，無法消滅，因此行政與立法的摩擦、行政長官威望低落、特區政府管治失效、政治內耗和內鬥沒完沒了、社會分化撕裂、中央與香港人的隔膜以至"兩制"之間的碰撞等現象不但無可避免，甚至是長期性的"常態"。不少政府官員和"愛國愛港"的中堅人物對改變那些情況不但悲觀，而且覺得那些情況代表香港的"宿命"。從這個消極觀點出發，他們不相信有任何力量有能力"扭轉乾坤"。他們認為即便中央權力強大，但要改變香港的局面恐怕心有餘而力不足，況且中央有沒有相關的決心和毅力也説不準。進一步説，他們對中央的"治港"能力也有疑問，擔心中央插手香港事務不但不會扭轉局面，甚至有機會加劇不同的矛盾和對立，釀成更惡劣、更難以收拾的後果。再者，他們又害怕中央出手會演化為中央長期高度介入或干預香港事務，把"高度自治"變得有名無實，更會削弱他們在香港的權力、地位和在群眾中的本來已經不高的威信。他們的思維的背後當然蘊藏着一定的對中央的不信任，只是難以宣之於口而已。回歸後多個事例表明，當特區政府官員和不少重要的"愛國愛港"人物需要在維護基本法的權威、國家安全、中央的利益與討好香港民意兩者之間做出抉擇時，他們往往採取逃避態度，拖延問題的處理。基本法第 23 條的本地立法遙遙無期是典型例子。即便因為立法會內反對派議員以私人名義提出的對政府法案的修訂、以至他們意圖阻撓政府施政的"拉布"行動其實已經違反基本法第 74 條的規定，特區政府亦怯於運用法律手段或尋求人大釋法予以糾正，原因不外乎懼怕被人批評招惹中央干預香港內政、破壞香港的法治和削弱香港的司法獨立。2011 年香港終審法院在"莊豐源案"的判決明顯違反 2009 年人大常委會就香港居留權問題的解釋，而人大常委會法律工作委員會亦明確表明不同意終審法院的判決，加上那個判決又引發了大量"雙非孕婦"來港分娩的嚴重社會問題，同時又對內地的"一孩政策"產生負面影響，特區政府仍然不願意與中央商討解決問題的辦法，理由也不外乎是擔心香港人責怪特區政府邀請中央插手香港事務並引發人大釋法。

再有，特區政府和不少"愛國愛港"政治人物對自己的能力和凝聚力也缺乏自信，覺得既然他們已經犯了"親北京"的"原罪"，而行政長官又非經由普選產生，無論如何他們在香港都難以享有高度的政治"認受性"和崇高的政治威望。整體來說，他們對"一國兩制"和香港的未來的消極和悲觀態度若隱若現，難免腐蝕了他們的政治"底氣"、管治意志和戰鬥能力。某種惡性循環也因此而出現。香港人對"治港"的香港人的信心持續下降，進一步腐蝕他們的士氣和團結性，進而讓他們的表現更難孚眾望。如果行政長官試圖以強硬和"敵我分明"態度駕馭政治局面，則香港人的反彈會更為激烈，反而讓特區政府陷入四面受敵、孤立無援的險境。梁振英的管治困局便是最好寫照。簡單說，特區政府和不少"愛國愛港"人士認為，長期處於弱勢的特區政府和渙散內耗的"愛國愛港"力量是無法改變的政治現實。所以，特區政府和"愛國愛港"的主要人物在"宿命論"的籠罩下，甚少提出嚴肅和認真應對"一國兩制"實踐所碰到的問題和挑戰的有效對策，而那些問題和挑戰如果遲遲不處理好的話，對"一國兩制"在實踐五十年之後如何延續下去的問題更非他們重視的課題。與此同時，他們也斷然反對來自反對派的各種改革的建議，特別是那些會觸發權力和地位再分配的政治體制改革，因為那些改革會嚴重損害自己作為"既得利益者"的利益。因此，在謀求更好的推行"一國兩制"上，不少特區官員和"愛國愛港"人士實在是消極、猶豫、被動和對香港前景惘然的保守分子。

反對勢力

　　香港各類反對勢力對"一國兩制"實踐後所碰到的種種問題和挑戰則有着與中央、特區政府和"愛國愛港"力量的主要人物不同的理解和處理辦法。事實上，反對派在分析和論述香港問題時具有較高的理論水平和享有更大的話語權。他們的觀點自成一格，系統性頗高，並且得到不少學者在研究方面的支援和在社會上的宣揚。可以説，反對派的一套説法，不少香港人覺得有一定的説服力。反對派的核心論點是斷定香港在回歸後必然會面對嚴峻的管治困難，有些人甚至誇大説香港已經達到難以管治的地步，或者判定香港在中央既有的"一國兩制"安排下根本不可能管治有效。管治困難的首要原因源於香港的"不民主"的政治制度和中央對香港事務的粗暴干預。行政長官由於不是由香港人普選產生，因此缺乏政治"認受性"或"合法性"。他們同時也否定中央的合法性，因此由中央政府"欽點"和任命的行政長官不單不能從中央政府那裏取得合法性，反而因為他的權力來自中央而更喪失"認受性"和"合法性"。其次，行政長官的產生辦法賦予香港的精英階層尤其是商界財團特大的影響力，除了使得特區政府的社會支持基礎過於狹隘外，也導致特區的施政過多地向既得利益者傾斜，造成了嚴重的政治和社會不公。第三，回歸後香港的資本構成趨於多元化和複雜化，資產階級的內部矛盾增加，而那些矛盾復又加大了特區管治的困難。在"殖民地"時期，在殖民政府和英資財團的支配下，華人商界精英在經濟上扮演附庸角色，在政治上也不敢造次。回歸後，"一國兩制"將維護香港原有的資本主義體系的重任交予香港的華人資產階級，因此讓他們在回歸後獲得他們在"殖民地"時期從來享受不到的政治權利和力量。然而，回歸後，隨着英資地位的下降、華資地位的抬頭、其他外資的地位的提升，尤其是"中資"（內地國有和民間資本）的經濟重要性的陡增，不同資本之間的競爭和矛盾上升，但強勢的工商界領袖卻缺位，新的遊戲規尚未訂立，而特區政府又缺乏足夠的權威和手段有效地整合商界的複雜利益。回歸後特區政府在經濟上的介入有所增加，不單引發它與個別商界精英的摩擦，也削弱了商界整體對特區政府的擁護和支持。第四，一個與商界互相"勾結"的特區政府肯定無意又無法解決那些嚴重和突出的經濟和民生問題，從而激化民眾對管治者的不滿和怨尤。回歸以來最嚴重而又最受關注的問題肯定是產業結構單一且競爭力下降、產業向高增值方向提升乏力、營商環境因政治衝突頻仍而惡化、貧富懸殊和階級矛盾尖銳化、貧窮問題突出、中產階層生存和發展條件倒退、年輕人社會流動機會難副期望、人際關係和社會互信惡化等。在"官商勾結"下特區政府沒有膽量要求富人和其他既得利益者承擔多一些社會責任和作出一些犧牲來減少社會衝突。第五，管治香港特區的領導人和官員政治智慧和能力有限，而且內部不和，而在中央的反對下難以產生"執政黨"和有競爭性的"政黨政治"，更讓行政長官處於孤立無助的困境。第六，回歸後特區政府在管治上採取"用人唯親"、"敵我分明"和政治手法，打壓和排擠反對勢力，造成政治矛盾無法化解和社會撕裂的局面。這種情況有越演越烈之勢。最後，行政長官越來越聽命於中央，罔顧香港人的訴求、需要和感受，把中央和內地的利益置於香港人的利益至上，損害了香港原有的核心價值、制度

理性和程序公義，不但加劇了中央和香港人的矛盾，惹起香港人
對香港走向"大陸化"的憂慮，同時加深了香港人對行政長官的
敵視，也使香港政治兩極化情況更為嚴重。

在反對派人士的論述中，回歸後香港難以管治，厥為所有政
治、社會和經濟問題的根源，而中央為了保障自己的權力和利益
及強化特區政府的管治能力而干預香港內政，則不單使管治情況
惡化，更破壞了特區的"港人治港"和高度自治，進而損害中央
和香港人的關係，並且削弱香港人和國際社會對"一國兩制"和
香港前景的信心。在反對派的眼中，人大釋法、中聯辦"干預"
特區施政、中央對香港事務"指手劃腳"、中央介入香港的議會和
行政長官選舉、中央為不得人心的行政長官撐腰、扶植"愛國愛
港"力量、偏幫香港的資本家、打壓反對派、擠壓反共和反政府
的媒體、阻撓香港的民主發展、為基本法第 23 條的"惡法"進行
立法、要求在香港推行國民教育等都是中央破壞"一國兩制"、
"港人治港"和高度自治的明證。

反對派認為，2003 年由基本法第 23 條立法觸發的幾十萬人
參與的示威遊行，本應讓香港人得到更大的政治參與權利，甚至
讓反對派有"執政"的機會，卻反而引來中央在香港事務上的強
力介入，尤其體現在各種"挺港"而實際上"挺董建華"的優惠
政策和積極扶持"愛國愛港"力量上。反對派認為，中央對特區
政府的支持對提升其政治威望作用不大，但卻令部分港人對中央
"干預"香港內政感到不滿和憂慮，尤其害怕中央越來越收緊對
港政策、加強控制香港和讓香港走向"大陸化"。梁振英上臺後，
由於不少香港人認為他有濃厚的"親北京"背景（有些人甚至相

信他是共產黨員）及處處聽命於中央，那些政治憂慮和恐懼有增無已，遂導致香港人與特區政府和中央的對立情緒升級。在反對派的眼中，《白皮書》的發表意味着中央決心加強對香港的控制和要求立法會和司法機關向行政機關臣服。中央在行政長官普選爭議中的堅定和強硬立場使得反對派的"普選夢"破滅，更被認為是中央"背信棄義"，違反中央對香港人的民主"承諾"的證明。

對反對派來說，要打破當前的困局，制止中央進一步"干預"香港事務和保衛香港的"核心價值"和制度體系，必須以憂患的心態和政治迫切感迅速動員起來，與中央"一較高下"。反對派和中央的"共同點"，是認為"決戰"的時刻已經到來。按照中央在 2007 年作出對 2017 年可以普選行政長官的承諾，各方反對勢力決定以爭取"真普選"為共同目標而集結起來，並威脅以包括"佔領中環"在內的激進甚至暴力行動迫使中央就範。反對派的想法是：要保衛香港，香港人必須把權力和命運掌握在自己尤其是反對派的手上。在這種思路下，爭取"真普選"等同於爭取對香港特區政權的控制權。只有將特區的管治權從中央手上奪過來，香港才有希望。

在中央和堅定和強硬的立場和香港人的反對下，為時達 79 天的違法"佔領中環"以失敗告終。不過，縱使較多香港人希望能夠通過按照人大常委會的"8.31"決定制定的行政長官普選辦法，但反對派依然在立法會否決了有關的政改方案，意味着他們當中仍有不少人無意放棄跟中央對抗的路線。反對派仍然會在政治議題上糾纏，包括提出重啟政改"五部曲"、修改基本法、"全民制憲"、批判現有的選舉辦法和政治體制等。他們也會繼續在立法會內和在社會上開展各種方式的鬥爭，提出各類激進民生訴求，批判各種社會不公現象，把經濟和民生議題"政治化"，採納部分"本土主義"主張，將香港人與內地同胞對立起來，阻撓香港與內地經濟融合，反對梁振英連任行政長官，詆毀"愛國愛港"人士等，以求達到挑戰中央和特首的目標。他們也會在行政長官選舉過程中另搞一套，目的在於削弱特首選舉的"認受性"。反對派愈能挑起香港人對中央和特首的不滿，則愈能爭取群眾的好感和淡化人們對他們否決政改方案的不滿，對他們的選情也更為有利。

反對派的抗爭行動呈現幾個特色：激進化、多元化、恆常化和碎片化。暴力成分有上升趨勢。大型和持久的群眾行動出現的幾率雖然不大，但為數不少、形式多樣、規模不大、自發性強、組織性弱、領導人不明顯、依靠網上動員、短暫性、野貓式、以宣洩憤怨為主的抗爭行動將成為香港政治新常態。儘管個別行動的殺傷力有限，但匯聚起來則對香港的穩定和管治有害。除非出現特大政治事件導致民憤爆發，反對派要再次發動類似 2014 年的"佔領中環"行動應該不容易。

不過，反對派同時也要面對分化重組、激進勢力抬頭、群眾支持流失和戰鬥力下降的威脅。政改方案被否決，其實對反對派和香港的民主運動日後的發展甚為不利。反對派喪失了與中央改善關係的難得機會，其激進部分將要面對來自中央更大的壓力。反對派繼而失去影響特首選舉結果和更多地參與特區管治的機會。香港人不滿反對派阻撓政改方案通過，削弱了反對派的力量。香港人的政治無力感抬頭，減少了反對派的號召力。反對派

中的激進的"本土派"會進一步抬頭,並發動更多的激烈和暴力
行動,同時對反對派中的溫和派予以"捆綁"。中央的強硬態度和
反對派的激烈行動未能奏效無可避免迫使部分反對派人士進行反
思,特別是反思他們與中央的關係。那些不願意繼續採取激烈對
抗路線的反對派人士或靠邊站,或另闢蹊徑,試圖尋找所謂"中
間路線"或"第三條道路"。他們也會將政治動員的戰場更多地放
在"民間社會"尤其是學校和民間組織,並開始關注 2047 年後香
港何去何從的問題。然而,當前各個黨派的主要分野在於它們對
中國共產黨的取態:是對話合作還是鬥爭對抗,根本上沒有"中
間路線"或"第三條道路"可言。據我觀察,那些決意走既非反
對派、又非"愛國愛港"道路的人,經過一段時間後多數會成為
"愛國愛港"力量中的"反對派"或"改革派",或者是建制派或
體制內的改革派,又或者是"忠誠反對派"。所謂"中間路線"或
"第三條道路"估計只是"過渡性"的道路。分化重組中的反對
派必然陷入內耗之中,反對派的整體實力難免受損。不過,在區
議會和立法會選舉"大敵當前"的倒逼下,反對派人士仍然會維
持一定程度的團結性,並以行政長官梁振英和建制派為共同"敵
人"。

　　值得關注的是"非主流"的反對派勢力傾向建構各種形式的
"本土主義"和"分離主義",試圖以這些新政治主張來建構新的
香港人的"身份認同"、加強他們在社會上動員群眾的能力、提高
反對勢力的思想理論水平、強化反對派的政治話語權和爭取西方
與臺灣勢力的認同。部分"非主流"反對勢力更鼓吹以激進和暴
力的方式來"保衛我城(香港)"。這些人追求的目標多樣化,包

括在"一國兩制"下爭取最大程度的自治權力、強化香港人的"主體意識"、提升香港人的"本土意識"、減少香港與內地的交往、反對香港與內地經濟融合、抗拒在香港普及普通話、反對在學校推行任何形式的國民教育、甚至提出"香港獨立"的主張。"非主流"反對派不接受中國共產黨在中國執政、對中華人民共和國與中華民族有抵觸情緒、不願意接受中央在"一國兩制"下對香港的管治權力、以香港的制度和價值觀為榮、正面評價香港過去的殖民管治並嚮往西方的事事物物。他們擔心中央的"天朝主義"大軍壓境,肆意摧毀香港人引以為傲的核心制度和價值觀,因此香港人必須奮起迎戰。[20] 這些人也不願意把香港的前途寄託在中國的(西方式)民主化上,不認為中國會走上"和平演變"的道路。極少數人預計在國內矛盾惡化下中國共產黨的政權會垮臺,香港因此得以有機會不在中央的壓制下走自己喜歡的道路。無論如何,"非主流"反對派大體上國家民族意識薄弱,但香港的"本土意識"、"主體意識"和"分離思想"強烈,他們否定"主流"反對派的"民主回歸"的論述,不贊同香港有責任或有能力通過香港的民主示範來推動中國的民主發展,也不贊成香港介入中國的事務。他們認為香港人不應該關心國家的發展,反而應該聚焦在維護香港自身的利益和安全上,反抗中央的"干預",必要時甚至索性走向"獨立"。香港部分年輕人基於對香港現狀的諸多不滿,對那些"本土主義"和"分離主義"思想趨之若鶩。

我的看法是,那些不願意全面認同中央的"一國兩制"和基

20　陳冠中:《中國天朝主義與香港》(Hong Kong: Oxford University Press, 2012)。

本法，堅持與中央對抗的反對勢力所提出的、旨在打破香港目前困局的建議不但不切實際，而且會為香港帶來災難。那些建議純粹是一種怨憤的發洩，提出那些建議的人既沒有具體的行動綱領和計劃，又沒有懷抱成功的希望。那些建議純屬香港部分知識分子的"思想產品"，理想和幻想成分居多，難以得到廣大香港人的理解和共鳴，因此雖然得到部分媒體的青睞，但卻無法成為一股有實力的政治潮流。那些建議的提出，只會引起中央的激烈反彈、內地同胞的反感以至香港人的厭惡和憂慮。

事實上，二次大戰以來，國際社會基本上對不同國家的領土邊界的改動和新的國家的出現都持保守戒懼態度，主要害怕會引起國與國之間的嚴重衝突甚至戰爭。除非某些地方發生極為嚴重的人道災難和極為殘暴的政權，西方國家一般不"摻和"他國的內政、推翻他國的政權和製造他國的分裂。不過就算出現上述情況，西方會否出手還取決於涉及的代價是否能夠承受。一般來說，西方國家對於世界各地出現的"分離"、"分裂"或"獨立"行動都採取模糊和猶豫的態度，特別如果那些行動會引致大國之間的衝突，並對區域或世界和平構成威脅。由此觀之，香港的各式"本土主義"和"分離主義"主張就算得到西方的同情，也不會得到其鼎力和實質的支援，尤其考慮到西方不會願意與強大的中國為敵。

無論在主觀上或客觀上，香港壓根兒沒有獨立、分離於國家或與國家對抗的條件。中國人的"大一統"傳統根深蒂固，大部分香港人對中華民族的認同，加上近二十多年來隨着國家的崛起、國內民族自豪感上升、民族主義和愛國主義高漲，中央和內地同胞不會坐視香港出現的"分離主義"和挑戰中央權威、排斥內地同胞的行動。尤有進者,任何試圖借助外國力量以尋求建立獨立國家或獨立政治實體的言論和行動都會招致中央和中國人民的強硬、激烈反應,從而置香港於險境。再者,"分離主義"如果成為一股不可小覷的思潮,而又見之於行動,只會導致"一國兩制"在香港無以為繼,因為它使香港成為對中央和國家都構成嚴重政治威脅,也為內地同胞所不齒,所以其必然結局是在"一國一制"下中央全面接管香港。

香港人

客觀而言,"一國兩制"得來過於容易,香港人無需經過"艱苦卓絕"的努力和犧牲便從中央手上獲得讓內地同胞豔羨的優惠待遇,所以容易覺得是"理所當然",因此不太懂得珍惜,很自然便會衍生一些不利於"一國兩制"長期成功實踐的後果。其一是香港人容易滋生驕矜之氣,覺得香港對國家的發展、國家的國際聲譽和兩岸的統一異常重要,因此其地位和角色無法替代,所以中央給予香港優待是理所當然的。對於香港人和內地同胞在權利、義務和待遇上的差距,香港人不覺得有不妥之處。無論香港面對甚麼困難,中央出手相助也是應有之義,因為這也關乎到維護國家的利益和民族的榮譽。以此之故,香港人對中央和內地同胞沒有懷有明顯的感激之情,更遑論激發報效國家之心。其二是香港人容易對中央產生不切實際的期望,以為中央為了維護香港的繁榮穩定和贏取香港人對中央的好感,或是為了避免香港出亂子而一定會逆來順受,盡量採取措施來"討好"香港人,即便要做出一些有違中央所理解的"一國兩制"和基本法的基本原則也在所不惜。其三是不少香港人傾向認為"一國兩制"是為了香港人而"度身訂造",因而忽視了它作為重大國策其實更着重國家的利益和需要的一面。惟其如此,香港人容易忽略了自己在落實"一國兩制"過程中的責任和承擔,尤其是對國家主權和安全的責任和承擔。他們不太也不願意理解這樣一個簡單道理,那就是假如在"一國兩制"下香港不能維護國家和中央的利益的話,則"一國兩制"便不再是對國家和民族有利的國策,而中央也就難以繼續執行這個國策。香港人這種狹隘思維,從圍繞着基本法23條立法和制定行政長官普選辦法這兩場政治事件中表露無遺。

其四是香港人假設了香港在國家發展和兩岸統一的過程中"永遠"具有不可替代的功能,缺乏足夠的憂患感,對香港的地位和角色的減退也沒有心理準備。大多數香港人不會為如何維持甚至提升香港對國家的重要性而費心並積極謀求改善之道,反而會因為國家的崛起、內地同胞生活水平提高和內地城市競爭力的提升而產生怨懟之情,甚至把內地同胞視為對手並產生抵觸情緒。回歸後香港政治內耗不斷、產業結構調整不順和國際經濟競爭力走下不但導致香港人對自己的信心和自豪感下降,更因為他們對內地同胞的優越感受損而引發對內地同胞的怨尤和歧視,對兩地同胞的感情和關係造成了一定的傷害。香港人對內地同胞的抵觸情緒也演化為對中央的不滿和懷疑,進而質疑中央落實"一國兩制"的誠意。

香港人這種保守狹隘的心態、對香港和對自己的自信心和自豪感下降、對香港前景的擔憂、對中央和對內地同胞的排斥情緒等都使得任何試圖捕捉國家發展為香港所帶來的機遇的努力都會遇到反對的聲音和行動。任何促進香港與內地的經濟"融合"的政策和措施都會被一些人批評為"賣港"行為。這種心態和行為損害了兩地同胞的感情和關係。

內地資金和人才湧入香港,那些缺乏競爭力的普羅的香港人以至不少年青人都面對巨大挑戰。不過,與紐約、倫敦和東京等全球性城市(global cities)不同,那些在香港缺乏競爭力的香港人不願意離開香港到外地或內地去,事實上他們在其他地方的生存和發展的能力也頗為有限。那些夾在精英階層和低下階層的、人數不少的人的處境甚為困難。要重新培訓和裝備這些人殊不容易,也不是短期可以做到。年齡過大的人更沒有可能可以學習新的知識和技能。這些人留在香港,但生活的擔子很重,而且個人和自己的下一代的前景並不樂觀。不滿現狀和悲觀失落的情緒不斷累積,成為各種本土意識和保護主義得以抬頭的溫牀。香港人的"香港本位"意識、驕矜心態和對中央和內地同胞的抵觸情緒在一定程度上已經明顯引起中央和內地同胞的反彈。在"一國兩制"下,中央對香港人並沒有嚴格和高水平的"愛國"要求,基本上要求香港人不要做那些對民族、國家和香港不利的事情。鄧小平這樣說過:"甚麼叫愛國者?愛國者的標準是,尊重自己民族、誠心誠意擁護祖國恢復行使對香港的主權,不損害香港的繁榮和穩定。只要具備這些條件,不管他們相信資本主義,還是相信封建主義,甚至相信奴隸主義,都是愛國者。我們不要求他們

都贊成中國的社會主義制度，只要求他們愛祖國，愛香港。"[21] 他
又說："有些事情，比如一九九七年後香港有人罵中國共產黨，
罵中國，我們還是允許他罵，但是如果變成行動，要把香港變成
一個在'民主'的幌子下反對大陸的基地，怎麼辦？那就非干預
不行。"[22] 在"一國兩制"下，香港人享有的個人權利遠遠大於
其對國家的責任和義務，國家對內地同胞的"愛國"和"愛黨"
要求沒有施加到香港人身上。然而，從"人情"和"政治倫理"
的角度看，中央和內地同胞很自然地期盼香港人因為國家的特殊
眷顧而懷抱對國家感恩之情意，進而衍生對中央和內地同胞的感
情，並主動和積極照顧中央和內地同胞的利益，不要處處完全從
自己的立場和需要出發。就這方面而言，中央和內地同胞對香港
人肯定頗為失望。基本法第 23 條立法的失敗、特區政府拒絕內
地孕婦來港分娩的突然決定、限制購買嬰兒奶粉的規定、限制外
地人（主要是內地同胞）來港置業的措施、"佔中"行動、"本土
主義"、"港獨"主張和敵視內地同胞的示威遊行等事件和現象在
在都傷害了中央和內地同胞的感情。中央領導人和官員在回歸後
初期並沒有向香港人提出"愛國"的希望，但隨着香港人對中央
和內地同胞抵觸情緒的蔓延，和一些明顯挑戰中央權威和權力的
行動的出現，中央對香港人特別是年輕人的"愛國"期望也逐步
呈現。隨着內地同胞的民族意識和愛國主義的迅速上升，香港人
的"本土主義"和對中央和內地同胞的惡意挑釁更容易觸發後者

21　鄧小平：《論香港問題》（香港：三聯書店，1993），頁 8。

22　同上，頁 36-37。

對香港人的憤怒和不滿。

無疑,香港人對香港目前的情況頗多不滿,但對於如何改變局面卻"言人人殊、莫衷一是"。他們既不同意中央的立場,也不同意反對派的解決辦法,因此只能在彷徨不安下度日。

"一國兩制"和內地同胞

尤有進者,回歸後香港的政治混亂、管治乏力、經濟不振和競爭力下降都使得部分內地同胞(包括各級官員和老百姓)對香港的印象改變,並開始質疑"一國兩制"的成效和價值。畢竟,內地同胞一向的理解,是香港人之所以獲得國家特殊的眷顧,是因為在"一國兩制"下香港可以發揮獨特的效用來配合國家的"改革開放"戰略,為國家的經濟現代化和人民生活水平的改善傾注動力,但同時在政治上不會構成對國家和中央的威脅,比如不會讓香港蛻變為對國家安全構成威脅的地方。對內地同胞來說,"一國兩制"代表一種國家與香港人的"契約",香港需要兼顧對國家的經濟和政治責任,以換取有別於內地同胞的特別優厚的關顧和待遇。回歸十八年以來,中國的崛起、內地經濟長時期高速增長、人民生活水平顯著提高、沿海大城市愈趨富裕、國家與外界接觸日漸頻密、內地同胞的國家和民族自豪感飆升、"制度自信"和"路線自信"強化、對個人和國家的前景充滿憧憬。相反,香港在回歸後受到兩次國際金融危機和兩次特大瘟疫(禽流感和非典)的蹂躪,產業結構單一且調整乏力,特區政府的管治困難重重,政治衝突和社會摩擦無日無之,發展前景不太明朗,香港人普遍對香港的明天感到迷惘和擔憂。雖然在香港人的努力和中央的多項惠港經濟政策的扶持下，香港安然渡過艱難險阻並取得比西方國家較快的經濟增長速度。作為一個成熟而且與西方聯繫密切的經濟體，在西方經濟困頓的情況下，香港的經濟增長速度與內地的驕人經濟表現難免大為遜色。誠然，中央的利港政策對香港經濟整體而言肯定裨益甚大，但它們所帶來的經濟實惠卻並非人人受惠。一些工商財團、金融機構、專業服務和個別行業（地產、旅遊、零售、酒店）獲益良多，但相當部分香港人尤其是年輕人感受不到好處，一些人更覺得自己的利益、日常生活和社區環境受到損害。內地同胞來港享用香港的公共服務又引起港人的不滿。兩地經濟發展速度和前景的明顯差異，一方面打擊了不少香港人對內地同胞長期抱有的優越感和傲慢態度，另方面亦改變了不少內地同胞對香港人的觀感和印象。一些內地同胞開始用鄙夷眼光對待香港人，認為香港人不思進取，怨天尤人，耗費精力於政治鬥爭和內耗，既無能力履行在“一國兩制”下襄助國家發展的責任，又不願意負起維護國家安全的重託，反而毫無愧疚之心，利用國家不能讓香港“倒下去”而令中華民族丟臉的“軟肋”，一次又一次要求中央出手相助。然而，香港人卻沒有對國家和內地同胞存感恩圖報之念，反而越來越突出自己的利益，頌揚過去“殖民地”的管治和境況，屢屢挑戰中央權威，歧視和排擠內地同胞，甚至有人提出將香港與內地分割的“本土主義”和“港獨”主張。在部分內地同胞眼中，香港人的所作所為，不但暴露其深受殖民主義的荼毒、國家和民族感情的薄弱和“妄自尊大”的心態，也顯示他們不願意以平起平坐的態度和內地同胞相處，反而竭力誇大香港的“優越性”來貶低內地和抬高自己，並借此撫慰其挫傷的自尊心和重新構建一種可以讓香港人感到自豪的身份認同。不少內地同胞既然覺得香港對國家的價值今非昔比，甚至有人認為香港對國家已經成為難以甩掉的包袱，則他們自然地會對"一國兩制"的正確性和有效性產生疑問，對中央對香港的"偏愛"也會感到反感。香港人和內地同胞對彼此的看法走向負面，無疑對"一國兩制"的實踐和"兩制"的關係的和洽帶來負面的影響。

當然，當鄧小平提出"一國兩制"時，有多少內地同胞真心誠意地理解、體諒和接受中國政府這個對自己並不公平的國策實在難以得知，因為當年內地的政治開放度和透明度不能與今天相提並論。但可以肯定的，是無論內地老百姓是否衷心認同中國政府的決策，他們沒有足夠的權力和渠道去反對"一國兩制"，只能讓它付諸實踐。按照原國務院港澳辦主任魯平的回憶，中央在爭取內地同胞接受"一國兩制"時，確實碰到一些困難。他憶述："開始時，內地有些人對為甚麼給予香港這麼大的優惠想不明白，如財稅不向中央上繳，那時候上海、廣東負擔很重，為甚麼對香港這麼厚待？所幸後來大家都能理解中央的決策，從大局考慮，不是斤斤計較。"[23] 不過，在鄧小平的強勢領導下，加上當年內地民眾參與和影響政府決策的渠道有限，就算有不同意見，中央也有能力克服各種阻力讓"一國兩制"得以確立。不過，到了今天，內地的政治生態已經出現了很大的變化，主要反映在幾個方面。其一是中央的領導機制愈趨集體化、透明化、制度化、

23　魯平口述，錢亦蕉整理：《魯平口述香港回歸》（香港：三聯書店，2009），頁 65。

科學化和民主化。其二是在黨內、政府內和社會上擁有對中央決策有政治影響力的機構和群體不斷增加。[24] 其三是內地同胞可以通過越來越多的渠道表達對政府決策的意見、建議、不滿和反對。其四是中央對香港的政策越來越需要衡量內地同胞的反應。那些過分違背內地同胞的意願和感情的利港政策出臺的難度比以前高得多。事實上,國內政治的開放程度越來越高,內地同胞通過不同渠道影響中央政策的能力也越來越大。互聯網的普及讓內地同胞的政治參與和影響力不斷提高,尤其是對中國政府的外交政策而言。[25] 其五是隨着內地經濟的不斷發展和產業結構的不斷轉型升級,內地與香港的關係也出現明顯的變化。過去的合作、互補和共贏關係已經轉化為既有合作、互補和共贏的成分,也有越來越多的競爭、矛盾和摩擦的成分。地方、企業和專業組織在越來越多領域與香港存在利益衝突。比如說,上海與深圳要發展金融和高端專業服務,無可避免會削弱香港在那些方面的優勢。

24　胡鞍鋼:《中國集體領導體制探究》(香港:中華書局,2014);王紹光、樊鵬:《中國式共識型決策:"開門"與"磨合"》(北京:中國人民大學出版社,2013)。美國的"中國通"藍普頓(Lampton)認為:"中國 [在政治上] 最大的改變是出現一個有一系列特徵的內部社會和政治系統。這些特徵包括一個較以前為弱和鬆散的領導集體、一個更多元化的社會和官僚架構,及一批在政府、社會和經濟內擁有更多維護自身利益的資源並擔當重要職能的個體。""北京對全球經濟秩序中的各種制度越來越感到滿意,但仍然要求提升中國在其中的影響力。對於那個由美國主導的國際安全秩序,由於它是建基於一系列中國被排拒在外的雙邊和多邊盟約的緣故,中國感到不安。由聯合國領導的安全體制最符合中國的口味。"見 David M. Lampton, *Following the Leader: Ruling China, from Deng Xiaoping to Xi Jinping* (Berkeley and LA: University of California Press, 2014), p. 3 and p. 135 respectively。專長研究政治領導的英國學者布朗(Brown)也斷言集體領導比其他方式的領導更為有效,亦較少犯錯誤。見 Archie Brown, *The Myth of the Strong Leader: Political Leadersip in the Modern Age* (New York: Basic Books, 2014)。

25　見 Guobin Yang, *The Power of the Internet in China: Citizen Activism Online* (New York: Columbia University Press, 2009)。

香港企業進入內地市場,或內地企業進軍香港,難免引發彼此間的競爭。香港專業團體既要通過"保護主義"來維護它們在香港的利益,不願意讓香港市場對內地專業人士開放,但卻又希望內地專業服務市場為自己打開,這肯定會觸怒內地專業人士。香港的大學以優厚條件吸收內地尖子,無疑會引起內地大專院校的不安。凡此種種都會令中央受到來自內地各方面的壓力越來越大,而中央在處理兩地同胞的關係和矛盾的時候雖然迄今為止仍然較多向香港傾斜,但隨着內地同胞對中央對港政策的影響力持續上升,可以想像中央也會越來越多在內地與香港之間作出平衡。不過,如此一來,長期習慣了中央對香港寵愛有加,並視之為"理所當然"的香港人來說,自然會作出反彈,埋怨中央"改變"對港政策,並質疑中央落實"一國兩制"的誠意。

香港處於關鍵時刻

目前的形勢非常清晰,經過十八年的實踐後,儘管大體上"一國兩制"在香港取得不錯的成績,但中央、內地同胞、香港的各方政治勢力以至香港人對香港"一國兩制"下的一些現象都感到不滿。如果任由那些現象發展下去,各方面的不滿會越來越大,這不但會使"一國兩制"日後的發展荊棘滿途,更會讓"一國兩制"在 2047 年後的前景充滿變數。其實,現在國內和香港已經有人開始思考"五十年不變"後香港的將來,他們尤其關心"一國兩制"能否繼續下去和如何繼續下去的問題。可以想像,假如香港的情況不變甚至惡化,而各方面的不滿又有增無已,則所謂"香港前途問題"很快會重新出現,新的政治鬥爭會重新形成,並對香港的穩定和發展造成無可估量的危害。

當前問題的核心是中央和香港的反對力量對"一國兩制"實踐所碰到的問題有截然不同的認知和解釋,因此對如何把"一國兩制"貫徹下去亦有南轅北轍的看法和建議。目前中央和反對派因為行政長官普選安排的爭議和政改的最終失敗而勢成水火,嚴重缺乏相互尊重和信任,期望雙方在可見的將來能夠通過協商談判來克服目前"一國兩制"在實踐上的一些困難是不切實際的。因此,現在是一個中央與香港的眾多反對勢力"對決"、"決戰"或"攤牌"之局。也就是說,香港正處於一個關鍵和嚴峻的時刻。這個"對決"局面可能頗為漫長,各方面都要付出代價,而它只有在一方獲勝後才會結束。戰敗的一方最後在形格勢禁的處境和香港人的壓力下被迫調整立場和策略,希望能夠在新的政治格局中更有效地爭取自己的利益和達到自己的目標。在考慮到各種因素和力量對比後,我相信最終取勝的一定是中央。當然,最後出現的結果不可能是一方全勝而另一方徹底失敗,在戰鬥之後,"勝利"的一方總會在若干程度上調整自己原來的立場,從而讓"失敗"的一方獲得安撫而願意與"勝利"的一方重建某種合作關係。

中央決定依靠自己來捍衛國家和中央的安全和利益,並願意運用自己手上的權力來達到目的。這從這次有關行政長官普選辦法的鬥爭中可以得到證實。中央在很早階段便表明自己對特首普選的立場,即使在香港反對勢力的猛烈攻擊下仍巋然不動,並借助這次鬥爭向香港人顯示中央已經改變了過去怯於表達和堅守自己的立場的消極、被動和怯懦狀態。反對勢力和香港人對中央的政治態度的轉變感到突然，一時不知所措。反對派原初拒絕相信中央會作出改變，因此加強鬥爭的規模和力度來迫使中央讓步，當然反對派最後以失敗告終。我的估計是中央既然經過縝密的盤算後才下定決心將"一國兩制"重新納入正軌，則中央日後會堅定地貫徹其旨在"撥亂反正"的新對港方針，在重大政治議題上申明中央的立場，並借此來徹底解除香港的政治紛爭及重新厘定香港的政治遊戲規則。《白皮書》的發佈和人大常委會 2014 年的"8.31"決定代表中央的決心和勇氣。當中央的基本立場清晰後，強化"愛國愛港"力量和提升特區的管治效能才有成功的機會。

香港的反對派對中央的種種部署感到不安和憤怒，尤其是中央否決了他們對普選行政長官的要求。在反對派的眼中，中央對港方針的轉變意味着中央要全盤接管香港，而梁振英特首和特區政府則是"幫兇"。他們認為香港已經到了生死存亡的關頭，必須奮起反抗，守護"我城"。反對派相信如果將鬥爭升級或改變鬥爭方式，則中央最後也會在香港人的政治壓力下低頭。未來幾年，反對勢力與中央的鬥爭仍會持續不斷，香港仍然會受困於無間斷的政治折騰。

誠然，中央的新對港方針不一定能夠完全"大功告成"，因為新方針在貫徹過程中一定會碰到這樣那樣的困難和險阻。反對派和部分港人的反抗和反撲固然是原因，要讓"愛國愛港"力量壯大和提升戰鬥力亦非易事。不過，鑒於國家國力強大，而中央又掌握決定香港的政治體制和遊戲規則的法定權力，中央應該可以在相當程度上匡正香港的政治局面。中央就行政長官普選的"8.31"決定其實已經將政改這個極具爭議性和分化性的問題"收歸中央"。如果中央日後再就一些爭議性大的政治課題明確宣示立場,實際上也是把那些政治議題"收歸"中央。這個由中央主導和推行的"去政治化"計劃在短期內必然會激發嚴重政治衝突,反對派由於覺得自己的政治利益、政治前途和群眾動員能力為中央所削弱,肯定會盡全力負隅頑抗,但卻無法改變中央的方針。重大的政治議題——"收歸中央"後,經過一段時間的激烈政治鬥爭,香港受到政治爭議的折騰的程度應該有所減少,部分反對派人士也會無奈接受現實,在承認和尊重中央的權力基礎上與中央建立適當的關係。廣大香港人既無意與中央對抗,又以繁榮穩定為最大目標,對反對派的鬥爭行動會愈趨反感和厭惡。反對派的政治戰鬥力會不斷下滑,反對派中的激進力量會走向式微。經過一段時間的折騰,香港社會可望回歸務實。

如果是這樣的話,特區政府日後的主要工作便是經濟發展、社會和諧和民生改善。如此一來,管治聯盟的社會基礎便可以拉闊,那些主張社會、政治和經濟改革的溫和人士(包括反對派)也可以納入聯盟之中。這個較廣闊的管治聯盟會推行一條有利於照顧各階層、各方面利益的施政路線,也會糾集足夠的政治能量去推動各種改革,而一些"本土主義"分子所關注的社會、經濟和民生問題也可以在比較平和的政治氛圍中以較理性的方式處理。更為理想的發展,是反對派人士和"愛國愛港"力量通過在實務問題上越來越多的協作而減少分歧和增進互信,令特區管治更暢順,並為香港日後的民主發展帶來新的空間和希望,以至改變香港回歸後長時間鬱悶的政治氣氛。在這種情況下,中央對香港的政治憂慮和恐懼會逐漸舒緩,中央介入香港事務的需要會不斷減少,而中央與香港人的關係議會有所改善。

結語

　　作為一種妥善處理一個國家之內的矛盾，並促成國家統一的目標的安排，"一國兩制"在人類歷史中是罕見的。"一國兩制"容許那些對中央缺乏信任的香港人在回歸國家後繼續在不同的政治、社會和經濟制度下生活和發展，但香港卻又要在經濟上對國家作出貢獻而在政治上對國家不構成威脅。假如香港在回歸後在經濟上和政治上與內地切割，甚至"老死不相往來"，則"一國兩制"的落實便比較容易。

　　然而情況絕非那麼簡單。對於"一國兩制"在香港回歸後實踐的經驗和教訓，我有下面的一些觀察。

　　回歸以來，儘管"一國兩制"在香港的實踐遇到這樣那樣的困難和問題，香港對崛起中的中國的戰略和經濟價值又今不如昔，部分香港人和內地同胞又對"一國兩制"對香港和國家的實際意義產生懷疑，但基本上否定"一國兩制"的人卻少之少。不同人因為不同的利益和立場提出了不少"改進""一國兩制"的建議，但沒有人認為有比"一國兩制"更佳的處理"香港前途問題"的安排。

　　"一國兩制"在香港實踐碰到的最大困難，來源於"一國兩制"是一個"矛盾統一體",而要將"矛盾"和"統一"整合好,肯定不會是容易的事。隨着國際格局、國內形勢和香港情況的不斷變化,"矛盾"和"統一"的摩擦更難避免,也更難化解。"一國兩制"蘊藏的最大矛盾,莫過於中央與香港人在回歸後仍然缺乏足夠的相互信任。中央始終擔心來自香港的政治威脅,而香港人對中國共產黨的懷疑又始終揮之不去。這個矛盾的長期存在,為英國人和反對勢力對"一國兩制"的"另類詮釋"贏得不少香港人的認同,也為"一國兩制"在回歸後的實施帶來不少政治障礙。

由於英國人在過渡期的各種違反"一國兩制"政治部署,加上回歸後種種窒礙"一國兩制"實踐的因素作祟,一開始"一國兩制"在香港的啟動和落實便缺乏良好的氛圍和條件。"一國兩制"在這種環境下實踐,不但不會按照中國政府原來的構思和藍圖發展,反而會走上"歪路",結果是香港內部矛盾叢生、特區與中央對抗頻仍、香港繁榮穩定受損、香港對國家構成政治威脅、而"一國兩制"的戰略目標難以完全達到。

回歸後中央對"一國兩制"的理解與不少香港人對"一國兩制"的理解差別甚大,特別是有關中央在"一國兩制"下所擁有的權力和所應負的責任方面。這個矛盾為"一國兩制"的實踐造成不少的困難。其實,"一國兩制"的提出,本身就假設了這個矛盾將會長期存在,因此才提出讓那些對中國共產黨心存疑慮的香港人可以在香港的土地上繼續按照他們原來的制度和價值觀生活下去,中央則承諾不會破壞或干擾香港的"一制"。"一國兩制"的原則簡單易明,表面上似乎很容易操作。但中央的"一國兩制"卻又有三個重要的附帶條件。其一是通過香港與內地的緊密經濟聯繫,香港可以發揮對國家發展的"不可替代"的作用。其二是香港不能干預內地政治,不要試圖改變中國共產黨在中國執政的事實。簡言之,香港不能夠成為"反共"或"顛覆"基地。對中央而言,第二個條件其實一直是香港過去的情況,而英國人則成為阻隔香港的反共勢力插手內地政治的屏障。因此,所謂保存香港原來的狀況五十年不變,也包含了維持香港不是"顛覆基地"五十年不變的重要要求。其三是"一國兩制"並非單純為香港人的利益而制定。更為重要的是"一國兩制"乃國家建設中國特色社會主義的重大國策的一個環節,因此關係到國家的主權、安全和發展。所以,中央在"一國兩制"下保留了不少權力。那些權力除了讓中央得以處理國防和外交工作外,也讓中央可以佈置香港的政治體制和確保"一國兩制"在香港全面和準確實踐。

英國人和香港的反對勢力既然不認同中央對"一國兩制"的詮釋,他們自然地也不會承認和尊重中央在"一國兩制"下的權力和責任。回歸前中英的較量和回歸後中央與香港反對派的鬥爭因此無可避免。不同的反對勢力之所以不認同中央的"一國兩制"原因不一。原因之一是反共意識作祟。原因之二是那些主張"民主回歸"的人企圖在香港建立西方式的民主政體,並借助香港的民主向內地"垂範",促使中國走親西方的"和平演變"道路。原因之三是那些鼓吹改革香港社會的反對派人士反對政治體制和公共政策向資產階級傾斜,希望建構一個更公平和更包容的香港社會。原因之四是那些抱持"本土主義"或"主體意識"的反對派人士反對香港與內地建立緊密聯繫,認為那會最終摧毀香港的制度和價值，並代之以內地的"劣質"文化和體制。

部分香港人認為作為中國人他們有權利過問內地和中央事務，並按照他們的政治觀點"左右"國家的發展路向。這種"自以為是"和"妄自尊大"的傲慢姿態愈來愈令內地同胞反感。那種來源於反共情緒和西方價值觀並停留於"口號式"的對國家發展的"指令"和要求難以讓內地同胞"心服口服"。

回歸後，香港的反對派可以有兩種辦法去爭取他們想要的東西。一種是在接受中央的"一國兩制"、承認中央的權力、理解中央的憂慮和尊重國家的安全和利益的基礎上，真心誠意地與中央探討問題，在基本法框架內，通過人大釋法甚至修改基本法來推動香港各領域朝進步方向發展。考慮到中央也明白到不少香港人其實對現狀不滿，香港反對派如果採取"互諒互讓"態度與中央交往，我想未來香港的繁榮和穩定，中央應該會採納部分反對派的建議。這種"互利共贏"的結果如果出現，肯定是香港之福，而且為"一國兩制"注入生命力。但在不信任中國共產黨、過度自負和過高估計香港人對自己的支持等因素的左右下，反對派卻以逆反態度和鬥爭手段與中央周旋，以為可以通過群眾動員迫使中央簽城下之盟，導致回歸後香港陷入無窮無盡的鬥爭深淵，嚴重危害香港的長遠發展。"一國兩制"在香港的實踐也因此遇到不少障礙。展望將來，隨着香港人越來越厭倦鬥爭和越來越明白到國家與香港的唇齒相依的關係，反對派的鬥爭路線肯定無以為繼。

在"港人治港"和高度自治的原則下，中國政府面對一個兩難的局面。中央對香港"一國兩制"的實踐過程中出現的一些偏

離原意的現象感到不安，但應該怎樣做卻煞費周折。要麼不干
預，結果便是"一國兩制"往錯誤方向走，既損害香港的利益，
也損害國家的利益。要麼進行干預，但又會招致破壞香港的高度
自治的非議。起初中國政府的確採取不干預的策略，希望香港的
局面能夠扭轉過來。然而，香港的情況不但沒有改善，反而有向
更壞的方向變化的趨勢。中央最後在不得已情況下決定對香港
"一國兩制"的執行作出"撥亂反正"的部署。從客觀的角度看，
中國政府實在無法避免通過積極"干預"為香港營造有利於"一
國兩制"的基本條件，但期望在條件具備後可以抽身而出或全身
而退，讓"港人治港"和高度自治得以充分體現。換句話說，以
短期的"干預"換取長期的"不干預"。這項"撥亂反正"的艱巨
工作仍在開始階段，但已經在香港觸發不少政治衝突。

　　鑒於"一國兩制"所要維持的香港政治、經濟和社會"現狀"
早在基本法頒佈時並非得到所有香港人接受，因此社會上要求改
革的聲音從未間斷。回歸之後，隨着香港各類深層次矛盾越來越
嚴重，社會上圍繞着香港往後的發展路向、政府的功能和角色、
香港與內地的關係、香港的政治體制和各領域的公共政策等課題
的分歧也越來越明顯和深刻。如果各方面存在互信，尤其是政治
互信，則可以在基本法的空間內尋找改革之道，更可以通過修改
基本法進一步擴大改革的空間。畢竟無論是中央或是香港人都明
白到世界、國家和香港都在經歷劇烈的變動，要維持 1990 年代
中期的香港"現狀"是不切實際的，必須要以發展和動態的戰略
思維來落實"一國兩制"。當然，那些"一國兩制"的基本原則還
要維持，包括"港人治港"、高度自治，香港不能成為"顛覆基

地", 否則 "一國兩制" 便會走樣, 也不再符合國家和香港的利益。實際上, 中央與特區的權力分野和香港的政治、社會和經濟形態不是不可以作出一些變更的。比如在有需要的時候中央可以給香港更多一些的授權、特區政府在經濟和社會發展上的角色可以擴寬一些、特區的財政政策可以稍作調校來減少香港社會的不平等情況、香港的民生改善可以更好地推進、香港可以走一條更均衡和可持續的發展路線、香港可以建立一個更具包容性的政治體系、特區政府的施政方針可以更着重縮減世代之間的分歧和矛盾等等。相反, 如果中央和香港人缺乏政治互信和尊重, 而香港內部繼續政治分化和對立, 則從發展和動態處理 "一國兩制" 的落實便無從說起, 香港的 "現狀" 不但不能改變, 反而是更多和更激烈矛盾和衝突的催化劑。

經過十八年的經驗累積, 越來越多國家領導人、中央官員、內地同胞和香港人都知道需要從動態和發展的角度對待 "一國兩制", 不能從過分偏狹和靜態的觀點理解 "五十年不變", 反而應該認真和從容地看待香港的變化和採取適當的措施去應對那些變化, 尤其要積極回應香港人尤其是年輕人的不斷變化的訴求。《白皮書》正確地指出:"在繼續推進 '一國兩制' 事業的新征程上, 既要堅持全面準確地理解和貫徹 '一國兩制' 方針政策, 確保 '一國兩制' 時間沿着正確的軌道前進, 又要積極有效應對香港在發展過程中面臨的困難和挑戰。"[1]

畢竟, 要求不同世代的香港人衷心接受 "五十年不變" 是不

1　《白皮書》, 頁 40。

切實際的。如何適當地修改"一國兩制"的內容,讓它能夠繼續贏取香港各方面的認同而又無損中央和國家的安全和利益,需要香港和內地各方面有謙卑和開放的心胸及包容和兼聽的襟懷。可以肯定的説,如果"一國兩制"能夠不斷因應環境的變遷而作出適當的調整,則各方面對"一國兩制"實踐的評價和信心也會維持在較高的水平。

隨着"一國兩制"的發展,捲入其中的人群和利益也越來越多,而且對"一國兩制"又有不同的看法,部分人甚至對"一國兩制"有微言。1980年代初期,參與到"一國兩制"的制定工作的人其實不多,需要照顧的利益和觀點也有限。時至今天,國家在各方面的發展和進步已經取得驕人成就,內地同胞、民間組織、地方政府和眾多利益集團的利益與"一國兩制"發生聯繫。他們又可以越來越多地通過不同渠道對"一國兩制"表達意見和提出建議。在香港,雖然資產階級對中央的對港政策仍有相當的影響力,但香港的其他力量也在冒起,"一國兩制"對既得利益者的"過度"照顧已經引起不少的不滿。今後無論在內地或香港,自認是"一國兩制"的持份者的人會不斷增加,使得"一國兩制"的實踐的難度和複雜度都不免會增加。可以想像"五十年不變"後香港將要承受不少的轉變。"一國兩制"是否延續和如何延續的問題將會是中央和香港人需要共同面對的重大課題。

香港問題和中央對港政策越來越受到國內同胞的關注。中央在處理香港事務時需要更多的考慮到內地同胞對香港的感受和他們對中央對港政策的看法。內地各種各樣的利益越來越多也越來越複雜,也擁有越來越多的反映意見和表達不滿的渠道。由於中央對港政策越來越公開，而參與決策的內地機構和人士又不斷增加，其中與香港的利益有矛盾的機構和人士也越來越多，中央在處理對港政策時比以前更需要協調好內地各方面與香港的利益，及照顧好內地同胞對香港的越來越複雜的感情和態度。過去鄧小平和中央擁有巨大的政治權威，能夠單獨地、少受內地同胞干擾下制定對港政策。隨着內地的政治生態的改變，擁有政治影響力和參與機會的人越來越多，以前領導可以"乾坤獨斷"、"一言九鼎"來決策的局面已經一去不復返。當不少內地同胞對香港人缺乏好感、覺得香港人得到過多的權利和偏愛、認為香港人沒有對國家"知恩圖報"時，中央對香港事務過於寬鬆或對香港人寵愛有加的話，則中央便要在內地付出政治代價。

"一國兩制"的原則很簡單，但在實際操作上卻極其困難，尤其是當它應用在不斷變化、且突發事件層出不窮的現實情況下，在香港人和中央之間仍然存在猜疑和不信任的氛圍下。要處理好"兩制"的關係，需要牢記"一國兩制"的基本原則和戰略目標、高度現實感，顧全大局，瞭解對方的處境、困難和憂慮，願意尊重對方的利益、立場和感受，樂意為對方提供協助、竭力避免衝突摩擦，行使自我約束，尤其要避免引入外來力量來對中央施壓。

儘管反對派經常質疑中央對維持香港原有的制度的誠意，並不時指控梁振英特首受命中央來摧毀香港的體制和"核心價值"。但這種擔憂是沒有事實根據的，原因是保存香港原有的制度和價值觀符合國家的利益。誠然，兩地的互動愈趨密切，內地一些事物無可避免會對香港產生影響，尤其當香港人對香港原有的東西信心動搖，而又覺得內地的一些制度和做事方式值得肯定和借鏡的時候。認為中央有計劃地破壞香港的"一制"並將香港納入內地的"一制"實際上反映部分香港人對中央的懷疑揮之不去，同時對香港的制度和價值觀的優越性和強韌性信心下降。香港人對個別行政長官的行為不以為然，不必馬上推論到中央有將香港"大陸化"的意圖。根據我與內地領導人、官員和學者的接觸所得，內地精英的"制度自信"不斷上升，的確對香港的體制沒有過去那麼欣賞，但仍然覺得香港的制度有不少優點，值得內地仿效。

在 1980 年代初，世界上雖然存在着不同形式的社會主義和資本主義，主要反映在資源配置上政府和市場的作用的大小、私營企業在經濟體系中佔有的位置、福利制度的形態和福利供給的多寡等基本因素，不過社會主義和資本主義的明顯和巨大分野仍然是清晰的。從中央領導人的言論中，我覺得他們隱約意識到隨着市場機制和私營部門在國家的經濟體系中的角色不斷擴大，國家的政治和法律制度越來越開明和進步，加上可以預見內地和香港的經濟會更緊密連接在一起並互為影響，以至國家還有多做幾個香港的打算，則中國特色社會主義和香港的資本主義之間的鴻溝會逐漸縮窄，將來把內地的一制和香港的一制對立起來便不大合適。展望未來，一個國家下兩種制度的界線會變得模糊，因此離"一國一制"的境況也不會太遠。在那種情況下，即使讓香港的一制在回歸後五十年甚至更長時間維持基本不變，也不會改變國家在制度和形態上走向"統一"的不可逆轉的大趨勢，而"一國兩制"在內地同胞和香港人之間所做成的"短期"隔膜、差異、不公以至對彼此感情的損害也不會長期存在。

　　雖然"一國兩制"是一項重大國策，但它畢竟是一個特定的歷史時刻下用以解決一個獨特的"香港前途問題"的國策。"一國兩制"不會是"千秋萬世"的安排，因為它內藏着自我終結的動力。"一國兩制"樂觀地展望國家的未來，預期中國現代化事業最後必將大功告成，而內地的"一制"與香港的"一制"在相互影響下彼此之間在各方面的差距不斷縮窄，當然"兩制"最後不會完全變成"一制"。國家的崛起使得內地同胞對內地的"一制"的信心不斷上升，相反不少香港人對香港的"一制"的信心發生某種程度的動搖。過去不少人預料"兩制"趨同，是基於對兩地經濟融合的憧憬和內地"一制"逐漸向香港"一制"靠近的預期。將來也有可能出現在某些地方香港的"一制"向內地"一制"取經的情況。況且，中國人的政治文化中的"大一統"思想也不容許中國國內永遠出現"兩制"並存的狀況。無論如何，不管是"大一統"思想的深刻影響，還是"兩制"的"自然"趨同，"一國兩制"始終有終結的一天，但這一天的到來卻不一定會違反香港人的意願。